目 次

序 文

この辞典の特長

強勢(stress)音節に焦点：

英語の会話・聴取・語彙力を効果的に向上させる
上で最も重要な強勢音節の学習に焦点を合わせた。

授業、大学入試、日常生活に必要な必須英単語を収録：

小・中・高校の授業と大学入試はもちろん、日常生活
に必要な一般語彙、固有名詞(地名、人名)など
7,464 語彙を収録した。

簡潔な語意：

語彙力を効果的に向上させるために日本語の語意
を簡潔に示した。

アルファベット順の配列で速やかな語彙の検索：

語彙をアルファベット順に配列し、語彙を速やか
に検索できるようにした。

この辞典が特に必要な方

学校授業及び各種試験のために語彙・聴取・会話力の
向上が必要な**中高生**

英語の語彙・聴取・会話能力の向上を望む**会社員・一般人**

英語の会話・聴取・語彙力の向上が必要な**海外旅行者・勤務者・生活者**

お子様、お孫様、他の知り合いの方に本を**プレゼントしたい方**

は じ め に

　国際化の時代において英語は既に国際語として必須であり、日本ほど英語学習のために莫大な時間、努力、費用を投資している国も多くはないだろう。ところが果たして投資しただけの成果を上げているかどうか考えて見るとそれは極めて疑わしい。数十年間英語の勉強をしても道で外国人が英語で尋ねてもうまく聞き取れないし、たまに英語で話をしたとしても、相手の方がきちんと理解できない場合が非常に多い。

　迅速かつ効果的に英語の語彙力を向上させるためには膨大な語彙を収録し、多くの語意が含まれている一般の英語辞典だけでは限界がある。特に英語は書かれている綴りどおりに発音しないので、必ず辞典で語彙の発音を確認して熟知しなければならない。40年近く英語の学習をし、10年以上は英語圏で外国生活をしている著者がより簡単で効果的な英語の学習方法はないだろうかと長らく悩んだ末に刊行されたのが本辞典である。

　英語は2つ以上の音節(母音一つを含む単語の一部)で成り立つすべての単語に必ず強勢(stress)を置く"強勢音節"がある。強勢音節は、他の音節よりも音が大きく、高く、長い。音節の確実な強弱駆使は英語のコミュニケーションにおいて絶対的な役割を果たしている。特に英語を母国語とする人々は、音節の強勢如何によって会話の内容を把握するため、音節の不正確な強勢はコミュニケーションにおいて最大の障害である。例えば、"hotel"を "ホテル"と発音すると、英語が母国語である外国人はよく聞き取れない。必ず "ホウテル"と強勢のある音節 "テル"を大きく、高く、長く発音しないと容易に聞き分けられない。

　特に日本人と顔立ち、文化、考え方などすべてが異なる英語圏の外国人と会話する場合、音節の強勢を正確に使い分けしないと彼らはその内容を把握する為に多くの困難を経験する。外国人が日本語を不思議に発音すれば日本人も、彼らがどのような考えをしながらいったい何を言おうとするのか簡単に分からないのと同じだ。

　英語をより正確に発音するためには母音、子音、単語内の強勢音節、抑揚(イントネーション)を正確にしなければならない。ところが英単語の個々の子音、母音を正確に発音するためには、発音器官を適切に使わなければならので、英語を母国語とする人々と同じように発音をするのは、現実的に無理である。これに反して、強勢音節に強勢を置いて発音する方が単語の個々の子音と母音を正確に発音することより容易であるだけでなく、コミュニケーションのためにはるかに効果的である。英語を話すことはよく歌うことに喩えられる。強勢は英語の"リズム"であり、抑揚は英語の"メロディー"であるともよく言われている。

　本辞典では強勢音節を拡大区分表示した見出語、標準的なアメリカ式英語の発音、品詞別の簡潔な語意を1行にまとめた。しかも、すべての語彙を

二つに書き分け、本人の英語レベルと必要に応じて段階的な学習ができるようにした。

　最後に楽器の演奏、スポーツ等、他のすべてのことも同じだが発音を上手にするためには練習、練習、練習、もっと練習するしか方法はない。ちなみに発音練習をする時は、両手のひらを両耳に当てて、本人の発音を聞いてみるのも役に立つであろう。

凡 例

1. 見出語

　小・中・高校の授業と大学入試はもちろん、日常生活に必要な一般語彙、固有名詞(地名、人名)など7,464 語彙を収録した。

(1) つづり字

　アメリカ式を基本としており、アメリカ式とイギリス式のつづり字が違う代表的な語彙は、次のとおりである。

　(米) -or/ (英) -our (例: color/ colour; honor/ honour; labor/ labour)

　(米) -er/ (英) -re (例: center/ centre; meter/ metre)

　(米) -l-/ (英) -ll- (例: equaled/ equalled; rivaled/ rivalled)

　(米) -se/ (英) -ce (例: license/ licence; offense/ offence)

　(米) -dgment/ (英) -dgement (例: acknowledgment/ acknowledgement)

　(米) -ection/ (英) -exion (例: connection/ connexion; reflection/ reflexion)

(2) 配列

　語彙をアルファベット順に配列し、発音と語意を速やかに検索できるようにした。

2. 発音

(1) 発音記号

　発音はアメリカ式発音を基本としており、見出語の直後に国際音声記号を使用して[　]内に示した。次はアメリカ式とイギリス式が違う主な例だ。

　(米) æ (英) a: (例: bath; can't; draft; fast; glass)

　(米) a (英) ɔ (例: bomb; clock; dot; fox; lot)

　(米) u: (英) yu: (例: pursue; suit; super)

(2) 強勢(stress)音節

　二音節以上の見出語は**強勢音節**を bold 体で大きく表し、速やかな識別と認知に役立つようにした。また、**強勢音節**は[　]内の発音記号でも濃く示した。ちなみにこの辞典では、その重要性に応じて、**"第一強勢だけ区分表記"**した。

3. 品詞

　品詞は語意の前に略語(**品詞略語解**を参照)で示した。

4. 日本語の語意

　日本語の語意を併記する場合は、" ,"を使っており、品詞別に最も多く使われる語意を示した。

英語の発音記号

(1) 母音

i: east [i:st]
i big [big]
iər ear [iər]
ei day [dei]
e get [get]
eər air [eər]
æ bat [bæt]
ə:r early [ə:rli]
ʌ (ə) cup [kʌp]
a hot [hat]
a: ah [a:]
a:r are [a:r]
ai eye [ai]
aiər fire [faiər]
au cow [kau]
auər hour [auər]
u: cool [ku:l]
yu: few [fyu:]
u cook [kuk]
uər poor [puər]
yuər cure [kyuər]
ou boat [bout]
ɔ: law [lɔ:]
ɔ:r corn [kɔ:rn]
ɔi oil [ɔil]

(2) 子音

p play [plei]
b best [best]
t time [taim]
d day [dei]
k key [ki:]
g gold [gould]
f find [faind]
v very [veəri]
θ thank [θæŋk]
ð they [ðei]
s sea [si:]
z zoo [zu:]
ʃ sure [ʃuər]
ʒ vision [viʒən]
h how [hau]
tʃ china [tʃainə]
dʒ judge [dʒʌdʒ]
w word [wə:rd]
y young [yʌŋ]
m make [meik]
n note [nout]
ŋ sing [siŋ]
l love [lʌv]
r red [red]

品詞略語解

[名] 名 詞　[人] 人 名　[地] 地 名

[形] 形容詞　[動] 動 詞　[副] 副 詞

[代] 代名詞　[短] 短縮形　[前] 前置詞

[感] 感嘆詞　[助] 助動詞　[接] 接続詞

[冠] 冠 詞

A

a [ei, ə] [冠] 一つの, ある
abandon [əbændən] [動] 諦める, 捨てる
abandoned [əbændənd] [形] 捨てられた
abandonment [əbændənmənt] [名] 諦め, 放棄
abbot [æbət] [名] 修道院長
abbreviate [əbri:vieit] [動] 省略する, 短縮する
abbreviated [əbri:vieitəd] [形] 省略された, 短縮された
abbreviation [əbri:vieiʃən] [名] 省略, 短縮
abide [əbaid] [動] 留まる, 永続する
abiding [əbaidiŋ] [形] 永遠の
ability [əbiləti] [名] 能力, 才能
able [eibl] [形] 有能な, することができる
abnormal [æbnɔ:rməl] [形] 奇妙な, 変則の
abnormality [æbnɔ:rmæləti] [名] 異常, 変態
abnormally [æbnɔ:rməli] [副] 非正常的に
aboard [əbɔ:rd] [副] ~に乗って, 船の中に [前] 船の中で
abode [əboud] [名] 住居, 滞在
abolish [əbaliʃ] [動] 廃止する
abolishment [əbaliʃmənt] [名] 廃止
abolition [æbəliʃən] [名] 廃止
A-bomb [eibam] [名] 原子爆弾
abominable [əbamənəbl] [形] 憎むべき
abominably [əbamənəbli] [副] 嫌悪に思って
abominate [əbaməneit] [動] 嫌悪する, 憎悪する
abomination [əbaməneiʃən] [名] 嫌悪
abound [əbaund] [動] 豊富である
abounding [əbaundiŋ] [形] 豊富な
about [əbaut] [前] ~について [副] 概略, 約
above [əbʌv] [前] ~の上に [形] 上記の [副] 上に
Abraham [eibrəhæm] [人] アブラハム (聖書の人物)
abroad [əbrɔ:d] [副] 外国に [名] 外国, 外
abrupt [əbrʌpt] [形] 突然の
abruptly [əbrʌptli] [副] 突然
absence [æbsəns] [名] 欠席, 不在
absent [æbsənt] [形] 欠席した [動] 欠席(欠勤)する
absolute [æbsəlu:t] [名] 絶対 [形] 絶対的な
absolutely [æbsəlu:tli] [副] 絶対に
absorb [əbsɔ:rb] [動] 吸収する, 併合する
absorbed [əbsɔ:rbd] [形] 没頭した, 熱中した
abstract [æbstrækt] [形] 抽象的な
abstract [æbstrækt] [名] 概要, 摘要
abstracted [æbstræktəd] [形] 油断した
abstraction [æbstrækʃən] [名] 抽象, 抽象的な概念
abstractly [æbstræktli] [副] 抽象的に
absurd [əbsə:rd] [形] 不合理な, 愚かな
absurdly [əbsə:rdli] [副] 不合理に, 愚かに
abundance [əbʌndəns] [名] 豊富
abundant [əbʌndənt] [形] 豊富な
abundantly [əbʌndəntli] [副] 豊かに
abuse [əbyu:s] [名] 濫用
abuse [əbyu:z] [動] 濫用する
academy [əkædəmi] [名] 学院
accelerate [əkseləreit] [動] 加速する, 促進する
acceleration [əkseləreiʃən] [名] 加速, 促進
accent [æksent] [名] 強勢, 強音, 強調, 言葉遣い
accept [æksept] [動] 受け入れる, 収容する
acceptable [ækseptəbl] [形] 受諾(受容)できる
acceptance [æksepṭəns] [名] 受諾, 受容, 引き受け
accepted [ækseptəd] [形] 公認された
access [ækses] [名] 接近, 接近方法
accident [æksədənt] [名] 事故, 偶発事件
accommodate [əkamədeit] [動] 便宜を図る, 収容する
accommodation [əkamədeiʃən] [名] 便宜, 便宜施設, 適応
accompany [əkʌmpəni] [動] 同行する, 伴奏する
accomplish [əkampliʃ] [動] 成し遂げる, 完成する
accomplished [əkampliʃt] [形] 成就した, 優れた
accomplishment [əkampliʃmənt] [名] 成就, 業績
accord [əkɔ:rd] [名] 一致, 調和, 協定 [動] 一致する
accordance [əkɔ:rdəns] [名] 一致, 調和
according [əkɔ:rdiŋ] [副] ~によって, ~によると
accordingly [əkɔ:rdiŋli] [副] それ故に, したがって

account [əkaunt] [名] 計算, 口座, 理由 [動] 説明する
accountable [əkauntəbl] [形] 責任がある, 説明できる
accumulate [əkyu:myəleit] [動] 蓄積する
accumulation [əkyu:məleiʃən] [名] 蓄積
accuracy [ækyərəsi] [名] 正確性
accurate [ækyərət] [形] 正確な
accurately [ækyərətli] [副] 正確に
accusation [ækyəzeiʃən] [名] 非難, 告発
accuse [əkyu:z] [動] 非難する, 告發する
accused [əkyu:zd] [名] 被告, 被疑者
accuser [əkyu:zər] [名] 告発者
accusing [əkyu:ziŋ] [形] 非難するような
accustom [əkʌstəm] [動] 慣れる
accustomed [əkʌstəmd] [形] 慣れた, 習慣になった
ache [eik] [名] 痛み [動] 痛む
achieve [ətʃi:v] [動] 達成する
achievement [ətʃi:vmənt] [名] 達成, 業績
acid [æsəd] [形] (味が) すっぱい
acknowledge [æknalidʒ] [動] 認める
acknowledged [æknalidʒd] [形] 承認された
acknowledgment [æknalidʒmənt] [名] 承認, 是認
acorn [eikɔ:rn] [名] どんぐり
acquaint [əkweint] [動] 知らせる
acquaintance [əkweintns] [名] 面識, 知人
acquire [əkwaiər] [動] 獲得する
acquired [əkwaiərd] [形] 獲得した
acquirement [əkwaiərmənt] [名] 獲得
acre [eikər] [名] エーカー
across [əkrɔ:s] [副] ~を渡って
act [ækt] [動] 行なう [名] 行為
acting [æktiŋ] [名] 演技 [形] 代理の
action [ækʃən] [名] 行動
active [æktiv] [形] 積極的な, 活動的な
activity [æktivəti] [名] 活動, 運動
actor [æktər] [名] 俳優
actress [æktrəs] [名] 女優
actual [æktʃuəl] [形] 実際の
actually [æktʃuəli] [副] 実際に
acute [əkyu:t] [形] 鋭い
A.D. [ei di:] [名] 西紀 (Anno Domini)
Adam [ædəm] [人] アダム (聖書の人物)
adapt [ədæpt] [動] 適応させる
add [æd] [動] 加える, 追加する
addition [ədiʃən] [名] 追加
additional [ədiʃənəl] [形] 追加的な
additionally [ədiʃənəli] [副] 追加的に
address [ədres] [名] 演說 [動] 演說する
address [ædres] [名] 住所
adequate [ædəkwət] [形] 適切な
adequately [ædəkwətli] [副] 適切に
adhere [ədhiər] [動] くっつく, 執着する
adjective [ædʒiktiv] [名] 形容詞
adjoin [ədʒɔin] [動] 接する
adjoining [ədʒɔiniŋ] [形] 隣の, 隣接する
adjourn [ədʒə:rn] [動] 延期する, 休会する
adjust [ədʒʌst] [動] 調節する
adjustable [ədʒʌstəbl] [形] 調節できる
adjusted [ədʒʌstəd] [形] 調節された
adjustment [ədʒʌstmənt] [名] 調節, 整理
administer [ədminəstər] [動] 管理する, 施行する
administration [ədminəstreiʃən] [名] 管理, 施行, 経営, 行政
admirable [ædmərəbl] [形] 素晴らしい
admirably [ædmərəbli] [副] 見事に
admiral [ædmərəl] [名] 海軍元帥
admiration [ædməreiʃən] [名] 感嘆, 賞賛
admire [ədmaiər] [動] 感嘆する, 褒める
admirer [ədmaiərər] [名] 崇拝者
admiring [ədmaiəriŋ] [形] 感嘆する, 賞賛する
admiringly [ədmaiəriŋli] [副] 感嘆して
admission [ədmiʃən] [名] 入学, 入場許可
admit [ədmit] [動] 入学(入場)を許可する
admitted [ədmitəd] [形] 認定された, 明らかな
admittedly [ədmitədli] [副] 明らかに, 間違いなく
adopt [ədapt] [動] 採択する, 養子(養女)にする

adopted [ədaptəd] [形] 採択された, 養子(養女)になった
adoption [ədapʃən] [名] 採択, 養子縁組
adore [ədɔ:r] [動] 熱愛する, 崇拝する
adorn [ədɔ:rn] [動] 飾る, 装飾する
adornment [ədɔ:rnmənt] [名] 装飾
adult [ədʌlt] [名] 成人, 大人
advance [ədvæns] [動] 進める, 前進する, 昇進する
advanced [ədvænst] [形] 進んだ, 上級の
advancement [ədvænsmənt] [名] 前進, 進歩, 昇進
advantage [ədvæntidʒ] [名] 利益, 強み
advantaged [ədvæntidʒd] [形] 恩恵を受けた
advent [ædvent] [名] 到来, 出現
adventure [ədventʃər] [名] 冒険
adventurer [ədventʃərər] [名] 冒険家
adverb [ædvərb] [名] 副詞 (文法)
adversary [ædvərseri] [名] 敵, 競争相手
advertise [ædvərtaiz] [動] 広告する, 宣伝する
advertisement [ædvərtaizmənt] [名] 広告, 宣伝
advertiser [ædvərtaizər] [名] 広告者
advertising [ædvərtaiziŋ] [名] 広告業
advice [ədvais] [名] アドバイス, 忠告, 助言
advise [ədvaiz] [動] 忠告する, 助言する
advised [ədvaizd] [形] 慎重な , 情報を得た
adviser [ədvaizər] [名] 忠告者, 助言者
advocate [ædvəkeit] [動] 支持する, 擁護する
advocate [ædvəkət] [名] 支持者, 擁護者
aerial [eəriəl] [形] 空中の
Aesop [i:səp] [人] イソップ (作家)
affair [əfeər] [名] 事, 事件, 情事
affect [əfekt] [動] 影響を与える
affected [əfektəd] [形] 影響を受けた
affection [əfekʃən] [名] 愛着, 愛情
affectionate [əfekʃənət] [形] 愛情深い
affectionately [əfekʃənətli] [副] 愛情深く
affective [æfektiv] [形] 感情的な
affirm [əfə:rm] [動] 肯定する, 断言する
affirmation [æfərmeiʃən] [名] 肯定, 断言
affirmative [əfə:rmətiv] [名] 肯定文 [形] 肯定的な
afford [əfɔ:rd] [動] 余裕がある, 与える
Afghanistan [æfgænəstæn] [地] アフガニスタン (西アジア諸国)
afraid [əfreid] [形] 恐れて, 心配して
Africa [æfrikə] [地] アフリカ
African [æfrikən] [名] アフリカ人 [形] アフリカの
after [æftər] [副] その後 [前] 後に
afternoon [æftərnu:n] [名] 午後
afterward [æftərwə:rd] [副] その後
again [əgen] [副] また, もう一度
against [əgenst] [前] ~に反対して
age [eidʒ] [名] 年, 年齢, 時代
aged [eidʒd] [形] 老けた, 古い
agency [eidʒənsi] [名] 代理店, 作用
agent [eidʒənt] [名] 代理人, 動因
agitate [ædʒəteit] [動] 動揺する, 扇動する, かき回す
agitated [ædʒəteitəd] [形] 興奮した, 動揺した
agitation [ædʒəteiʃən] [名] 動揺, 煽動
ago [əgou] [形] 以前 [副] 以前に
agony [ægəni] [名] 苦悩, 苦痛
agree [əgri:] [動] 同意する, 賛成する
agreeable [əgri:əbl] [形] 気持ち良い
agreed [əgri:d] [形] 同意した, 合意した
agreement [əgri:mənt] [名] 同意, 賛成, 一致
agricultural [ægrəkʌltʃərəl] [形] 農業の
agriculture [ægrəkəltʃər] [名] 農業
ah [a:] [感] ああ
ahead [əhed] [副] 前に
aid [eid] [名] 援助 [動] 助ける
aim [eim] [名] 目的, 標的 [動] 狙う
ain't [eint] [短] am (is) not の短縮形
air [eər] [名] 空気, 空中
aircraft [eərkræft] [名] 航空機
airfield [eərfi:ld] [名] 飛行場
airline [eərlain] [名] 航空会社
airliner [eərlainər] [名] 定期航空機
airmail [eərmeil] [名] 航空郵便
airplane [eərplein] [名] 飛行機

airport [eərpɔ:rt] [名] 空港
airship [eərʃip] [名] 飛行船
aisle [ail] [名] 通路
alarm [əla:rm] [名] 警報, 警報器, [動] 驚ろかせる
alarm clock [əla:rm klak] [名] 目覚し時計
alas [əlæs] [感] ああ, 可哀想に
Alaska [əlæskə] [地] アラスカ (米国の州)
album [ælbəm] [名] アルバム
alchemist [ælkəmist] [名] 錬金術師
alcohol [ælkəhɔ:l] [名] アルコール
ale [eil] [名] ビールの一種
alert [ələ:rt] [名] 警戒 [形] 隙が無い
algebra [ældʒəbrə] [名] 代数学 (学問)
Algeria [ældʒiəriə] [地] アルジェリア (北アフリカ諸国)
alien [eilyən] [名] 外国人 [形] 外国の
alight [əlait] [動] 降りる, 着陸する
alike [əlaik] [形] 似た [副] 同じように
alive [əlaiv] [形] 生きている
all [ɔ:l] [名] 全部 [形] すべての
allege [əledʒ] [動] 断言する, 主張する
alleged [əledʒd] [形] 断定された, 不審な
alliance [əlaiəns] [名] 同盟
allied [ælaid] [形] 同盟した
allot [əlat] [動] 割り当てる, 分配する
allotment [əlatmənt] [名] 割り当て, 分配
allow [əlau] [動] 許す, 許可する, 認める
allowance [əlauəns] [名] 手当て, 割り当て, 許可, 費用
all right [ɔ:l rait] [形] よろしい
ally [əlai] [名] 同盟國 [動] 同盟を結ぶ
almighty [ɔ:lmaiti] [名] 全能者 [形] 全能な
almost [ɔ:lmoust] [形] ほとんど
alms [amz] [名] 義援金
alone [əloun] [形] 一人 [副] 一人で
along [əlɔ:ŋ] [副] 一緒に, ~に沿って
alongside [əlɔ:ŋsaid] [副] 横に, 並んで
aloud [əlaud] [副] 大声で
alphabet [ælfəbet] [名] アルファベット
Alps [ælps] [地] アルプス山脈 (ヨーロッパ)
already [ɔ:lredi] [副] すでに
also [ɔ:lsou] [副] やはり, また
altar [ɔ:ltər] [名] 祭壇
alter [ɔ:ltər] [動] 変える, 改める
alternate [ɔ:ltənət] [形] 交互の
alternate [ɔ:ltərneit] [動] 交替する
alternative [ɔ:ltə:rnətiv] [名] 選択肢 [形] 代案の
although [ɔ:lðou] [接] たとえ~だけれども
altitude [æltətyu:d] [名] 高度
altogether [ɔ:ltəgeðər] [副] 完全に, 大体
aluminum [ælumənəm] [名] アルミニウム
always [ɔ:lweiz] [副] いつも
am [æm] [動] be 動詞一人称単数直說法現在
a.m. [ei em] [名] 午前
amateur [æmətər] [名] アマチュア, 非専門家
amaze [əmeiz] [動] 驚かせる
amazed [əmeizd] [形] びっくりした
amazement [əmeizmənt] [名] 驚き, 驚愕
amazing [əmeiziŋ] [形] 驚くべき
Amazon [æməzan] [地] アマゾン河 (南米)
ambassador [æmbæsədər] [名] 大使
ambition [æmbiʃən] [名] 野心, 意欲
ambitious [æmbiʃəs] [形] 野心に満ちた, 意欲的な
ambitiously [æmbiʃəsli] [副] 意欲的に
ambush [æmbuʃ] [名] 待ち伏せ [動] 待ち伏せする
amend [əmend] [動] 改める, 修正する
amendment [əmendmənt] [名] 改正, 修正
America [əmeərəkə] [地] 米国 (北米諸国)
American [əmeərəkən] [名] 米国人 [形] 米国の
amid [əmid] [前] ~中
among [əmʌŋ] [前] ~の間で, ~の中で
amount [əmaunt] [名] 合計 [動] 達する
ample [æmpəl] [形] 十分な
Amsterdam [æmstərdæm] [地] アムステルダム (オランダの首都)
amuse [əmyu:z] [動] 楽しませる
amused [əmyu:zd] [形] 面白がる
amusement [əmyu:zmənt] [名] 楽しみ

amusing [əmyu:ziŋ] [形] 楽しい
an [æn, ən] [冠] 一つの, ある (母音の前)
analogy [ənælədʒi] [名] 類似, 類推
analysis [ənæləsəs] [名] 分析
analyze [ænəlaiz] [動] 分析する
anatomy [ənætəmi] [名] 解剖
ancestor [ænsestər] [名] 祖先
anchor [æŋkər] [名] 船の錨
ancient [einʃənt] [形] 古代の
and [ænd] [接] そして
Andes [ændi:z] [地] アンデス山脈 (南米)
anew [ənyu:] [副] 新たに
angel [eindʒəl] [名] 天使
anger [æŋgər] [名] 怒り
angle [æŋgəl] [名] 角度
Anglo-Saxon [æŋglou sæksn] [名] アングロサクソン人
angrily [æŋgrəli] [副] 怒って
angry [æŋgri] [形] 怒った
animal [ænəməl] [名] 動物
ankle [æŋkəl] [名] くるぶし, 足首
anniversary [ænəvə:rsəri] [名] 記念日
announce [ənauns] [動] 発表する, 公表する
announcement [ənaunsmənt] [名] 発表, 公表
announcer [ənaunsər] [名] アナウンサー
annoy [ənɔi] [動] いらいらさせる
annual [ænyuəl] [形] 一年の, 毎年の [名] 年鑑
annually [ænyuəli] [副] 毎年
anon [ənan] [副] すぐに
another [ənʌðər] [形] もう一つの
answer [ænsər] [名] 答え [動] 答える
ant [ænt] [名] 蟻 (虫)
Antarctic [ænta:rktik] [地] 南極 [形] 南極の
anticipate [æntisəpeit] [動] 期待する
anticipation [æntisəpeiʃən] [名] 期待
anxiety [æŋzaiəti] [名] 心配
anxious [æŋkʃəs] [形] 心配な, 熱望している
anxiously [æŋkʃəsli] [副] 心配して
any [eni] [形] いくつかの, すべての
anybody [enibadi] [代] 誰でも
anyhow [enihau] [副] とにかく
anymore [enimɔ:r] [副] 最近は (否定文で)
anyone [eniwən] [代] 誰でも
anything [eniθiŋ] [代] 何でも
anyway [eniwei] [副] とにかく
anywhere [eniweər] [副] どこにでも
apart [əpa:rt] [副] ばらばらに, 離れて
apartment [əpa:rtmənt] [名] アパート
apologize [əpalədʒaiz] [動] 謝る, 謝罪する
apology [əpalədʒi] [名] わび, 謝罪
apostrophe [əpastrəfi] [名] 所有格符号 ('), 省略符号
apparatus [æpərætəs] [名] 器具, 装置
apparent [əpeərənt] [形] 明確な
apparently [əpeərəntli] [副] 明確に
appeal [əpi:l] [名] 懇願, 訴え [動] 訴える
appealing [əpi:liŋ] [形] 感動的な, 訴えるような
appear [əpiər] [動] 現れる
appearance [əpiərəns] [名] 出現, 登場
appetite [æpətait] [名] 食欲
applaud [əplɔ:d] [動] 拍手喝采する, 声援する
applause [əplɔ:z] [名] 拍手喝采, 声援
apple [æpəl] [名] リンゴ (果物)
application [æpləkeiʃən] [名] 申し込み, 適用, 応用
applied [əplaid] [形] 適用された, 応用された
apply [əplai] [動] 適用する, 応用する, 付ける
appoint [əpɔint] [動] 任命する, 指名する
appointed [əpɔintəd] [形] 指定された, 約束された
appointment [əpɔintmənt] [名] 任命, 指定, 約束
apposition [æpəziʃən] [名] 同格
appreciate [əpri:ʃieit] [動] 感謝する, 評価する
appreciation [əpri:ʃieiʃən] [名] 感謝, 評価
apprentice [əprentəs] [名] 弟子, 見習生
approach [əproutʃ] [名] 接近, 方法 [動] 近づく
appropriate [əprouprieit] [動] 流用する, 盗用する
appropriate [əproupriət] [形] 適切な

appropriation [əprouprieiʃən] [名] 盗用, 充当, 流用

approval [əpru:vəl] [名] 承認, 賛成

approve [əpru:v] [動] 承認する, 賛成する

approved [əpru:vd] [形] 承認された, 立証された

approximately [əpraksəmətli] [副] 大体

April [eiprəl] [名] 四月

apron [eiprən] [名] 前掛け, エプロン

apt [æpt] [形] ～しやすい

Arab [ærəb] [名] アラブ人

Arabia [əreibiə] [地] アラビア (中東の半島)

Arabian [əreibiən] [形] アラビアの

Arabic [ærəbik] [名] アラビア語

arc [a:rk] [名] 弧, 円弧

arch [a:rtʃ] [名] アーチ

archbishop [a:rtʃbiʃəp] [名] 大司教

architect [a:rkətekt] [名] 建築家, 構想者

architecture [a:rkətektʃər] [名] 建築, 建築学 (学問), 建築様式

Arctic [a:rktik] [地] 北極

are [a:r] [動] be 動詞二人称単数直説法現在

area [eəriə] [名] 面積, 地域, 分野

area code [eəriə koud] [名] 地域番号

arena [əri:nə] [名] 競技場

aren't [a:rnt] [短] are not の短縮形

Argentina [a:rdʒənti:nə] [地] アルゼンチン (南米諸国)

argue [a:rgyu:] [動] 論争する, 主張する

argument [a:rgyəmənt] [名] 論争, 主張, 要旨

arise [əraiz] [動] 起こる, 発生する

arisen [ərizn] [動] arise (起こる) の過去分詞

Aristotle [ærəstatl] [人] アリストテレス (哲学者)

arithmetic [əriθmətik] [名] 算数, 計算

arithmetical [əriθmətikəl] [形] 算数の

arm [a:rm] [名] 腕, 武器 [動] 武装する

armchair [a:rmtʃeər] [名] アームチェア, 安楽椅子

Armenia [a:rmi:niə] [地] アルメニア (東ヨーロッパ諸国)

armor [a:rmər] [名] 鎧と兜, 甲冑

armored [a:rmərd] [形] 鎧を着た, 装甲した

army [a:rmi] [名] 陸軍, 軍隊

around [əraund] [副] 周りに, 付近に

arouse [ərauz] [動] 揺り起こす, 刺激する

arrange [əreindʒ] [動] 整理(用意, 準備)する

arrangement [əreindʒmənt] [名] 整理, 用意, 準備

array [ərei] [名] 配列 [動] 配列する

arrest [ərest] [名] 逮捕, 阻止 [動] 逮捕する

arrested [ərestəd] [形] 逮捕された, 阻止された

arrival [əraivəl] [名] 到着

arrive [əraiv] [動] 到着する

arrow [ærou] [名] 矢

art [a:rt] [名] 芸術, 美術

article [a:rtikəl] [名] 記事, 物品, 冠詞 (文法)

articulate [a:rtikyəleit] [動] はっきり発音する

articulate [a:rtikyələt] [形] 発音が明瞭な, 明確な

artificial [a:rtəfiʃəl] [形] 人工の, 人工的な, 偽の

artillery [a:rtiləri] [名] 大砲

artist [a:rtist] [名] 芸術家

artistic [a:rtistik] [形] 芸術的な

as [æz] [副] ～だけ [接] ～のように [前] ～として

ascend [əsend] [動] 上る

ascent [əsent] [名] 上昇, 上り坂

ascertain [æsərtein] [動] 確認する, 糾明する

ascribe [əskraib] [動] ～のせいにする

ash [æʃ] [名] 灰

ashamed [əʃeimd] [形] 恥ずかしい

ashore [əʃɔ:r] [副] 水辺に

Asia [eiʒə] [地] アジア

Asian [eiʒən] [名] アジア人 [形] アジアの

aside [əsaid] [副] 横で [名] 傍白 (演劇)

ask [æsk] [動] 質問する, 頼む

asleep [əsli:p] [形] 眠っている

aspect [æspekt] [名] 顔付き, 見解, 局面

ass [æs] [名] ロバ (動物)

assail [əseil] [動] 攻撃する, 非難する

assault [əsɔ:lt] [名] 奇襲, 暴行, 強姦

assemble [əsembəl] [動] 集める, 組み立てる

assembled [əsembəld] [形] 集合された, 結集された

assembly [əsembli] [名] 集会, 組立

assent [əsent] [名] 同意 [動] 同意する

assert [əsə:rt] [動] 断言する, 主張する
assertion [əsə:rʃən] [名] 断言, 主張
assign [əsain] [動] 割り当てる, 指定する, 任命する
assignment [əsainmənt] [名] 任務, 任命, 宿題
assist [əsist] [動] 助ける, 援助する
assistance [əsistəns] [名] 援助
assistant [əsistənt] [名] 助手
associate [əsouʃieit] [動] 連想(連合, 交際)する
associate [əsouʃiət] [名] 同僚 [形] 同僚の
association [əsousieiʃən] [名] 協会, 団体, 提携
assume [əsu:m] [動] 仮定する, 仮装する
assumed [əsu:md] [形] 仮定した, 仮装した
assumption [əsʌmpʃən] [名] 仮定, 仮装
assurance [əʃuərəns] [名] 保証, 確信
assure [əʃuər] [動] 保証する, 確信する
assured [əʃuərd] [形] 保証された, 確実な
assuredly [əʃuərdli] [副] 確実に
astonish [əstaniʃ] [動] 驚かせる
astonished [əstaniʃt] [形] 驚いた
astonishing [əstaniʃiŋ] [形] 驚くべき
astonishingly [əstaniʃiŋli] [副] 驚いたことに
astonishment [əstaniʃmənt] [名] 驚き
at [æt] [前] ~から, ~時
ate [eit] [動] eat (食べる) の過去形
Athens [æθinz] [地] アテネ (ギリシャの首都)
athletic [æθletik] [形] 運動の
athletics [æθletiks] [名] 運動競技
Atlanta [ætlæntə] [地] アトランタ (米国の都市)
Atlantic [ətlæntik] [地] 大西洋 [形] 大西洋の
atlas [ætləs] [名] 地図帳
atmosphere [ætməsfiər] [名] 大気, 雰囲気
atom [ætəm] [名] 原子
atomic [ətamik] [形] 原子の
attach [ətætʃ] [動] 付ける, 添付する
attached [ətætʃt] [形] 添付された, 付属の, 愛着を持つ
attachment [ətætʃmənt] [名] 添付物, 付属物, 愛着
attack [ətæk] [名] 攻撃, 発作 [動] 攻撃する
attain [ətein] [動] 到着する, 達成する
attempt [ətempt] [名] 試み [動] 試みる
attempted [ətemptəd] [形] 試みた, 未遂の
attend [ətend] [動] 出席(世話, 注意)する
attendance [ətendəns] [名] 出席, 出席者
attendant [ətendənt] [名] 付添い人, 出席者 [形] 付随的な
attention [ətenʃən] [名] 注意, 注目, 配慮
attentive [ətentiv] [形] 注意深い, 丁重な
attentively [ətentivli] [副] 注意深く
attest [ətest] [動] 証言する, 証明する
attic [ætik] [名] 屋根裏部屋
attire [ətaiər] [名] 服装 [動] 服を着せる
attitude [ætətyu:d] [名] 態度, 姿勢
attorney [ətə:rni] [名] 弁護士
attract [ətrækt] [動] 魅了する, 引く
attraction [ətrækʃən] [名] 魅力, 引力
attractive [ətræktiv] [形] 魅力ある
attractively [ətræktivli] [副] 魅力的に
attribute [ətribyu:t] [動] ~のせいだと思う
attribute [ætrəbyu:t] [名] 属性, 特質
audience [ɔ:diəns] [名] 聴衆, 観客, 観衆
audio [ɔ:diou] [名] オーディオ, 音声送受信
August [ɔ:gəst] [名] 8月
aunt [ænt] [名] おばさん (叔母)
Australia [ɔ:streilyə] [地] オーストラリア
Austria [ɔ:striə] [地] オーストリア (西ヨーロッパ諸国)
authentic [ɔ:θentik] [形] 信頼できる, 確実な, 本物の
author [ɔ:θər] [名] 作家, 著者
authoritative [əθɔ:rəteitiv] [形] 権威的な
authoritatively [əθɔ:rəteitivli] [副] 権威的に
authority [əθɔ:rəti] [名] 権威, 権威者, 当局
authorize [ɔ:θəraiz] [動] 権限を与える, 公認する
authorized [ɔ:θəraizd] [形] 公認された
auto [ɔ:tou] [名] 自動車
automatic [ɔ:təmætik] [形] 自動の
automatically [ɔ:təmætikəli] [副] 自動的に
automobile [ɔ:təmoubi:l] [名] 自動車

autumn [**ɔ:**təm] [名] 秋

a**vail** [ə**veil**] [動] 役に立つ [名] 利益, 効果

availa**bi**lity [əveilə**bi**ləti] [名] 有用性, 有效性

a**vai**lable [ə**vei**ləbl] [形] 使える, 有効な

avenue [**æ**vənyu:] [名] 街路樹の道, 接近手段

average [**æ**vəridʒ] [名] 平均, 標準 [形] 平均の

a**void** [ə**vɔid**] [動] 避ける

a**wait** [ə**weit**] [動] 待つ

a**wake** [ə**weik**] [動] 起こす, 目覚める

a**wa**ken [ə**wei**kən] [動] 分からせる , 分かる

a**ward** [ə**wɔ:rd**] [名] 賞 [動] 授与する

a**ware** [ə**weər**] [形] 知っている, 感知した

a**ware**ness [ə**weər**nəs] [名] 自覚, 意識

a**way** [ə**wei**] [副] 離れて, 他の方向に

awe [ɔ:] [名] 畏敬 [動] 畏敬する

awful [**ɔ:**fl] [形] 恐ろしい, ひどい

awfully [**ɔ:**fəli] [副] 恐ろしく

a**while** [ə**wail**] [副] しばらく

awkward [**ɔ:k**wə:rd] [形] ぎこちない

a**woke** [ə**wouk**] [動] awake (起こす) の過去形

ax [æks] [名] おの

ay [ai] [名] 賛成 [副] そう

B

babe [beib] [名] 赤ちゃん

baby [**bei**bi] [名] 赤ちゃん, 幼児

Bach [bak] [人] バッハ (ドイツの作曲家)

bachelor [**bætʃ**lər] [名] 独身男性

back [bæk] [形] 後ろの [副] 後ろに [名] 背中

background [**bæk**graund] [名] 背景, 経歴

backward [**bæk**wə:rd] [形] 後ろの [副] 後ろに

Bacon [**bei**kən] [人] ベーコン (イギリスの政治家・哲学)

bacon [**bei**kən] [名] ベーコン

bad [bæd] [形] 悪い, 間違った

badge [bædʒ] [名] 記章, バッジ

badger [**bæ**dʒər] [動] いじめる [名] アナグマ (動物)

badly [**bæd**li] [副] 悪く, 非常に

badminton [**bæd**mintn] [名] バドミントン

bag [bæg] [名] バッグ, 袋 [動] 袋に入れる

baggage [**bæ**gidʒ] [名] 手荷物

bait [beit] [名] 餌 [動] 餌をつける

bake [beik] [動] 焼く

baker [**bei**kər] [名] パン屋

bakery [**bei**kəri] [名] パン屋さん

balance [**bæ**ləns] [名] 均衡 [動] 均衡を合わせてる

balanced [**bæ**lənst] [形] 均衡の取れた

balcony [**bæl**kəni] [名] バルコニー

bald [bɔ:ld] [形] はげの, 単調な, 露骨的な

ball [bɔ:l] [名] ボール

ballad [**bæ**ləd] [名] 民謡

bal**loon** [bə**lu:n**] [名] 風船

ballot [**bæ**lət] [動] 投票する [名] 投票用紙

bam**boo** [bæm**bu:**] [名] 竹 (植物)

ba**na**na [bə**næ**nə] [名] バナナ (果物)

band [bænd] [名] バンド, グループ

bandage [**bæn**didʒ] [名] 包帯 [動] 包帯を巻く

bang [bæŋ] [名] 爆発音 [動] 強く打つ

Bangla**desh** [baŋglə**deʃ**] [地] バングラデシュ (西アジア諸国)

banish [**bæ**niʃ] [動] 追放する, 追い出す

banishment [**bæ**niʃmənt] [名] 追放

bank [bæŋk] [名] 銀行, 堤防 [動] 預金する

banker [**bæŋ**kər] [名] 銀行家

banner [**bæ**nər] [名] 旗

banquet [**bæŋ**kwət] [名] 宴会

bar [ba:r] [名] 棒, 酒屋

barber [**ba:r**bər] [名] 理髪師

bare [beər] [形] 裸の [動] 露出する

barely [**beər**li] [副] やっと

bargain [**ba:r**gən] [名] 売買契約, 安く買った物

barge [ba:rdʒ] [名] バージ船 [動] バージ船で運ぶ

bark [ba:rk] [動] 吠える [名] 木の皮

barley [**ba:r**li] [名] 麦

barn [ba:rn] [名] 納屋

baron [**beər**ən] [名] 男爵

barrel [**beər**əl] [名] 樽

barreled [**beər**əld] [形] 樽に詰めた, 円筒の

barren [**beər**ən] [形] 不毛の, 不妊の

barrier [**beər**iər] [名] 障害, 障害物

base [beis] [名] 基礎 [動] 基礎を置く

baseball [**beis**bɔ:l] [名] 野球

basement [**beis**mənt] [名] 地下室

basic [**bei**sik] [形] 基本的な

basically [**bei**sikəli] [副] 基本的に

basin [**bei**sn] [名] たらい, 水たまり

basis [**bei**səs] [名] 基礎, 基本

basket [**bæs**kət] [名] バスケット

basketball [**bæs**kətbɔ:l] [名] バスケットボール

bat [bæt] [名] バット, 野球バット

bath [bæθ] [名] 入浴, 浴槽

bathe [beið] [動] 入浴させる, 入浴する

bathing [**bei**ðiŋ] [名] お風呂

bathroom [**bæθ**rum] [名] 浴室, トイレ

batter [**bæ**tər] [動] 連打する, ぶち壊す

battery [**bæ**təri] [名] バッテリー, 電池

batting [**bæ**tiŋ] [名] 打撃

battle [**bæ**tl] [名] 戦闘 [動] 戦う

bay [bei] [名] 湾

bayonet [**bei**ənət] [名] 銃剣

B.C. [bi:si:] [名] 紀元前 (before Christ)
be [bi:] [動] b 動詞原形
beach [bi:tʃ] [名] ビーチ
bead [bi:d] [名] じゅず玉
beak [bi:k] [名] (鳥の) くちばし
beam [bi:m] [名] 柱石, 光線
beamed [bi:md] [形] 輝く
bean [bi:n] [名] 豆
bear [beər] [名] 熊 (動物) [動] 耐える, 運ぶ
beard [biərd] [名] あごひげ
bearded [**biər**dəd] [形] あごひげのある
bearing [**beər**iŋ] [名] 態度, 関係, 忍耐
beast [bi:st] [名] 獣
beastly [**bi:st**li] [形] 獣のような
beat [bi:t] [名] 鼓動 [動] 打つ, 勝つ
beaten [**bi:**tn] [形] 敗北した, 疲れてしまった
beaten [**bi:**tn] [動] beat (打つ) の過去分詞形
beautiful [**byu:**tifl] [形] 美しい
beautifully [**byu:**tifəli] [副] 美しく
beauty [**byu:**ti] [名] 美しさ, 美
beaver [**bi:**vər] [名] ビーバー (動物)
be**came** [bi**keim**] [動] become (なる) の過去形
be**cause** [bi**kɔ:z**] [接] 何故ならば
be**come** [bi**kʌm**] [動] なる, 似合う
be**come** [bi**kʌm**] [動] become (なる) の過去分詞形
bed [bed] [名] ベッド
bedroom [**bed**rum] [名] 寝室
bee [bi:] [名] 蜜蜂 (虫)
beef [bi:f] [名] 牛肉
beefsteak [**bi:f**steik] [名] ビーフステーキ
been [bi:n] [動] be の過去分詞形
beer [biər] [名] ビール
Beethoven [**bei**touvən] [人] ベートーベン (ドイツの作曲家)
beetle [**bi:**tl] [名] コガネムシ (虫), 大きなハンマー
be**fore** [bi**fɔ:r**] [前] ~の前に [副] 前に
be**fore**hand [bi**fɔ:r**hænd] [副] あらかじめ
beg [beg] [動] 物乞いをする, 頼む
be**gan** [bi**gæn**] [動] begin (始める) の過去形
beggar [**be**gər] [名] こじき
be**gin** [bi**gin**] [動] 始める
be**gi**nner [bi**gi**nər] [名] 初心者
be**gi**nning [bi**gi**niŋ] [名] スタート
be**gun** [bi**gʌn**] [動] begin (始める) の過去分詞形
be**half** [bi**hæf**] [名] 援助, 利益
be**have** [bi**heiv**] [動] 行動する
be**ha**vior [bi**hei**vyər] [名] 態度, 行為
be**held** [bi**held**] [動] behold (見る) の過去·過去分詞形
be**hind** [bi**haind**] [副] 後ろに
be**hold** [bi**hould**] [動] 見る, 注目する
Beijing [**bei**dʒiŋ] [地] 北京 (中国の首都)
being [bi:ŋ] [名] 存在, 生命
Belgium [**bel**dʒəm] [地] ベルギー (西ヨーロッパ諸国)
be**lief** [bi**li:f**] [名] 信念, 信仰
be**lieve** [bi**li:v**] [動] 信じる
bell [bel] [名] 鐘
belle [bel] [名] 美女
bellow [**be**lou] [名] 泣き声 [動] 泣き叫ぶ
belly [**be**li] [名] お腹, 腹部
be**long** [bi**lɔ:ŋ**] [動] 属する
be**loved** [bi**lʌvd**] [形] 愛する
be**low** [bi**lou**] [副] 下に [前] ~よりも下に
belt [belt] [名] 帯革, ベルト
bench [bentʃ] [名] 長椅子, ベンチ
bend [bend] [動] 曲げる [名] 曲げ
be**neath** [bi**ni:θ**] [副] 下へ, 下に
benefit [**be**nəfit] [名] 利益, 慈善 [動] 利益を得る
bent [bent] [形] 曲がった [名] 傾向, 才能
bent [bent] [動] bend (曲げる) の過去·過去分詞形
Ber**lin** [bə:r**lin**] [地] ベルリン (ドイツの首都)
berry [**beə**ri] [名] イチゴ類の果実 (果物)
be**seech** [bi**si:tʃ**] [動] 嘆願する
be**side** [bi**said**] [前] ~のそばに
be**sides** [bi**saidz**] [副] さらに
best [best] [形] 最高の [名] 最善, 最高
be**stow** [bi**stou**] [動] 与える
bet [bet] [動] 賭ける [名] 賭け, 賭けたお金
bet [bet] [動] bet (賭ける) の過去·過去分詞形

betray [bitrei] [動] 裏切る, 漏らす

better [betər] [形] より良い

between [bitwi:n] [前] ～の間で

beware [biweər] [動] 気をつける

bewilder [biwildər] [動] 当惑させる

bewitch [biwitʃ] [動] 魔法をかける

beyond [biyand] [前] 向こう側に [名] あの世

Bible [baibəl] [名] 聖書

bicycle [baisikəl] [名] 自転車

bid [bid] [名] 入札, 命令 [動] 入札する

bid [bid] [動] bid (入札する) の過去形

bidden [bidn] [動] bid (入札する) の過去分詞形

big [big] [形] 大きな, 重要な

bigger [bigər] [形] より大きい

bill [bil] [名] 請求書, 紙幣, 法案

billion [bilyən] [名] 兆

bind [baind] [動] 縛る, 束縛する, 製本する

biography [baiagrəfi] [名] 伝記

biology [baialədʒi] [名] 生物学

birch [bə:rtʃ] [名] 白樺

bird [bə:rd] [名] 鳥

birth [bə:rθ] [名] 出生, 誕生

birthday [bə:rθdei] [名] 誕生日

biscuit [biskət] [名] ビスケット

bishop [biʃəp] [名] 司教

bit [bit] [名] 少量

bit [bit] [動] bite の過去形

bite [bait] [動] 噛む [名] ひと口

bitten [bitn] [動] bite (噛む) の過去分詞形

bitter [bitər] [形] 苦い, 辛い

bitterly [bitərli] [副] 悲痛に

bitterness [bitərnəs] [名] 悲痛, 苦しみ

black [blæk] [形] 黒い [名] 黒

blackboard [blækbɔ:rd] [名] 黒板

blacksmith [blæksmiθ] [名] 鍛冶屋

blade [bleid] [名] 刃

blame [bleim] [名] 非難 [動] 非難する

blank [blæŋk] [名] 白紙, 空白 [形] 白紙の

blanket [blæŋkət] [名] 毛布

blast [blæst] [名] 突風, 爆発 [動] 爆発させる

blasted [blæstəd] [形] 枯れた, 乾いた

blaze [bleiz] [名] 炎, 火花 [動] 燃える, 輝く, 燃やす

bled [bled] [動] bleed (出血する) の過去・過去分詞形

bleed [bli:d] [動] 出血する

bleeding [bli:diŋ] [名] 出血する

blend [blend] [名] 混合物 [動] 混ぜる

blended [blendəd] [形] 混ぜた

blender [blendər] [名] 混合機, ミキサー

bless [bles] [動] 祝福する, 褒め称える

blessed [blest] [形] 神聖な, 神の恩寵を受けた

blessedly [blestli] [副] 神聖に

blessing [blesiŋ] [名] 祝福

blest [blest] [動] bless (祝福する) の過去・過去分詞形

blew [blu:] [動] blow (風が吹く) の過去形

blind [blaind] [形] 盲人の [名] ブラインド

blindness [blaindnəs] [名] 盲目, 無分別

blink [bliŋk] [動] 点滅する [名] 一瞬間

bliss [blis] [名] 幸福, 至福

block [blak] [名] 障害物, ブロック [動] 塞ぐ

blond [bland] [名] ブロンドの男 [形] ブロンドの

blonde [bland] [名] ブロンドの女性

blood [blʌd] [名] 血, 血液, 血統

bloody [blʌdi] [形] 血まみれの

bloom [blu:m] [動] 花が咲く [名] 花, 開花期

blossom [blasəm] [動] 花が咲く [名] 花

blot [blat] [名] しみ [動] 汚す, しみがつく

blow [blou] [動] 風が吹く [名] 強風, 強打

blown [bloun] [動] blow (風が吹く) の過去分詞形

blue [blu:] [名] 青 [形] 青い, 憂鬱な

bluff [blʌf] [名] 崖 [形] 無愛想な

blunt [blʌnt] [形] 鈍い [動] 鈍くする

blush [blʌʃ] [名] 紅潮 [動] 顔が赤くなる

boar [bɔ:r] [名] 雄豚, 猪

board [bɔ:rd] [動] 乗る [名] 板, 委員会

boarder [bɔ:rdər] [名] 下宿人

boast [boust] [動] 自慢する [名] 自慢

boastful [boustfl] [形] 自慢の

boastfully [boustfəli] [副] 自慢に

boat [bout] [名] 船 [動] 船をこぐ

bodily [badəli] [形] 肉体の, 身体の

body [badi] [名] 肉体, 身体, 本体, 団体

boil [bɔil] [動] 沸かす, 沸く [名] 沸騰

boiled [bɔild] [形] 沸かした, ゆでた

boiler [bɔilər] [名] ボイラー

bold [bould] [形] 大胆な, 勇敢な

boldly [bouldli] [副] 大胆に

boldness [bouldnəs] [名] 大胆, 勇気

Bolivia [bəliviə] [地] ボリビア (南米諸国)

bolt [boult] [名] かんぬき [動] 閂をかける

bomb [bam] [名] 爆弾 [動] 爆撃する

Bombay [bambei] [地] ボンベイ (インドの都市)

bombed [bamd] [形] 空襲を受けた

bomber [bamər] [名] 爆撃機

bombing [bamiŋ] [名] 爆撃

bond [band] [名] 結束, 接着剤, 債券

bonded [bandəd] [形] 抵当取れた

bone [boun] [名] 骨, 骨格 [動] 骨を取る

boned [bound] [形] 骨を取った

Bonn [ban] [地] ボン (ドイツの都市)

bonnet [banət] [名] ボンネット, 車のエンジンカバー

book [buk] [名] 本 [動] 記帳する, 予約する

bookcase [bukkeis] [名] 本棚

bookstore [bukstɔ:r] [名] 書店

boom [bu:m] [名] ブーム, 好景気 [動] うなる

boon [bu:n] [名] 恵み

boot [bu:t] [名] 長靴, ブーツ

booted [bu:təd] [形] ブーツをはいた

booth [bu:θ] [名] 売店, 投票所, ブース

border [bɔ:rdər] [名] 国境, 端 [動] 接する

bore [bɔ:r] [名] 退屈な人, 穴

bore [bɔ:r] [動] bear (耐える) の過去形

bored [bɔ:rd] [形] 退屈な, うんざりする

born [bɔ:rn] [形] 生まれの, 生まれつきの

borne [bɔ:rn] [動] bear (耐える) の過去分詞形

borrow [ba:rou] [動] 借りる

borrower [ba:rouər] [名] 借り手

bosom [buzəm] [名] 胸, 心

boss [bɔ:s] [名] 上司, 頭目

Boston [bɔ:stən] [地] ボストン (米国の都市)

botany [batəni] [名] 植物学 (学問)

both [bouθ] [形] 両側の [前] 両側

bother [baðər] [名] 面倒 [動] 苦しめる, 悩む

bottle [batl] [名] 瓶 [動] 瓶に詰める

bottled [batld] [形] 瓶に入った, 酒に酔った

bottom [batəm] [名] 床, お尻

bough [bau] [名] 大枝

bought [bɔ:t] [動] buy (買う) の過去・過去分詞形

bound [baund] [形] ～せざるを得ない, ～行きの

bound [baund] [動] bind (くくる) の過去・過去分詞形

boundary [baundri] [名] 境界, 限界

bow [bou] [名] 弓

bow [bau] [名] お辞儀 [動] 挨拶する, かがめる

bowel [bauəl] [名] 腸, 内臓

bowl [boul] [名] どんぶり [動] 転がす, 投げる

box [baks] [名] 箱 [動] 箱に入れる

boxing [baksiŋ] [名] 拳闘, ボクシング

boy [bɔi] [名] 少年

boyfriend [bɔifrend] [名] ボーイフレンド

boyhood [bɔihud] [名] 少年時代

brace [breis] [名] 掛け金, 支柱 [動] 支える

brain [brein] [名] 頭脳, 知性

brake [breik] [名] ブレーキ [動] ブレーキをかける

bramble [bræmbəl] [名] ブラックベリー (果物)

branch [bræntʃ] [名] 木の枝, 支店, 部門, 支流

brand [brænd] [名] 商標, ブランド [動] 烙印を押す

brass [bræs] [名] 真鍮, 黄銅

brave [breiv] [形] 勇敢な

bravely [breivli] [副] 勇敢に

bravery [breivəri] [名] 勇気

Brazil [brəzil] [地] ブラジル (南米諸国)

bread [bred] [名] パン, 糧食

breadth [bredθ] [名] 幅

break [breik] [動] 壊す, 壊れる [名] 破壊, 割れ目

breakfast [brekfəst] [名] 朝食

breast [brest] [名] おっぱい, 乳房

breath [breθ] [名] 息切れ, 呼吸

breathe [bri:ð] [動] 息を吐く

breathed [bri:ðd] [形] 無声音の

breathless [**breθ**ləs] [形] 息苦しい

breathlessly [**breθ**ləsli] [副] 息切れして

bred [bred] [動] breed (子を産む) の過去・過去分詞形

breed [bri:d] [名] 品種, 血統 [動] 子を産む

breeze [bri:z] [名] そよ風 [動] そよ風が吹く

brethren [**breð**rən] [名] 同胞, 兄弟, 会員, 交友

bribe [braib] [名] 賄賂 [動] 賄賂を与える

brick [brik] [名] 煉瓦

bride [braid] [名] 新婦

bridegroom [**braid**grum] [名] 新郎

bridge [bridʒ] [名] 橋 [動] 橋を置く

bridle [**braid**l] [名] 馬勒 [動] 馬勒をつける

brief [bri:f] [形] 簡潔な [名] 要旨 [動] 要約する

briefly [**bri:f**li] [副] 簡単に

bright [brait] [形] 明るい, 賢い

brighten [**brait**n] [動] 明るくする, 明るくなる

brightly [**brait**li] [副] 輝くように

brightness [**brait**nəs] [名] 輝き, 聡明

brilliant [**bril**yənt] [形] 輝く, まぶしい

brilliantly [**bril**yəntli] [副] きらびやかに, 立派に

brim [brim] [名] 端, 帽子のひさし

bring [briŋ] [動] 連れて来る, 〜させる

brisk [brisk] [形] 活気のある

briskly [**brisk**li] [副] 活発に

bristle [**bris**əl] [名] 剛毛 [動] 怒る, 毛をさか立てる

Britain [**brit**n] [地] イギリス (西ヨーロッパ諸国)

British [**briti**ʃ] [形] イギリスの, イギリス人の

broad [brɔ:d] [形] 幅広い, 寛大な

broadcast [**brɔ:d**kæst] [名] 放送 [動] 放送する

broadcaster [**brɔ:d**kæstər] [名] 放送人, アナウンサー

broaden [**brɔ:d**n] [動] 広げる, 広くなる

broadly [**brɔ:d**li] [副] 広く, 概括的に

broke [brouk] [動] break (壊す) の過去形

broken [**brouk**ən] [形] 破産した [動] break (壊す) の過去分詞形

bronze [branz] [名] 青銅

brood [bru:d] [名] 群れ, 種族 [動] 抱く, 深思熟考する

brook [bruk] [名] 小川

broom [brum] [名] ほうき [動] ほうきで掃く

brother [**brʌð**ər] [名] 兄弟, 兄, 弟

brought [brɔ:t] [動] bring (連れて来る) の過去・過去分詞形

brow [brau] [名] まゆ

brown [braun] [形] 茶色の [名] 茶色

bruise [bru:z] [名] 打撲傷 [動] 打撲傷を負わせる

brush [brʌʃ] [名] ブラシ [動] ブラシをかける

brutal [**bru:t**l] [形] 残忍な

brute [bru:t] [名] 獣 [形] 獣のような

bubble [**bʌb**əl] [名] 泡 [動] 泡立つ

buck [bʌk] [名] 1 ドル, 反抗 [動] 反抗する

bucket [**bʌk**ət] [名] バケツ

bud [bʌd] [名] 芽, つぼみ

budded [**bʌd**əd] [形] 芽生えた, 発芽した

Buddha [**bu:d**ə] [名] 仏

Buddhism [**bu:d**izm] [名] 仏教

Buddhist [**bu:d**ist] [名] 仏教信者 [形] 仏教の

budget [**bʌd**ʒət] [名] 予算 [動] 予算を立てる, 割り当てる

buffalo [**bʌf**əlou] [名] 野牛 (動物)

buffet [**bʌf**ət] [名] 打撃 [動] 打つ

bugle [**byu:**gəl] [名] ラッパ

build [bild] [動] 建設する [名] 構造, 体格

builder [**bild**ər] [名] 建築者

building [**bild**iŋ] [名] 建物, ビル

built [bilt] [動] build (建設する) の過去・過去分詞形

bulb [bʌlb] [名] 電球, 球根

Bulgaria [**bəl**geəriə] [地] ブルガリア (東ヨーロッパ諸国)

bulk [bʌlk] [名] 大きさ, 大量

bull [bul] [名] 牡牛 (動物)

bullet [**bul**ət] [名] 弾丸

bulletin [**bul**ətn] [名] 告示, 掲示 [動] 告示する

bump [bʌmp] [名] 衝突 [動] ぶつかる, 衝突する

bunch [bʌntʃ] [名] 花房, 花束

bundle [**bʌnd**l] [名] 束, 包み [動] くくる

bunny [**bʌn**i] [名] ウサギ (動物)

buoy [**bu:**i] [名] 浮標 [動] 浮く, 浮かぶ

burden [**bə:r**dn] [名] 荷物, 負担 [動] 負担を与える

bureau [**byuə**rou] [名] 官庁, 部署, だんす

burglar [**bə:r**glər] [名] 強盗

burial [**be**riəl] [名] 埋葬

Burma [**bə:r**mə] [地] ビルマ (東南アジア諸国)

burn [bə:rn] [動] 燃える [名] 火傷

burned [bə:rnd] [動] burn (燃える) の過去形

burning [**bə:r**niŋ] [形] 燃える

burnt [bə:rnt] [形] 燃やした [動] burn (燃える) の過去分詞

burrow [**bə:r**ou] [名] 隠れ家, ウサギの巣穴

burst [bə:rst] [名] 爆発 [動] 破裂する, 破れる

bury [**beər**i] [動] 埋める, 埋葬する

bus [bʌs] [名] バス

bush [buʃ] [名] 低木, 茂み [動] 生い茂る

bushed [buʃt] [形] 茂みに覆われた

bushel [**bu**ʃəl] [名] ブセル (約 36 リットル)

busily [**bi**zəli] [副] 忙しく

business [**biz**nəs] [名] 仕事, ビジネス, 営業

businessman [**biz**nəsmæn] [名] 事業家, 実業家

bust [bʌst] [名] 胸像, 上半身

bustle [**bʌ**səl] [名] 騒ぎ [動] 活発に動く, 催促する

busy [**bi**zi] [形] 忙しい, 混雑な [動] 忙しくする

but [bʌt] [接] しかし [副] ただ

butcher [**bu**tʃər] [名] 屠殺者

butler [**bʌt**lər] [名] 執事

butter [**bʌ**tər] [名] バター

butterfly [**bʌ**tərflai] [名] 蝶 (虫)

button [**bʌ**tn] [名] ボタン [動] ボタンをかける

buy [bai] [動] 買う [名] 買い取り

buyer [**bai**ər] [名] バイヤー, 購入者

buzz [bʌz] [名] (虫の) 羽音 [動] ブンブン言う

by [bai] [前] ~ の隣で, ~によって [副] そばで

bye-bye [**bai** bai] [感] さようなら

C

cab [kæb] [名] タクシー
cabbage [kæbidʒ] [名] キャベツ
cabin [kæbən] [名] 丸太の家, 小屋
cabinet [kæbnit] [名] 飾り(戸)だな, 内閣
cable [keibəl] [名] 太いロープ, ケーブル
Caesar [si:zər] [人] シーザー (ローマ時代の人物)
cafeteria [kæfətiəriə] [名] カフェテリア
cage [keidʒ] [名] 鳥かご, 鳥籠, 檻 [動] 鳥かごに入れる
Cairo [kairou] [地] カイロ (エジプトの首都)
cake [keik] [名] ケーキ [動] 固める
calamity [kəlæməti] [名] 惨事
calculate [kælkyəleit] [動] 計算する
calculated [kælkyəleitəd] [形] 計画的な
calculation [kælkyəleiʃən] [名] 計算, 慎重な計画
calculator [kælkyəleitər] [名] 計算機
calendar [kæləndər] [名] カレンダー
calf [kæf] [名] 子牛 (動物), ふくらはぎ
California [kæləfɔ:rnyə] [地] カリフォルニア (米国の州)
call [kɔ:l] [動] 電話する [名] 電話, 訪問
caller [kɔ:lər] [名] 訪問者
calm [kam] [形] 静かな [動] おさまる
calmly [kamli] [副] 静かに
calmness [kamnəs] [名] 静けさ, 落ち着き
calorie [kæləri] [名] カロリー (熱量の単位)
Calvin [kælvən] [人] カルバン (フランスの宗教改革者)
came [keim] [動] come (来る) の過去形
camel [kæməl] [名] ラクダ (動物)
camera [kæmərə] [名] カメラ
camp [kæmp] [名] キャンプ, 基地 [動] 野営する
campaign [kæmpein] [名] 選挙運動, 軍事行動
camping [kæmpiŋ] [名] キャンプ
campus [kæmpəs] [名] 校庭
can [kæn] [助] することができる [名] 缶
Canada [kænədə] [地] カナダ (北米諸国)
canal [kənæl] [名] 運河
canary [kəneəri] [名] カナリア (鳥)
cancel [kænsəl] [動] 取り消す
cancer [kænsər] [名] 癌
candidate [kændədeit] [名] 候補者
candle [kændl] [名] ろうそく, キャンドル
candy [kændi] [名] キャンディ
cane [kein] [名] 杖, 茎
canned [kænd] [形] 缶詰した
cannon [kænən] [名] 大砲
cannot [kænat] [助] can not
canoe [kənu:] [名] カヌー (ボート)
canon [kænən] [名] 教会法規, 判断の基準
can't [kænt] [短] cannot の短縮形
canvas [kænvəs] [名] 画布, キャンバス
cap [kæp] [名] 帽子 [動] 帽子をかぶせる
capable [keipəbl] [形] 有能な
capacity [kəpæsəti] [名] 収容能力, 生産性, 力量
cape [keip] [名] 岬
capital [kæpətl] [名] 首都, 資本金
Capitol [kæpətl] [名] 米国国会議事堂
captain [kæptən] [名] 指導者, 大尉, 船長
captive [kæptiv] [名] 捕虜
capture [kæptʃər] [動] 捕える, 獲得する
car [ka:r] [名] 車
carbon [ka:rbən] [名] 炭素
card [ka:rd] [名] カード
care [keər] [動] 心配する [名] 憂い, 心配
career [kəriər] [名] 経歴, 職業
careful [keərfl] [形] 慎重な
carefully [keərfəli] [副] 慎重に
careless [keərləs] [形] 不注意な
carelessly [keərləsli] [副] 不注意に
carelessness [keərləsnəs] [名] 不注意
caress [kəres] [名] 愛撫 [動] 愛撫する
cargo [ka:rgou] [名] 貨物
Carlyle [ka:rlail] [人] カーライル (イギリス国の評論家・歴史家)
carnation [ka:rneiʃən] [名] カーネーション (花)
Carnegie [ka:rnəgi] [人] カーネギー (米国の鉄鋼王)
carnival [ka:rnəvəl] [名] 謝肉祭, カーニバル

carol [keərəl] [名] クリスマスキャロル
carpenter [ka:rpəntər] [名] 大工
carpet [ka:rpət] [名] じゅうたん, カーペット
carpeting [ka:rpətiŋ] [名] カーペットの生地
carriage [keəridʒ] [名] 馬車, 身だしなみ
carrier [keəriər] [名] 運輸会社, 保菌者
carrot [keərət] [名] ニンジン
carry [keəri] [動] 運ぶ, 運搬する, 携帯する
cart [ka:rt] [名] カート
carve [ka:rv] [動] 彫る, (肉を)切る
case [keis] [名] 箱, 事件 [動] 箱に入れる
cash [kæʃ] [名] 現金 [動] 現金に換える
cassette [kəset] [名] カセット
cast [kæst] [名] 配役, 鋳型 [動] 投げる
castle [kæsəl] [名] 城
casual [kæʒuəl] [形] 偶然の, 普段着の
casually [kæʒuəli] [副] 偶然
cat [kæt] [名] 猫 (動物)
catalog [kætəlɔ:g] [名] カタログ
catch [kætʃ] [動] つかむ, 理解する
catcher [kætʃər] [名] キャッチャー
caterpillar [kætərpilər] [名] 幼虫
cathedral [kəθi:drəl] [名] 大聖堂
Catholic [kæθlik] [名] カトリック教徒
cattle [kætl] [名] 家畜
caught [kɔ:t] [動] catch (つかむ) の過去·過去分詞形
cause [kɔ:z] [名] 原因 [動] 原因となる
caution [kɔ:ʃən] [名] 注意, 警告 [動] 警告する
cautious [kɔ:ʃəs] [形] 慎重な
cautiously [kɔ:ʃəsli] [副] 慎重に
cavalry [kævəlri] [名] 騎兵
cave [keiv] [名] 洞窟 [動] 掘る, 陥没させる
cavern [kævərn] [名] 洞窟
cavity [kævəti] [名] 穴, 虫歯の穴
cease [si:s] [動] 止む [名] 終わり
ceaseless [si:sləs] [形] 絶え間ない
cedar [si:dər] [名] 杉 (植物)
ceiling [si:liŋ] [名] 天井
celebrate [seləbreit] [動] 祝う
celebrated [seləbreitəd] [形] 有名な, 著名な
celebration [seləbreiʃən] [名] お祝い, 儀式
cell [sel] [名] 刑務所の独房, 細胞
cellar [selər] [名] 地下倉庫
cement [siment] [名] セメント
cemetery [seməteri] [名] 墓地
cent [sent] [名] セント (米国, カナダの貨幣単位)
center [sentər] [名] 中心, 中心地 [動] 中心におく
centimeter [sentəmətər] [名] センチメートル
central [sentrəl] [形] 中心の
century [sentʃəri] [名] 世紀
cereal [siəriəl] [名] 穀物, 穀物食 (朝食)
ceremony [seərəmouni] [名] 儀式
certain [sə:rtn] [形] 確実な, 一定の
certainly [sə:rtnli] [副] 必ず
certainty [sə:rtnti] [名] 確実性
certificate [sərtifikət] [名] 証明書
chain [tʃein] [名] 鎖, 連鎖 [動] 鎖で結ぶ
chair [tʃeər] [名] 椅子, 議長
chairman [tʃeərmən] [名] 議長, 委員長
chalk [tʃɔ:k] [名] チョーク
challenge [tʃæləndʒ] [名] 挑戦 [動] 挑戦する
chamber [tʃeimbər] [名] 部屋, 会議場
champion [tʃæmpiən] [名] 勝者
championship [tʃæmpiənʃip] [名] 選手権
chance [tʃæns] [名] チャンス, 運
change [tʃeindʒ] [動] 変える [名] 変化
changeable [tʃeindʒəbl] [形] 可変的な
channel [tʃænl] [名] 海峡, 水路 [動] 水路をつくる
chant [tʃænt] [名] 聖歌 [動] 賛美する
chap [tʃæp] [名] 男の子
chapel [tʃæpəl] [名] 小礼拝堂
chapped [tʃæpt] [形] 荒らされた
chapter [tʃæptər] [名] 本の章, 支部
character [keərəktər] [名] 性格, 登場人物, 文字
characteristic [kæriktəristik] [名] 特徴 [形] 特徴的な
characterize [keərəktəraiz] [動] 特徴を描写する, 特徴づける

charge [tʃa:rdʒ] [名] 料金, 責任 [動] 賦課する

chariot [tʃeəriət] [名] 二輪馬車の路面電車

charity [tʃeərəti] [名] 慈善, 寄付, 慈善団体

charm [tʃa:rm] [名] 魅力 [動] 魅惑する

charming [tʃa:rmiŋ] [形] 魅力的な

charmingly [tʃa:rmiŋli] [副] 魅力的に

chart [tʃa:rt] [名] 図表 [動] 表であらわす

charter [tʃa:rtər] [名] 特許証 [動] 特許を与える

chase [tʃeis] [名] 追跡 [動] 追跡する

chat [tʃæt] [名] 雑談 [動] 雑談する

chatter [tʃætər] [名] おしゃべり [動] しゃべりまくる

cheap [tʃi:p] [形] 低価の, 安物の

cheat [tʃi:t] [名] 詐欺, 詐欺師 [動] 騙す

check [tʃek] [名] 点検, 小切手 [動] 点検する

checked [tʃekt] [形] チェック柄の

cheek [tʃi:k] [名] 頬

cheer [tʃiər] [名] 喜び, 声援 [動] 歓呼する

cheerful [tʃiərfl] [形] 嬉しい

cheerfully [tʃiərfəli] [副] 気持ちよく

cheese [tʃi:z] [名] チーズ

chemical [kemikəl] [名] 化学物質 [形] 化学の

chemist [kemist] [名] 化学者

chemistry [keməstri] [名] 化学 (学問)

cherish [tʃeəriʃ] [動] 大切にする

cherry [tʃeəri] [名] チェリー, 桜の木(植物)

cherry blossom [tʃeəri blasəm] [名] 桜の花

cherry tree [tʃeəri tri:] [名] 桜 (植物)

chess [tʃes] [名] チェス (西洋将棋)

chest [tʃest] [名] 胸

chestnut [tʃesnət] [名] 栗, 栗の木 (植物)

chew [tʃu:] [動] 噛む, 熟考する

Chicago [ʃika:gou] [地] シカゴ (米国の都市)

chicken [tʃikən] [名] 鶏 (鳥), 鶏肉

chief [tʃi:f] [名] 長, 頭目 [形] 最高の

chiefly [tʃi:fli] [副] 主に

child [tʃaild] [名] 子供, 子孫

childhood [tʃaildhud] [名] 幼年期

childish [tʃaildiʃ] [形] 幼稚な

childishly [tʃaildiʃli] [副] 幼稚に

children [tʃildrən] [名] 子供達

Chile [tʃili] [地] チリ (南米諸国)

chill [tʃil] [名] 冷気 [形] 冷たい [動] 冷たくする

chilly [tʃili] [形] 冷たい, 寒い

chime [tʃaim] [名] 鐘, チャイム [動] チャイムの音が出る

chimney [tʃimni] [名] 煙突

chin [tʃin] [名] あご

China [tʃainə] [地] 中国 (東アジア諸国)

china [tʃainə] [名] 陶磁器

Chinese [tʃaini:z] [名] 中国人

chip [tʃip] [名] 薄い切れ [動] 切り取る

chipped [tʃipt] [形] 薄く削った, みじん切り

chirp [tʃə:rp] [名] さえずり声 [動] さえずり泣く

chocolate [tʃakələt] [名] チョコレート

choice [tʃɔis] [名] 選択, 選抜 [形] 選択された, 選抜された

choir [kwaiər] [名] 聖歌隊, 合唱隊

choke [tʃouk] [名] 窒息 [動] 窒息させる

choose [tʃu:z] [動] 選ぶ, 選出する

chop [tʃap] [名] 切断 [動] 切る

Chopin [ʃoupæn] [人] ショパン (ポーランドの作曲家)

chorus [kɔ:rəs] [名] 合唱隊 [動] 合唱する

chose [tʃouz] [動] choose (選ぶ) の過去形

chosen [tʃouzn] [形] 選ばれた [動] choose (選ぶ) の過去分詞形

Christ [kraist] [名] キリスト

Christian [kristʃən] [名] クリスチャン [形] キリストの

Christmas [krisməs] [名] クリスマス

chronicle [kranikəl] [名] 年代記 [動] 年代記に載せる

chuckle [tʃʌkəl] [名] くすくす笑い [動] くすくす笑う

chum [tʃʌm] [名] 親しい友人 [動] 親しくすごす

church [tʃə:rtʃ] [名] 教会

Churchill [tʃə:rtʃil] [人] チャーチル (イギリスの政治家)

churchyard [tʃə:rtʃya:rd] [名] 教会内の墓地

cigar [siga:r] [名] シガー, 葉巻タバコ

cigarette [sigəret] [名] タバコ

cinema [sinəmə] [名] 映画

circle [sə:rkəl] [名] 円, グループ [動] 取り囲む

circuit [sə:rkət] [名] 回路, 一周

circular [sə:rkyələr] [名] 広告, ちらし [形] 丸い

circularly [sə:rkyələrli] [副] 丸く, 循環的に
circulate [sə:rkyəleit] [動] 循環する, 配布する
circulation [sə:rkyəleiʃən] [名] 循環, 配布, 発行部数
circumstances [sə:rkəmstænsiz] [名] 事情, 状況
circus [sə:rkəs] [名] サーカス, 曲芸
cite [sait] [動] 引用する, 召喚する
citizen [sitəzən] [名] 国民, 市民
city [siti] [名] 都市
civil [sivəl] [形] 市民, 民間人の
civilization [sivələzeiʃən] [名] 文明
civilize [sivəlaiz] [動] 開化する
civilized [sivəlaizd] [形] 開化された, 教養のある
clad [klæd] [形] 服を着た, かけた
claim [kleim] [名] 要求, 賠償請求 [動] 要求(請求)する
clamor [klæmər] [名] 叫び, 不平 [動] 騒ぐ
clap [klæp] [名] 拍手の音 [動] 拍手する
clash [klæʃ] [名] 衝突, 争い, 不一致 [動] 争う
clasp [klæsp] [名] フック, 抱擁 [動] 固定させる
class [klæs] [名] 階級, 学級, 授業
classic [klæsik] [名] 古典作品, 名作 [形] 古典的な
classical [klæsikəl] [形] 古典的な, 伝統的な
classically [klæsikəli] [副] 古典的に
classify [klæsəfai] [動] 分類する
classmate [klæsmeit] [名] 級友, 同級生
classroom [klæsrum] [名] 教室
clatter [klætər] [名] ガタガタ音
clause [klɔ:z] [名] 節, 条項
claw [klɔ:] [名] 足の爪 [動] 足の爪で裂く
clay [klei] [名] 粘土
clean [kli:n] [形] きれいな [動] きれいにする
cleaner [kli:nər] [名] 掃除夫, 洗剤
cleaning [kli:niŋ] [名] 掃除
cleanliness [klenlinəs] [名] 清潔
cleanly [kli:nli] [形] きれいな [副] きれいに
clear [kliər] [形] 澄んだ, 透明な [動] 明確にする
clearly [kliərli] [副] 明らかに
clearness [kliərnəs] [名] 晴れ, 鮮明, 明白
Cleopatra [kli:əpætrə] [人] クレオパトラ (エジプトの女王)
clergy [klə:rdʒi] [名] 聖職
clergyman [klə:rdʒimən] [名] 聖職者
clerk [klə:rk] [名] 店員, 事務員
clever [klevər] [形] 賢い
cleverly [klevərli] [副] 賢く, 巧みに
cleverness [klevənəs] [名] 賢さ, 巧妙
click [klik] [名] カチッ(クリック)音
client [klaiənt] [名] 依頼人, 得意先
cliff [klif] [名] 崖, 絶壁
climate [klaimət] [名] 気候, 状況
climax [klaimæks] [名] 絶頂 [動] 絶頂に達する
climb [klaim] [動] 登攀する [名] 登攀, 上昇
cling [kliŋ] [動] くっつく
clip [klip] [名] 削り [動] はさみで切る
clipped [klipt] [形] 短く切った
cloak [klouk] [名] 外套 [動] 隠す
clock [klak] [名] 時計 [動] 時間を計る
clocked [klakt] [形] 刺繍で飾られた
close [klous] [形] 閉じた, 近い, 親しい [名] 終わり
close [klouz] [動] 閉める, 締め切る
closed [klouzd] [形] 閉じた, 閉鎖した, 非公開の
closely [klousli] [副] 接近して, 慎重に
closet [klazət] [名] 戸棚
cloth [klɔ:θ] [名] 生地, 布
clothe [klouð] [動] 服を着せる
clothes [klouz] [名] 服
clothing [klouðiŋ] [名] 衣類
cloud [klaud] [名] 雲 [動] 曇る
cloudy [klaudi] [形] 曇った, 憂鬱な
clover [klouvər] [名] クローバー (植物)
club [klʌb] [名] 棍棒, クラブ
clubbed [klʌbd] [形] 棍棒形の
clung [klʌŋ] [動] cling (くっつく) の過去·過去分詞形
cluster [klʌstər] [名] 塊 [動] 塊を成す
clutch [klʌtʃ] [名] クラッチ (機械) [動] しっかりとつかむ
coach [koutʃ] [名] 運動コーチ, 馬車 [動] 指導する
coal [koul] [名] 石炭
coarse [kɔ:rs] [形] 粗い, 粗悪な
coarsely [kɔ:rsli] [副] 粗く, 粗雑に

coast [koust] [名] 海岸, 沿岸
coat [kout] [名] 上着, 外套 [動] 上着を着せる
coated [koutəd] [形] 上着を着た, (塗料を) 塗った
cock [kak] [名] 雄鶏 (鳥)
cocoa [koukou] [名] ココア
code [koud] [名] 法典, 暗号 [動] コード化する
coffee [kɔ:fi] [名] コーヒー
coffin [kɔ:fən] [名] 棺 [動] 入棺する
coil [kɔil] [名] コイル [動] ぐるぐる巻く
coin [kɔin] [名] 鋳貨, 貨幣
cold [kould] [形] 寒い, 冷静な [名] 寒さ, 風邪
coldly [kouldli] [副] 冷静に
coldness [kouldnəs] [名] 寒さ, 冷気, 寒気
collapse [kəlæps] [名] 崩壊, 没落 [動] 崩れる
collar [kalər] [名] カラー, 羽
collect [kəlekt] [動] 集める, 徴収する
collected [kəlektəd] [形] 集めた, 落ち着いた
collection [kəlekʃən] [名] 収集
college [kalidʒ] [名] 大学
collide [kəlaid] [動] 衝突する
collision [kəliʒən] [名] 衝突
colloquial [kəloukwiəl] [形] 口語の
colon [koulən] [名] コロン(:), 大腸
colonel [kə:rnl] [名] 陸軍大佐
colonial [kəlouniəl] [形] 植民地の
colonist [kalənist] [名] 植民地の定着民, 植民地の開拓者
colony [kaləni] [名] 植民地
color [kʌlər] [名] 色 [動] 彩色する
colored [kʌlərd] [形] 彩色された
colorful [kʌlərfl] [形] カラフルな, 華麗な
colorfully [kʌlərfəli] [副] カラフルな, 鮮やかに
colt [koult] [名] 子馬 (動物)
column [kaləm] [名] 段, 柱, 新聞のコラム
comb [koum] [名] 櫛 [動] 櫛で髪をとかす
combat [kəmbæt] [動] 戦う
combat [kambæt] [名] 戦い, 戦闘
combination [kambəneiʃən] [名] 結合, 連合
combine [kambain] [名] 結合, 連合
combine [kəmbain] [動] 結合する, 連合する
combined [kəmbaind] [形] 結合した, 連合した
come [kʌm] [動] 来る, 起こる, 生じる
come [kʌm] [動] come (来る) の過去分詞形
comedy [kamədi] [名] コメディー, 喜劇
comet [kamət] [名] 彗星
comfort [kʌmfərt] [名] 慰め, 快適 [動] 慰める
comfortable [kʌmfərtəbl] [形] 快適な
comfortably [kʌmfərtəbli] [副] 快適に
comic [kamik] [形] 喜劇の
coming [kʌmiŋ] [名] 接近, 到来
comma [kamə] [名] コンマ (,)
command [kəmænd] [名] 命令, 指揮権 [動] 命令する
commander [kəmændər] [名] 指揮官, 司令官
commandment [kəmændmənt] [名] 命令, 戒
commence [kəmens] [動] 始める
commencement [kəmensmənt] [名] 開始, 卒業式
commend [kəmend] [動] 褒める
comment [kament] [名] 論評, コメント [動] 論評する
commerce [kamərs] [名] 商業, 貿易
commercial [kəmə:rʃəl] [名] コマーシャル [形] 商業の, 貿易の
commission [kəmiʃən] [名] 委任, 手当て, 委員会
commissioned [kəmiʃənd] [形] 任命された
commissioner [kəmiʃənər] [名] 委員, 長官
commit [kəmit] [動] 委任する, 犯す
commitment [kəmitmənt] [名] 代行, 委託, 献身, 公約
committed [kəmitəd] [形] 献身的な
committee [kəmiti] [名] 委員会
commodity [kəmadəti] [名] 商品
common [kamən] [形] 共通の, 公共の
commonly [kamənli] [副] 一般的に
commonplace [kamənpleis] [名] 平凡な事 [形] 普通の, 平凡な
communicate [kəmyu:nəkeit] [動] 伝達する
communication [kəmyunəkeiʃən] [名] 転送, 連絡,コミュニケーション
communism [kamyənizm] [名] 共産主義
communist [kamyənist] [名] 共産主義者
community [kəmyu:nəti] [名] 共同体, 地域社会
compact [kəmpækt] [形] 簡潔な [動] 簡潔にする

compact [kampækt] [名] 同意, 協約
compacted [kəmpæktəd] [形] いっぱいになった
companion [kəmpænyən] [名] 仲間, 友人
companionship [kəmpænyənʃip] [名] 友好, 交際
company [kʌmpəni] [名] 会社, 一行, 友人
comparative [kəmpærətiv] [名] 比較級 (文法) [形] 比較の
comparatively [kəmpærətivli] [副] 比較的
compare [kəmpeər] [動] 比べる, 比較する, 比喩する
comparison [kəmpeərəsən] [名] 比較
compass [kʌmpəs] [名] コンパス
compel [kəmpel] [動] 強いる, 強要する
compensation [kampənseiʃən] [名] 補償, 補償金
compete [kəmpi:t] [動] 競う
competent [kampətənt] [形] 有能な
competition [kampətiʃən] [名] 競争, 戦い, 試合
competitor [kəmpetətər] [名] 競争相手
complain [kəmplein] [動] 文句を言う, 訴える
complaint [kəmpleint] [名] 不平, 告訴
complement [kampləmənt] [名] 補充 [動] 補う, 補充する
complete [kəmpli:t] [形] 完全な [動] 完成する
completely [kəmpli:tli] [副] 完全に
completeness [kəmpli:tnəs] [名] 完成
complex [kəmpleks] [形] 複合の
complex [kampleks] [名] 複合体
complexion [kəmplekʃən] [名] 顔色
complexly [kəmpleksli] [副] 複雑に
complicate [kampləkeit] [動] 複雑にする
complicated [kampləkeitəd] [形] 複雑な, 困難な
complicatedly [kampləkeitədli] [副] 複雑に
compliment [kampləmənt] [名] 賛辞, 挨拶 [動] 褒める
comply [kəmplai] [動] 応ずる
compose [kəmpouz] [動] 構成する, 作曲する
composer [kəmpouzər] [名] 作曲家
composition [kampəziʃən] [名] 構成, 作曲
compound [kəmpaund] [動] 混合する
compound [kampaund] [名] 混合物 [形] 混合の
comprehend [kamprihend] [動] 理解する, 含む
comprehension [kamprihenʃən] [名] 理解, 理解力
comprehensive [kamprihensiv] [形] 包括的な
comprehensively [kamprihensivli] [副] 包括的に
comprise [kəmpraiz] [動] 含む
compromise [kamprəmaiz] [名] 妥協 [動] 妥協する
compromising [kamprəmaiziŋ] [形] 名誉を傷つける
comrade [kamræd] [名] 同僚
conceal [kənsi:l] [動] 隠す, 秘密にする
concealment [kənsi:lmənt] [名] 隠匿, 隠蔽, 隠すこと
concede [kənsi:d] [動] 譲る, 認める
conceit [kənsi:t] [名] 自尊心, 過大評価
conceive [kənsi:v] [動] 考え出す
concentrate [kansəntreit] [動] 集中する, 濃縮する
concentrated [kansəntreitəd] [形] 集中した, 濃縮された
concentration [kansəntreiʃən] [名] 集中
conception [kənsepʃən] [名] 概念, 着想, 妊娠
concern [kənsə:rn] [名] 関心事, 心配 [動] 心配する
concerned [kənsə:rnd] [形] 関係のある, 心配そうな
concerning [kənsə:rniŋ] [前] ~について
concert [kənsə:rt] [動] 協調する
concert [kansə:rt] [名] コンサート, 協定
concerted [kənsə:rtəd] [形] 合意された, 協力による
concertedly [kənsə:rtədli] [副] 合意して
conclude [kənklu:d] [動] 終える, 結論を下す
conclusion [kənklu:ʒən] [名] 終結, 結論
concord [kankɔ:rd] [名] 一致, 和合
concrete [kankri:t] [名] コンクリート [形] 具体的な
condemn [kəndem] [動] 非難する, 有罪を宣告する
condemned [kəndemd] [形] 非難された, 有罪宣告を受けた
condense [kəndens] [動] 凝縮(圧縮, 要約)する
condensed [kəndenst] [形] 凝縮した, 要約した
condition [kəndiʃən] [名] 状態, 条件
conduct [kəndʌkt] [動] 引き渡す, 行動する
conduct [kandəkt] [名] 行為, 態度
conductor [kəndʌktər] [名] 指揮者, 伝導体
confederate [kənfedərət] [名] 同盟国 [形] 同盟を結んだ
confer [kənfə:r] [動] 授与する, 協議する

conference [kanfərəns] [名] 会議

confess [kənfes] [動] 告白する, 自白する

confessed [kənfest] [形] 明らかな, 自白された

confession [kənfeʃən] [名] 告白, 自白

confide [kənfaid] [動] 信頼する, 打ち明ける

confidence [kanfədəns] [名] 自信, 確信, 信頼

confident [kanfədənt] [形] 確信のある, 自信のある

confidential [kanfədenʃəl] [形] 秘密の

confidentially [kanfədenʃəli] [副] 密かに

confidently [kanfədəntli] [副] 確信して

confine [kənfain] [動] 限定する, 監禁する

confine [kanfain] [名] 境界, 限界

confined [kənfaind] [形] 限られた, 狭い

confinement [kənfainmənt] [名] 監禁, 制限

confirm [kənfə:rm] [動] 確認する, 堅固にする

conflict [kənflikt] [動] 戦う, 衝突する

conflict [kanflikt] [名] 闘争, 口論

confound [kənfaund] [動] 混同する, 慌てる

confounded [kənfaundəd] [形] 混乱した, 慌てた

confront [kənfrʌnt] [動] 立ち向かう, 直面する

confuse [kənfyu:z] [動] 混乱させる, 混同する

confused [kənfyu:zd] [形] 混乱に陥った, 慌てた

confusing [kənfyu:ziŋ] [形] 混乱させる, 当惑される

confusingly [kənfyu:ziŋli] [副] 混乱して

confusion [kənfyu:ʒən] [名] 混乱, 当惑

Congo [kaŋgou] [地] コンゴ民主共和国(中央アフリカ諸国)

congratulate [kəngrætʃəleit] [動] 祝う

congratulation [kəngrætʃəleiʃən] [名] お祝い, 祝辞

congress [kaŋgrəs] [名] 議会, 会議

conjunction [kəndʒʌŋkʃən] [名] 接続, 接続詞 (文法)

connect [kənekt] [動] つなぐ, 関係する

connected [kənektəd] [形] 関連する

connection [kənekʃən] [名] 関係, リンク

conquer [kaŋkər] [動] 征服する, 戦い勝つ

conquered [kaŋkərd] [形] 征服された, 敗れた

conqueror [kaŋkərər] [名] 征服者, 勝者

conquest [kaŋkwest] [名] 征服, 征服した物

conscience [kanʃəns] [名] 良心

conscious [kantʃəs] [形] 意識のある, 意識的な

consciously [kantʃəsli] [副] 意識的に

consciousness [kantʃəsnəs] [名] 意識

consent [kənsent] [名] 合意, 許可 [動] 合意する

consequence [kansəkwens] [名] 結果, 重要性

consequently [kansəkwentli] [副] その結果, 従って

conservative [kənsə:rvətiv] [形] 保守的な [名] 保守主義者

conservatively [kənsə:rvətivli] [副] 保守的に

consider [kənsidər] [動] 考慮する, 熟考する

considerable [kənsidərəbl] [形] かなりの

considerably [kənsidərəbli] [副] かなり

consideration [kənsidəreiʃən] [名] 考慮, 要件, 代価, 配慮

considered [kənsidərd] [形] 慎重な

considering [kənsidəriŋ] [前] ～を考慮すると

consist [kənsist] [動] 構成される

consistent [kənsistənt] [形] 一貫した

consistently [kənsistəntli] [副] 一貫して, 矛盾せずに

console [kansoul] [動] 慰める

consonant [kansənənt] [名] 子音

conspicuous [kənspikyuəs] [形] 顕著な

conspicuously [kənspikyuəsli] [副] 顕著に

conspiracy [kənspirəsi] [名] 陰謀

constant [kanstənt] [形] 一定の, 不断な

constantly [kanstəntli] [副] 変わらず

constitute [kanstətyu:t] [動] 構成する, 制定する

constitution [kanstətyu:ʃən] [名] 憲法, 構成, 体質

constitutional [kanstətyu:ʃənəl] [形] 憲法上の

constrain [kənstrein] [動] 強制する, 制限する

construct [kənstrʌkt] [動] 建設する, 構成する

construction [kənstrʌkʃən] [名] 建設, 建物

consult [kənsʌlt] [動] 相談する, 考慮する

consume [kənsu:m] [動] 消費する

consumer [kənsu:mər] [名] 消費者

consumption [kənsʌmpʃən] [名] 消費

contact [kantækt] [名] 接触, 連絡 [動] 接触(連絡)する

contact lens [kantækt lenz] [名] コンタクトレンズ

contain [kəntein] [動] 含む, 抑制する
contained [kənteind] [形] 自制する, 落ち着いた
container [kənteinər] [名] 容器, コンテナー
containment [kənteinmənt] [名] 抑制, 封鎖
contemplate [kantəmpleit] [動] 熟考する, 予想する
contemporary [kəntempəreri] [形] 現代の, 同時代の
contempt [kəntempt] [名] 軽蔑
contend [kəntend] [動] 争う, 論争する
content [kəntent] [動] 満足させる, 満足する
contented [kəntentəd] [形] 満足した
contents [kantents] [名] 内容物, 内容
contest [kəntest] [動] 争う, 論争する
contest [kantest] [名] 闘争, 競争, トーナメント, 競技
continent [kantənənt] [名] 大陸, 陸地
continental [kantənentl] [形] 大陸の
continual [kəntinyuəl] [形] 絶え間ない
continually [kəntinyuəli] [副] 絶え間なく
continue [kəntinyu:] [動] 続ける, 続く
continued [kəntinyu:d] [形] 続いた
continuous [kəntinyuəs] [形] 継続的な
continuously [kəntinyəsli] [副] 引き続き
contract [kəntrækt] [動] 契約する, 縮小される
contract [kantrækt] [名] 契約, 契約書
contracted [kəntræktəd] [形] 縮小された, 偏狭な
contrary [kantreri] [名] 反対, 矛盾 [形] 逆の, 反対の
contrast [kantræst] [名] 対照 [動] 対照する
contribute [kəntribyu:t] [動] 寄付(寄稿, 貢献)する
contribution [kantrəbyu:ʃən] [名] 寄付, 寄稿, 貢献
contrive [kəntraiv] [動] 考案する
contrived [kəntraivd] [形] 人為的な
control [kəntroul] [動] 統制する [名] 統制, 制御
controlled [kəntrould] [形] 統制された, 制御された
controversy [kantrəvə:rsi] [名] 論争, 異論
convenience [kənvi:nyəns] [名] 便益, 便利
convenient [kənvi:nyənt] [形] 便利な
conveniently [kənvi:nyəntli] [副] 便利に
convention [kənvenʃən] [名] 大会, トーナメント, 慣習
conventional [kənvenʃənəl] [形] 慣習的な, 伝統的な
conversation [kanvə:rseiʃən] [名] 会話
converse [kanvə:rs] [名] 対話 [形] 反対の
converse [kənvə:rs] [動] 対話する
convert [kənvə:rt] [動] 変える, 転向する
converted [kənvə:rtəd] [形] 転向した, 改造した
convey [kənvei] [動] 運搬する, 伝える
convict [kənvikt] [動] 有罪を宣告する
convict [kanvikt] [名] 囚人
conviction [kənvikʃən] [名] 有罪判決, 確信
convince [kənvins] [動] 確信させる, 説得する
cook [kuk] [名] 料理人 [動] 料理する
cooking [kukiŋ] [名] 料理
cool [ku:l] [形] 涼しい [動] 涼しくする
cooler [ku:lər] [名] 冷却装置, 冷蔵機
cooperate [kouapəreit] [動] 協力する
cooperation [kouapəreiʃən] [名] 協力
cope [koup] [動] 対処する
Copernicus [koupə:rnikəs] [人] コペルニクス (天文学者)
copper [kapər] [名] 銅
copy [kapi] [名] 複写 [動] 写す, 真似る
coral [kɔ:rəl] [名] 珊瑚
cord [kɔ:rd] [名] 太いひも, 電気コード
cordial [kɔ:rdʒəl] [形] 真心のこもった
cork [kɔ:rk] [名] コルク (樹皮)
corn [kɔ:rn] [名] とうもろこし
corner [kɔ:rnər] [名] 角
cornered [kɔ:rnərd] [形] コーナー(窮地)に追い込まれた
corporation [kɔ:rpəreiʃən] [名] 企業, 団体
corps [kɔ:r] [名] 軍団, 団体
correct [kərekt] [形] 正確な, 適切な [動] 訂正する
correction [kərekʃən] [名] 訂正, 校正
correctly [kərektli] [副] 正しく
correctness [kərektnəs] [名] 正確性
correspond [kɔ:rəspand] [動] 一致する, ~と同じだ
correspondence [kɔ:rəspandəns] [名] 一致, 手紙, 書信
correspondent [kɔ:rəspandənt] [名] 通信員, 特派員
corridor [kɔ:rədər] [名] 廊下

corrupt [kərʌpt] [形] 腐敗した [動] 堕落させる

cosmos [kazməs] [名] 秩序ある宇宙 (体系)

cost [kɔ:st] [名] 費用 [動] 費用がかかる

costly [kɔ:stli] [形] 高価な, 費用が多くかかる

costume [kastyu:m] [名] 衣装, 服装

cot [kat] [名] 簡易ベッド, 小屋, 檻

cottage [katidʒ] [名] 別荘, 田舎の家

cotton [katn] [名] 綿, 木綿

couch [kautʃ] [名] 低いソファー [動] 寝かせる, 横にする

cough [kɔ:f] [名] 咳 [動] 咳をする

could [kud] [動] can (することができる) の過去形

couldn't [kudnt] [短] could not の短縮形

council [kaunsəl] [名] 協議会, 会議

counsel [kaunsəl] [名] 助言, 相談 [動] 相談する

counseling [kaunsəliŋ] [名] 個人相談, カウンセリング

counselor [kaunsələr] [名] 相談役, カウンセラー

count [kaunt] [動] 数える [名] 計算

countable [kauntəbl] [形] 数えられる

countenance [kauntənəns] [名] 顔の表情, 容貌

counter [kauntər] [名] 販売台 [形] 逆の [動] 反対する

countess [kauntəs] [名] 伯爵夫人

countless [kauntləs] [形] 数えられない, 無数の

country [kʌntri] [名] 国, 地方, 田舎

countryman [kʌntrimən] [名] 同胞, 田舎の人

county [kaunti] [名] 郡 (米国の行政区域)

couple [kʌpəl] [名] カップル, 夫婦

courage [kə:ridʒ] [名] 勇気

courageous [kəreidʒəs] [形] 勇敢な

courageously [kəreidʒəsli] [副] 勇敢に

course [kɔ:rs] [名] 進路, 方向

court [kɔ:rt] [名] テラス, 法廷

courteous [kɔ:rtiəs] [形] 丁重な

courteously [kɔ:rtiəsli] [副] 丁重に

courtyard [kɔ:rtya:rd] [名] 中庭

cousin [kʌzən] [名] いとこ

cover [kʌvər] [名] 覆い, カバー [動] 覆う

covered [kʌvərd] [形] 覆われた

covering [kʌvəriŋ] [名] カバー

covetous [kʌvətəs] [形] 貪欲な

cow [kau] [名] 乳牛 (動物)

coward [kauə:rd] [名] 弱虫

cowardly [kauərdli] [形] 卑怯な [副] 卑怯に

cowboy [kauboi] [名] カウボーイ

crab [kræb] [名] かに

crack [kræk] [名] 亀裂, ひび [動] 折れる, 壊れる

cracker [krækər] [名] クラッカー, 爆竹

crackle [krækəl] [名] パチパチ音 [動] パチパチと音を立てる

cradle [kreidl] [名] 揺りかご [動] 揺りかごに入れて振る

craft [kræft] [名] 技巧, 工芸

crane [krein] [名] 起重機, クレーン

crash [kræʃ] [名] 崩壊, 衝突 [動] 衝突する

crave [kreiv] [動] 熱望する

crawl [krɔ:l] [名] 徐行 [動] 這う

crayon [kreian] [名] クレヨン

craziness [kreizinəs] [名] 狂気

crazy [kreizi] [形] 狂った, 熱狂した

cream [kri:m] [名] クリーム

create [kri:eit] [動] 創造する

creation [kri:eiʃən] [名] 創造

creature [kri:tʃər] [名] 創造物

credit [kredət] [名] 信用 [動] 信じる

creditor [kredətər] [名] 債権者

creed [kri:d] [名] 信条

creek [kri:k] [名] 小川, 水路

creep [kri:p] [動] 這う, こそこそ歩く

crept [krept] [動] creep (這う) の過去・過去分詞形

crest [krest] [名] 飾り毛, てっぺん

crew [kru:] [名] 乗務員

cricket [krikət] [名] クリケット, コオロギ (虫)

crime [kraim] [名] 犯罪, 罪

criminal [krimənəl] [名] 罪人 [形] 罪を犯した

crimson [krimzən] [名] 深紅色

cripple [kripəl] [名] 障碍者 [動] 障害を与える

crisis [kraisəs] [名] 危機

crisp [krisp] [形] ぱりっとした, 爽やかな

critic [kritik] [名] 批評家, 批判者

critical [kritikəl] [形] 重大な, 危篤な

critically [kritikəli] [副] 批判的に
criticism [kritəsizm] [名] 批評, 批判
criticize [kritəsaiz] [動] 批評する, 批判する
crooked [krukəd] [形] 曲がった, 不正直な
crookedly [krukədli] [副] 曲がって, 不正に
crop [krap] [名] 農作物, 収穫
cross [krɔ:s] [名] 十字架 [動] 交差させる
crossed [krɔ:st] [形] 十文字の, 交差された
crossing [krɔ:siŋ] [名] 交差点, 横断歩道
crotch [kratʃ] [名] 股
crouch [krautʃ] [名] うずくまること [動] うずくまる
crow [krou] [名] 烏 (鳥)
crowd [kraud] [名] 群衆 [動] 込み合う
crowded [kraudəd] [形] 混雑な, 満員の
crown [kraun] [名] 王冠 [動] 即位させる
crude [kru:d] [形] 天然のままの, 未熟な, 荒い
crudely [kru:dli] [副] 露骨的に
crudeness [kru:dnəs] [名] 粗雑さ
cruel [kru:əl] [形] 残酷な
cruelly [kru:əli] [副] 残酷に
cruelty [kru:əlti] [名] 残酷さ
crumb [krʌm] [名] パン粉
crumble [krʌmbəl] [動] 砕く, 砕ける
crusade [kru:seid] [名] 十字軍遠征
crush [krʌʃ] [名] 粉砕, 人波 [動] 砕く
crust [krʌst] [名] パンの皮, 地殻
cry [krai] [動] 叫ぶ, 泣く [名] 鳴き声
crying [kraiiŋ] [形] 叫び声
crystal [kristl] [名] 水晶 [形] 透明な
Cuba [kyu:bə] [地] キューバ (西インド諸島国)
cube [kyu:b] [名] 立方体
cubic [kyu:bik] [形] 立方体の, 立方の
cuckoo [kuku] [名] カッコウ (鳥)
cuckoo clock [kuku klak] [名] カッコウ時計
cuff [kʌf] [名] カフス, 袖口
cultivate [kʌltəveit] [動] 耕す, 耕作する, 栽培する
cultivated [kʌltəveitəd] [形] 耕された, 洗練された
cultivation [kəltəveiʃən] [名] 耕作
cultural [kʌltʃərəl] [形] 文化的な
culturally [kʌltʃərəli] [副] 文化的に
culture [kʌltʃər] [名] 文化, 教育, 文明
cunning [kʌniŋ] [形] 狡猾な, 巧みな
cup [kʌp] [名] 茶碗, カップ
cupboard [kʌbərd] [名] 食器棚
cupful [kʌpful] [名] カップいっぱいの量
curb [kə:rb] [名] くつわ, 抑制
cure [kyuər] [名] 治療, 治癒 [動] 治療する
curiosity [kyuəriasəti] [名] 好奇心
curious [kyuəriəs] [形] 好奇心の多い, 奇妙な
curiously [kyuəriəsli] [副] 奇妙に
curl [kə:rl] [動] よじる, 曲がる
curled [kə:rld] [形] 巻毛の, 渦巻いた
currency [kə:rənsi] [名] 通貨
current [kə:rənt] [形] 現在の [名] 流れ, 電流, 傾向
currently [kə:rəntli] [副] 現在は
curriculum [kərikyələm] [名] 学課課程, カリキュラム
curse [kə:rs] [名] 呪い [動] 呪う
cursed [kə:rst] [形] 呪いを受けた
curtain [kə:rtn] [名] カーテン
curve [kə:rv] [名] 曲線 [動] 曲げる
curved [kə:rvd] [形] 曲がった, 曲線の形をした
cushion [kuʃən] [名] クッション, 座布団 [動] 緩める
custom [kʌstəm] [名] 習慣
customary [kʌstəmeri] [形] 習慣的な
customer [kʌstəmər] [名] 顧客
cut [kʌt] [動] 切る [名] 切傷, 削減
cutting [kʌtiŋ] [名] 切断
cycle [saikəl] [名] 循環 [動] 循環する
cycling [saikliŋ] [名] サイクリングツアー, サイクリング
cylinder [siləndər] [名] 円柱, シリンダー
Czechoslovakia [tʃekəsləva:kiə] [地] チェコスロバキア

D

dad [dæd] [名] 父

daddy [dædi] [名] お父さん

daffodil [dæfədil] [名] ラッパスイセン (花)

dagger [dægər] [名] 短剣

daily [deili] [形] 毎日の [名] 日刊紙

dainty [deinti] [形] 優雅な, 上品な

dairy [deəri] [名] 酪農場, 乳製品

daisy [deizi] [名] デイジー (花)

dale [deil] [名] 谷

Dallas [dæləs] [地] ダラス (米国の都市)

dam [dæm] [名] ダム

damage [dæmidʒ] [名] 損害 [動] 損害を与える

damaged [dæmidʒd] [形] 損害を受けた

dame [deim] [名] 貴婦人

damn [dæm] [動] 酷評する, 呪う

damp [dæmp] [名] 湿気 [形] 湿った

dampness [dæmpnəs] [名] 湿気

damsel [dæmzəl] [名] 女性, 女の子

damson [dæmzən] [名] 西洋スモモ (果物)

dance [dæns] [名] ダンス, 舞踊 [動] 踊る

dancer [dænsər] [名] ダンサー, 舞姫

dancing [dænsiŋ] [名] ダンス

danger [deindʒər] [名] 危険

dangerous [deindʒərəs] [形] 危険な

dangerously [deindʒərəsli] [副] 危険に

Daniel [dænyəl] [人] ダニエル (聖書の人物)

Dante [dænti] [人] ダンテ (イタリアの詩人)

dare [deər] [動] あえて~する, 勇気がある

daring [deəriŋ] [名] 勇敢 [形] 勇敢な

dark [da:rk] [形] 暗い

darken [da:rkən] [動] 暗くする, 暗くなる

darkness [da:rknəs] [名] 闇

darling [da:rliŋ] [名] 愛しい人

darn [da:rn] [動] 縫う

Darwin [da:rwən] [人] ダーウィン (イギリスの進化論の提唱者)

dash [dæʃ] [名] 突進 [動] 突進する

data [deitə] [名] 資料, データ

date [deit] [名] 日付

dated [deitəd] [形] 日付が捺印された

daughter [dɔ:tər] [名] 娘

dawn [dɔ:n] [名] 夜明け [動] 夜が明ける

day [dei] [名] 昼, 一日

daybreak [deibreik] [名] 夜明け

daylight [deilait] [名] 日光, 昼

daytime [deitaim] [名] 昼

daze [deiz] [動] くらっとする

dazzle [dæzəl] [動] まぶしくする

dead [ded] [形] 死んだ, 生気のない

deadly [dedli] [形] 致命的な

deaf [def] [形] 耳の聞こえない

deal [di:l] [動] 取引する, 関係する

dealer [di:lər] [名] ディーラー, 商人

dealing [di:liŋ] [名] 行動, 取引関係

dealt [delt] [動] deal (取引する) の過去・過去分詞形

dean [di:n] [名] 学長

dear [diər] [形] 親愛なる, 貴重な

dearly [diərli] [副] 愛情で

death [deθ] [名] 死亡

debate [dibeit] [名] 討論 [動] 討論する

debt [det] [名] 負債, 債務

decade [dekeid] [名] 10 年間

decay [dikei] [名] 腐敗, 衰弱 [動] 腐敗(衰弱)する

deceit [disi:t] [名] 手管, 欺瞞

deceitful [disi:tfl] [形] 偽の

deceive [disi:v] [動] 騙す

December [disembər] [名] 12 月

decent [di:snt] [形] 大人しい, すばらしい, 適当な

decide [disaid] [動] 決める, 決定する

decided [disaidəd] [形] 決定的な, 明白な

decision [disiʒən] [名] 決定, 判決, 決心

decisive [disaisiv] [形] 決定的な

decisively [disaisivli] [副] 決定的に

deck [dek] [名] 甲板, デッキ

declaration [dekləreiʃən] [名] 宣言, 申告

declare [diklear] [動] 宣言する, 申告する
declared [diklеərd] [形] 宣言, 申告
decline [diklain] [名] 減少 [動] 拒む, 減る
decorate [dekəreit] [動] 飾る, 勲章を授与する
decorated [dekəreitəd] [形] 飾られた, 勲章を受けた
decoration [dekəreiʃən] [名] 装飾, 勲章
decorator [dekəreitər] [名] 装飾家
decrease [di:kri:s] [名] 減少
decrease [dikri:s] [動] 減らす, 減少させる
decree [dikri:] [名] 法令, 命令
dedicate [dedəkeit] [動] 捧げる, 献身する
dedicated [dedəkeitəd] [形] 献身的な, 専用の
deed [di:d] [名] 行為, 証書
deem [di:m] [動] 見なす
deep [di:p] [形] 深い
deepen [di:pən] [動] 深くする, 深まる
deeply [di:pli] [副] 深く
deer [diər] [名] 鹿 (動物)
defeat [difi:t] [名] 敗北 [動] 敗北させる
defect [difekt] [名] 欠陥, 欠点 [動] 変節する
defend [difend] [動] 防御する, 弁護する
defense [difens] [名] 防御, 弁護
defenseless [difensləs] [形] 無防備の
defensive [difensiv] [形] 防御的な
defiance [difaiəns] [名] 無視, 反抗
deficiency [difiʃənsi] [名] 不足, 欠陥
deficient [difiʃənt] [形] 不十分な, 欠陥のある
define [difain] [動] 定義を下す, 明らかにする
definite [defənət] [形] 明確な
definite article [defənət a:rtikəl] [名] 定冠詞 (文法)
definitely [defənətli] [副] 明らかに
defy [difai] [動] 抵抗する
degree digri:] [名] 程度, 地位, 学位
delay [dilei] [名] 遅延 [動] 延期する
delayed [dileid] [形] 遅延された
delegate [deligət] [名] 代表者, 代理人
delegate [deligeit] [動] 代表と任命する
deliberate [dilibəreit] [動] 熟考する, 審議する
deliberate [dilibərət] [形] 慎重に考慮した, 故意的に
deliberately [dilibərətli] [副] 慎重に, 故意に
delicate [delikət] [形] 敏感な, 甘い
delicately [delikətli] [副] 繊細に, 敏感に
delicious [diliʃəs] [形] おいしい
deliciously [diliʃəsli] [副] おいしく
delight [dilait] [名] 大きな喜び [動] 喜ばせる
delighted [dilaitəd] [形] 嬉しい
delightedly dilaitədli] [副] 喜んで
delightful [dilaitfl] [形] とても楽しい
delightfully [dilaitfəli] [副] とても楽しく
deliver [dilivər] [動] 伝える, 演説する
deliverer [dilivərər] [名] 救助者, 配達人
delivery [dilivəri] [名] 引渡し, 配達, 出産
demand [dimænd] [名] 要求, 需要 [動] 要求する
democracy [dimakrəsi] [名] 民主主義
democrat [deməkræt] [名] 民主主義者
democratic [deməkrætik] [形] 民主主義の
demonstrate [demənstreit] [動] 証明(説明, 宣伝)する
demonstration [demənstreiʃən] [名] 証明, 説明, デモンストレーション,宣伝
den [den] [名] 書斎, 泥棒の巣窟
Denmark [denma:rk] [地] デンマーク (北ヨーロッパ諸国)
denomination [dinaməneiʃən] [名] 通貨の単位, 名称
denote [dinout] [動] 示す, 意味する
dense [dens] [形] 密集した, 愚かな
densely [densli] [副] 密集して
deny [dinai] [動] 否定する
depart [dipa:rt] [動] 去る, 死ぬ
departed [dipa:rtəd] [形] 過ぎ去った, 死んだ
department [dipa:rtmənt] [名] 部署, 学問
department store [dipa:rtmənt stɔ:r] [名] 百貨店
departure [dipa:rtʃər] [名] 出発
depend [dipend] [動] 頼る, 信じる
dependence [dipendəns] [名] 依存, 信頼
dependent [dipendənt] [名] 扶養家族 [形] 依存している
deposit dipazət] [名] 預金, 保証金 [動] 預ける, 預金する
depress [dipres] [動] 押す

depressed [diprest] [形] 憂鬱な
depression [dipreʃən] [名] 憂鬱, 不況
deprive [dipraiv] [動] 奪う
deprived [dipraivd] [形] 恩恵を受けていない
depth [depθ] [名] 深さ
deputy [depyəti] [名] 代理人
derive [diraiv] [動] 得る, 推論する, 由来する
derived [diraivd] [形] 派生した
descend [disend] [動] 降りて来る, 相続される
descendant [disendənt] [名] 子孫
descended [disendəd] [形] 伝来された
descent [disent] [名] 下降, 下り坂, 血統
describe [diskraib] [動] 描写(叙述, 説明)する
description [diskripʃən] [名] 描写, 叙述, 説明
desert [dizə:rt] [動] 諦める
desert [dezərt] [名] 砂漠
deserted [dizə:rtəd] [形] 捨てられた
deserve [dizə:rv] [動] 受けるに値する
deserved [dizə:rvd] [形] 当然な
design [dizain] [名] デザイン, 設計 [動] 設計する
designate [dezigneit] [動] 示す, 任命する
designer [dizainər] [名] 設計者, デザイナー
desirability [dizairəbiləti] [名] 望ましさ
desirable [dizairəbl] [形] 望ましい
desire [dizaiər] [名] 熱望, 欲望 [動] 熱望する
desired [dizaiərd] [形] 望んでいた
desk [desk] [名] 机
desolate [desələt] [形] 荒涼たる, 捨てられた
desolated [desəleitəd] [形] 寂しい, 孤独な
desolation [desəleiʃən] [名] 荒廃, 孤独感
despair [dispeər] [名] 絶望 [動] 絶望する
desperate [despərət] [形] 絶望的な, 必死的な
desperately [despərətli] [副] 絶望的に
desperation [despəreiʃən] [名] 絶望, 必死
despise [dispaiz] [動] 軽蔑する
despite [dispait] [前] ~にもかかわらず
dessert [dizə:rt] [名] デザート
destination [destəneiʃən] [名] 目的地
destine [destən] [動] 運命づける, 予定する
destiny [destəni] [名] 運命
destroy [distrɔi] [動] 破壊する
destroyer [distrɔiər] [名] 破壊者
destruct distrʌkt] [動] 破壊する
destruction [distrʌkʃən] [名] 破壊, 滅亡
destructive [distrʌktiv] [形] 破壊的な
detail [di:teil] [名] 詳細, 細部 [動] 詳しく語る
detect [ditekt] [動] 発見する, 探し出す
detective [ditektiv] [名] 探偵, 刑事
determination [ditə:rməneiʃən] [名] 決定, 決意
determine [ditə:rmən] [動] 決める
determined [ditə:rmənd] [形] 断乎な
Detroit [ditrɔit] [地] デトロイト (米国の都市)
develop [diveləp] [動] 育成(発展)させる
developed [diveləpt] [形] 進歩した, 先進の
developer [diveləpər] [名] 開発者, デベロッパ, 現像液
development [diveləpmənt] [名] 成長, 発展, 開発
device [divais] [名] 計画, 策略, 装置
devil [devəl] [名] 悪魔
devise [divaiz] [動] 考案する
devote [divout] [動] 捧げる, 当てる
devoted [devoutəd] [形] 献身的な
devotedly [divoutədli] [副] 献身的に
devotion [divouʃən] [名] 献身, 愛着
devour [divauər] [動] むさぼり食う, 破壊させる
dew [dyu:] [名] 露
dewy [dyu:i] [形] 露にぬれた
diagram [daiəgræm] [名] 図表 [動] 図表で示す
dial [daiəl] [名] ダイヤル [動] ダイヤルを合わせる
dialogue [daiəlɔ:g] [名] 対話, 対談
diameter [daiæmətər] [名] 直径
diamond [daimənd] [名] 金剛石, ダイヤモンド
diary [daiəri] [名] 日記
dictate [dikteit] [動] 書き取る, 命令する
dictation [dikteiʃən] [名] 書き取り, 命令

dictionary [dikʃəneri] [名] 辞書
did [did] [動] do (する) の過去形
didn't [didnt] [短] did not の短縮形
die [dai] [動] 死ぬ
diet [daiət] [名] ダイエット [動] 食事療法をする
differ [difər] [動] 異なる, 合わない
difference [difərəns] [名] 違い, 意見の衝突
different [difərənt] [形] 違う
difficult [difikəlt] [形] 難しい
difficulty [difikəlti] [名] 困難, 難しさ
dig [dig] [動] 掘る
digest [daidʒest] [名] 要約 [動] 消化する, 理解する
dignify [dignəfai] [動] 威厳を与える
dilemma [dilemə] [名] 進退両難, ジレンマ, 窮地
diligence [dilədʒəns] [名] 勤勉
diligent [dilədʒənt] [形] 勤勉な
diligently [dilədʒəntli] [副] 勤勉に
dim [dim] [形] 暗い, かすかな
diminish [diminiʃ] [動] 減少する, 弱まる
dine [dain] [動] 食事をする
dining room [dainiŋ rum] [名] レストラン, 食堂
dinner [dinər] [名] 食事, 正餐, 午餐
dip [dip] [名] 浸すこと, 傾斜 [動] 浸す
direct [direkt] [形] まっすぐな, 直接の [動] 監督する
directed [direktəd] [形] 誘導された, 指示された
direction [direkʃən] [名] 方向, 指示, 監督
director [direktər] [名] 監督, 重役, 役員, 管理者
dirt [də:rt] [名] ほこり, 汚物
dirty [də:rti] [形] 汚れた, 卑劣な
disappear [disəpiər] [動] 消える
disappearance [disəpiərəns] [名] 消失, 行方不明
disappoint [disəpɔint] [動] 失望させる
disappointed [disəpɔintəd] [形] 失望した
disappointment [disəpɔintmənt] [名] 失望, 落胆
disaster [dizæstər] [名] 災難
discern [disə:rn] [動] 認める, 識別する
discharge [distʃa:rdʒ] [名]履行, 返済, 退院 [動]履行(返済,退院)する
discipline [disəplən] [名] 訓練, 規律, 懲戒 [動] 訓練(懲戒)する
disclose [disklouz] [動] 明かす, 暴露する
discontent [diskəntent] [名] 不満
discontented [diskəntentəd] [形] 不満な
discontentedly [diskəntentədli] [副] 不満に
discount [diskaunt] [名] 割引 [動] 割引する
discourage [diskə:ridʒ] [動] 挫折させる, 禁ずる
discourse [diskɔ:rs] [名] 講演, 討論 [動] 講演(討論)する
discover [diskʌvər] [動] 発見する
discoverer [diskʌvərər] [名] 発見者
discovery [diskʌvəri] [名] 発見
discuss [diskʌs] [動] 討論(論議)する
discussion [diskʌʃən] [名] 討論, 論議
disease [dizi:z] [名] 病気
diseased [dizi:zd] [形] 病気にかかった
disgrace [disgreis] [名] 不名誉 [動] 名誉を汚す
disguise [disgaiz] [名] 変装 [動] 変装する
disguised [disgaizd] [形] 変装した
disgust [disgʌst] [名] 嫌悪 [動] 嫌悪する
disgusted [disgʌstəd] [形] 飽きた
disgustedly [disgʌstədli] [副] 飽きっぽく
disgusting [disgʌstiŋ] [形] すごく嫌な, 不快な
dish [diʃ] [名] 皿, 料理
dishonest [disanəst] [形] 不正直な
dishonestly [disanəstli] [副] 不正直に
dishonesty [disanəsti] [名] 不正直
dishonor [disanər] [名] 不名誉 [動] 名誉を汚す
dislike [dislaik] [名] 嫌悪 [動] 嫌悪する
dismal [dizməl] [形] 憂鬱な, 暗い
dismally [dizməli] [副] 寂しく, 憂鬱に
dismay [dismei] [名] 驚き, 落胆 [動] 落胆させる
dismiss [dismis] [動] 解雇する, 解散させる
disobey [disəbei] [動] 従わない, 反抗する
disorder [disɔ:rdər] [名] 病気, 混乱, 騒動
disordered [disɔ:rdərd] [形] 無秩序な
disorderly [disɔ:rdərli] [副] 無秩序に
dispatch [dispætʃ] [名] 発送, 急送 [動] 発送(急送)する
display [displei] [名] 展示, 陳列 [動] 展示(陳列)する

displease [displi:z] [動] 不快にする
disposal [dispouzəl] [名] 処分, 売却
dispose [dispouz] [動] 配置する, 処分する
disposed [dispouzd] [形] ~しやすい
disposition [dispəziʃən] [名] 性質, 傾向, 処分
dispute [dispyu:t] [名] 論争, 口論 [動] 論争(口論)する
dissolve [dizalv] [動] 溶かす, 溶ける, 解散する
distance [distəns] [名] 距離, 間隔
distant [distənt] [形] 遠い
distinct [distiŋkt] [形] 明らかな, 区別される
distinction [distiŋkʃən] [名] 区別, 差別, 違い
distinctive [distiŋktiv] [形] 独特な
distinctively [distiŋktivli] [副] 独特に
distinctly [distiŋktli] [副] 明らかに
distinguish [distiŋgwiʃ] [動] 区別する
distinguished [distiŋgwiʃt] [形] 有名な, 顕著な
distress [distres] [名] 苦悩, 危機 [動] 悩ます
distressed [distrest] [形] 苦悩に疲れた
distribute [distribyu:t] [動] 分配する
distributed [distribyu:təd] [形] ~の分布をした
distribution [distrəbyu:ʃən] [名] 分配, 配布, 商品流通
distributor [distribyətər] [名] 分配者, 配給者
district [distrikt] [名] 地区, 地域
distrust [distrʌst] [名] 不信 [動] 疑う
disturb [distə:rb] [動] 乱す, 妨げる
disturbance [distə:rbəns] [名] 妨害, 混乱
disturbed [distə:rbd] [形] 不安な, 動揺した
ditch [ditʃ] [名] 溝 [動] 溝を掘る
dive [daiv] [名] ダイビング [動] 飛び込む
divert [divə:rt] [動] 楽しくする, 転換する
divide [divaid] [動] 分ける
divided [divaidəd] [形] 分割された, 分離された
divine [divain] [形] 神聖な [動] 予言する
divinely [divainli] [副] 神聖に
diving [daiviŋ] [名] 潜水, ダイビング
division [diviʒən] [名] 分割, 部分, 支部
divorce [divɔ:rs] [名] 離婚 [動] 離婚する
do [du:] [動] する
dock [dak] [名] 波止場 [動] 波止場に入って来る
dockyard [dakya:rd] [名] 造船所
doctor [daktər] [名] 医師, 博士
doctrine [daktrən] [名] 教理, 主義
document [dakyəmənt] [名] 書類, 記録 [動] 記録する
dodge [dadʒ] [動] 体を避ける, 回避する
does [dʌz] [動] do 動詞三人称単数直説法現在
doesn't [dʌznt] [短] does not の短縮形
dog [dɔ:g] [名] 犬 (動物)
doll [dal] [名] 人形
dollar [dalər] [名] ドル ($)
dome [doum] [名] ドーム, 丸い屋根
domestic [dəmestik] [形] 国内の, 国産の, 家庭の
dominate [damәneit] [動] 支配する
dominion [dəminyən] [名] 主権, 統治, 領土, 自治領
don [dan] [名] スペインの紳士, 名士
done [dʌn] [形] 終わった [動] do (する) の過去分詞形
donkey [daŋki] [名] ロバ (動物)
don't [dount] [短] do not の短縮形
doom [du:m] [名] 不運, 判決 [動] 宣告する
doomed [du:md] [形] 不運の
door [dɔ:r] [名] 門
doorbell [dɔ:rbel] [名] 呼び鈴
doorway [dɔ:rwei] [名] 出入口
dormitory [dɔ:rmətɔ:ri] [名] 学生寮
dot [dat] [名] 点, しみ [動] 点を打つ
double [dʌbəl] [形] 二重の [動] 二倍になる
doubt [daut] [名] 疑問 [動] 疑う
doubtful [dautfl] [形] 疑わしい
doubtfulness [dautflnəs] [名] 疑い, 怪しさ
doubtless [dautləs] [形] 確実な
doubtlessly [dautləsli] [副] 確かに
dove [dʌv] [名] 鳩 (鳥)
Dover [douvər] [地] ドーバー海峡 (イギリスとフランスの間)
down [daun] [前] ~を下り [形] 下の
downstairs [daunsteərz] [名] 階下 [副] 階下で
downtown [dauntaun] [名] 商業地区, 都心地, ダウンタウン
downward [daunwə:rd] [形] 下の, 下に

dozen [dʌzn] [名] 12 個, ダース

draft [dræft] [名] 図案, 草案 [動] 草案を作る

drag [dræg] [名] 網, 引っ張り [動] 引っ張る

dragon [drægən] [名] ドラゴン, 龍

dragonfly [drægənflai] [名] トンボ (虫)

drain [drein] [名] 下水溝 [動] 排水する

drake [dreik] [名] 雄のアヒル (鳥)

drama [dramə] [名] 劇, ドラマ

dramatic [drəmætik] [形] 劇的な

drank [dræŋk] [動] drink (飲む) の過去形

draw [drɔ:] [動] 引く [名] 抽選, 引き分け

drawer [drɔ:ər] [名] 製図者, 手形発行人, 引き出し

drawing [drɔ:iŋ] [名] 絵画, スケッチ, 引くこと

drawing room [drɔ:iŋ rum] [名] 応接間

drawn [drɔ:n] [形] 引き分けた [動] draw (引く) の過去分詞形

dread [dred] [名] 恐怖, 心配 [動] 恐れる

dreadful [dredfl] [形] 恐ろしい

dreadfully [dredfəli] [副] 恐ろしく

dream [dri:m] [名] 夢 [動] 夢を見る

dreary [driəri] [形] 寂しい, 悲しい

drench [drentʃ] [動] ずぶぬれになる

dress [dres] [名] 服装 [動] 服を着る

dressed [drest] [形] 服を着た, 正装した

drew [dru:] [動] draw (引く) の過去形

dried [draid] [形] 乾いた, 乾燥した

drift [drift] [名] 漂流, 傾向 [動] 漂流する

drill [dril] [名] 訓練, 錐 [動] 訓練する

drink [driŋk] [名] 飲料水 [動] 飲む

drinking [driŋkiŋ] [名] 飲酒

drip [drip] [名] 水滴 [動] 水滴が落ちる

drive [draiv] [名] ドライブ, 運転 [動] 運転する

driven [drivən] [動] drive (運転する) の過去分詞形

driver [draivər] [名] 運転士, 運転者

driving [draiviŋ] [形] 推進する [名] 運転

drizzle [drizəl] [名] 霧雨 [動] 霧雨が降る

droop [dru:p] [動] 頭を下げる, 意気消沈する

drop [drap] [動] 落ちる, 落とす

drove [drouv] [動] drive (運転する) の過去形

drown [draun] [動] 溺れ死ぬ, 溺れさせる

drowsy [drauzi] [形] 眠い

drug [drʌg] [名] 薬品, 麻薬 [動] 薬を混ぜる

drugstore [drʌgstɔ:r] [名] 薬局

drum [drʌm] [名] ドラム [動] ドラムで演奏する

drunk [drʌŋk] [形] 酒に酔った [動] drink (飲む) の過去分詞形

drunken [drʌŋkən] [形] 酔った

dry [drai] [形] 乾燥した, 退屈な [動] 乾かす

duchess [dʌtʃəs] [名] 公爵夫人

duck [dʌk] [名] アヒル (鳥) [動] 水の中に沈む

duckling [dʌkliŋ] [名] アヒルの子

due [dyu:] [形] 当然の, 支給期日になった

dug [dʌg] [動] dig (掘る) の過去・過去分詞形

duke [dyu:k] [名] 公爵

dull [dʌl] [形] 鈍い, 愚かな [動] 鈍くする

dully [dʌli] [副] 鈍く

duly [dyu:li] [副] 当然, 十分に

dumb [dʌm] [形] 口のきけない

during [dyuəriŋ] [前] 〜の間

dusk [dʌsk] [名] たそがれ

dust [dʌst] [名] ほこり [動] ほこりをなくす

dusty [dʌsti] [形] ほこりの多い

Dutch [dʌtʃ] [形] オランダの, オランダ人

duty [dyu:ti] [名] 義務, 責任

dwarf [dwɔ:rf] [名] 小びと

dwell [dwel] [動] 住む

dwelling [dweliŋ] [名] 住居

dwelt [dwelt] [動] dwell (住む) の過去・過去分詞形

dye [dai] [名] 染料, 染色 [動] 染色する

dyer [daiər] [名] 染色工

dying [daiiŋ] [名] 死, 臨終 [形] 臨終の

dynamite [dainəmait] [名] ダイナマイト

E

each [i:tʃ] [形] それぞれの, 各自 [副] それぞれ

eager [i:gər] [形] 熱望する, 熱心な

eagerly [i:gərli] [副] 切に

eagerness [i:gərnəs] [名] 熱望

eagle [i:gəl] [名] ワシ (鳥)

ear [iər] [名] 耳, 聴覚

earl [ə:rl] [名] 伯爵

early [ə:rli] [形] 早い, 早期の [副] 早く

earn [ə:rn] [動] お金をもうける, 得る

earnest [ə:rnəst] [形] 真剣な

earnestly [ə:rnəstli] [副] 真剣に

earth [ə:rθ] [名] 地球

earthly [ə:rθli] [形] 地球の

earthquake [ə:rθkweik] [名] 地震

ease [i:z] [名] 快適 [動] 楽にする

easily [i:zəli] [副] ゆったりと, 簡単に

east [i:st] [名] 東側

Easter [i:stər] [名] イースター

Easter egg [i:stər eg] [名] イースターエッグ (彩色された)

eastern [i:stərn] [形] 東側の

easy [i:zi] [副] 簡単な, 快適な

eat [i:t] [動] 食べる

eaten [i:tn] [動] eat (食べる) の過去分詞形

eating [i:tiŋ] [名] 食べること, 食品

echo [ekou] [名] こだま [動] こだまする

economic [ekənamik] [形] 経済上の, 経済学の

economical [ekənamikəl] [形] 経済的な, 節約する

economically [ekənamikəli] [副] 経済的に

economy [ikanəmi] [名] 経済, 節約

ecstasy [ekstəsi] [名] 恍惚, 熱狂

Ecuador [ekwədɔ:r] [地] エクアドル (南米諸国)

Eden [i:dn] [地] エデンの園 (聖書の地名), 楽園

edge [edʒ] [名] 刃 [動] 刃を立てる

edged [edʒd] [形] 刃がある, 刃を立てた

Edison [edəsən] [人] エジソン (米国の発明家)

edition [idiʃən] [名] 刊行本, 発行部数

editor [edətər] [名] 編集者

editorial [edətɔ:riəl] [名] 社説 [形] 編集上の

educate [edʒəkeit] [動] 教育させる

educated [edʒəkeitəd] [形] 教育を受けた, 教養のある

education [edʒəkeiʃən] [名] 教育, 教養

educational [edʒəkeiʃənəl] [形] 教育的な

educationally [edʒəkeiʃənəli] [副] 教育的に

effect [ifekt] [名] 結果, 効果 [動] 招く

effective [ifektiv] [形] 効果的な, 有効な

effectively [ifektivli] [副] 効果的に

efficiency [ifiʃənsi] [名] 効率, 能率

efficient [ifiʃənt] [形] 効率的な, 能率的な

efficiently [ifiʃəntli] [副] 効率的に

effort [efərt] [名] 努力

egg [eg] [名] 卵

Egypt [i:dʒipt] [地] エジプト (中東諸国)

Egyptian [idʒipʃən] [形] エジプトの [名] エジプト人, エジプト語

eh [ei] [感] あっ, 何

eight [eit] [名] 八 [形] 八の

eighteen [eiti:n] [名] 十八

eighteenth [eiti:nθ] [名] 第十八 [形] 第十八の

eighth [eitθ] [名] 八番目 [形] 八番目の

eightieth [eitiəθ] [名] 第八十 [形] 第八十の

eighty [eiti] [名] 八十 [形] 八十の

Einstein [ainstain] [人] アインシュタイン (米国の物理学者)

either [i:ðər] [形] どちらか一方の, 両方の

elaborate [ilæbəreit] [動] 苦心して作る

elaborate [ilæbərət] [形] 念を入れた, 精巧な

elastic [ilæstik] [形] 弾力性のある, 柔軟な

elastically [ilæstikəli] [副] 弾力あるように, 柔軟に

elbow [elbou] [名] 肘

elder [eldər] [名] 年長者, 老人 [形] 年上の

elderly [eldərli] [形] 年配の

eldest [eldəst] [形] 一番年上の

elect [ilekt] [動] 選ぶ, 選挙する, 選任する

election [ilekʃən] [名] 選挙

electric [ilektrik] [形] 電気の, 電撃的な

electrical [ilektrikəl] [形] 電気の

electrically [ilektrikəli] [副] 電気で

electricity [ilektrisəti] [名] 電気

elegant [eləgənt] [形] 優雅な, 上品な

elegantly [eləgəntli] [副] 優雅に

element [eləmənt] [名] 元素, 要素

elemental [eləmentl] [形] 元素の, 基本的な

elementary [eləmentəri] [形] 初心者の, 元素の

elephant [eləfənt] [名] 象 (動物)

elevate [eləveit] [動] 上げる

elevated [eləveitəd] [形] 高められた, 上品な

elevator [eləveitər] [名] エレベーター, 昇降機

eleven [ilevən] [名] 十一 [形] 十一の

eleventh [ilevənθ] [名] 第十一 [形] 第十一の

eliminate [ilimineit] [動] 除去(脱落)させる

elm [elm] [名] ニレ (植物)

eloquence [eləkwəns] [名] 雄弁

eloquent [eləkwənt] [形] 雄弁の, 流暢な

eloquently [eləkwəntli] [副] 流暢に

else [els] [形] 他の, その他の [副] 他に

elsewhere [elsweər] [副] 他の所で, 他の所へ

embarrass [imbeərəs] [動] 当惑させる

embarrassing [imbeərəsiŋ] [形] 困った, 厄介な

embarrassingly [imbeərəsiŋli] [副] 苦しく

embarrassment [imbeərəsmənt] [名] 当惑

emboss [imbas] [動] 目立つようにする

embossed [imbast] [形] 目立つようにした

embossment [imbasmənt] [名] 浮彫りにすること, 浮彫り細工

embrace [imbreis] [動] 抱擁 する, 含む

embracement [imbreismənt] [名] 抱擁, 包含

embroider [imbrɔidər] [動] 縫取りする

emerge [imə:rdʒ] [動] 出る, 現れる

emergency [imə:rdʒənsi] [名] 緊急事態

eminence [emənəns] [名] 卓越

eminent [emənənt] [形] 優れた, 顕著な

eminently [emənəntli] [副] 際立って, 顕著に

emotion [imouʃən] [名] 感情

emotional [imouʃənəl] [形] 感情の

emotionally [imouʃənəli] [副] 感情的に

emperor [empərər] [名] 皇帝

emphasis [emfəsəs] [名] 強調

emphasize [emfəsaiz] [動] 強調する

empire [empaiər] [名] 帝国

employ [implɔi] [動] 雇う, 使う

employee [implɔii:] [名] 従業員

employer [implɔiər] [名] 雇用者

employment [implɔimənt] [名] 雇用 (使用)

empress [emprəs] [名] 皇后

emptiness [emptinəs] [名] 空虚

empty [empti] [形] 空白の, 空虚な

enable [ineibl] [動] 可能にする

enchant [intʃænt] [動] 魔法をかける, 魅惑する

enchanted [intʃæntəd] [形] 魅惑された

enclose [inklouz] [動] 取り囲む, 同封する

enclosed [inklouzd] [形] 密閉された

encounter [inkauntər] [動] 偶然出会う, 直面する

encourage [inkə:ridʒ] [動] 勇気を与える, 奨励する

encumbrance [inkʌmbrəns] [名] 障害物

end [end] [名] 終わり, 終末 [動] 終える

endeavor [indevər] [名] 努力, 試み [動] 努力する

ending [endiŋ] [名] 結末, 終末

endless [endləs] [形] 果てしない, 無限の

endlessly [endləsli] [副] 果てしなく

endlessness [endləsnəs] [名] 無限

endow [indau] [動] 寄付する, 与える

endowment [indaumənt] [名] 寄付, 寄贈, 才能

endurance [indyuərəns] [名] 耐久性, 忍耐

endure [indyuər] [動] 耐える, 持続する

enemy [enəmi] [名] 敵

energetic [enərdʒetik] [形] 精力的な, 強力な

energetically [enərdʒetikəli] [形] 精力的に

energy [enərdʒi] [名] 力, 勢力, エネルギー

enforce [infɔ:rs] [動] 施行する, 強要する

enforced [infɔ:rst] [形] 強要された, 強制的な

enforcement [infɔ:rsmənt] [名] 施行, 実施

en**gage** [ingeidʒ] [動] 約束する, 婚約する

en**gaged** [ingeidʒd] [形] 婚約した, 忙しい

en**gage**ment [ingeidʒmənt] [名] 婚約, 雇用

en**gine** [endʒən] [名] エンジン, 機関

engi**neer** [endʒəniər] [名] 技師

engi**neer**ing [endʒəniəriŋ] [名] 工学, エンジニアリング

England [iŋglənd] [地] イングランド (イギリス)

English [iŋgliʃ] [名] 英語, イギリス人 [形] イギリスの

Englishman [iŋgliʃmən] [名] イギリス人

en**joy** [indʒɔi] [動] 楽しむ

en**joy**able [indʒɔiəbl] [形] 楽しい

en**joy**ably [indʒɔiəbli] [副] 楽しく

en**joy**ment [indʒɔimənt] [名] 楽しさ, 快楽

en**large** [inla:rdʒ] [動] 拡大する

en**larged** [inla:rdʒd] [形] 拡大した

en**large**ment [inla:rdʒmənt] [名] 拡大, 拡張

en**ligh**ten [inlaitn] [動] 啓蒙する, 開化する

en**ligh**tened [inlaitnd] [形] 啓蒙された, 開化された

en**ligh**tenment [inlaitnmənt] [名] 啓蒙, 開化

e**nor**mous [inɔ:rməs] [形] 巨大な, 途方もない

e**nor**mously [inɔ:rməsli] [副] とてつもなく

e**nor**mousness [inɔ:rməsnəs] [名] 巨大さ, 莫大さ

e**nough** [inʌf] [形] 十分な [副] 十分に

en**rich** [inritʃ] [動] 豊富にする

en**riched** [inritʃt] [形] 強化された, 濃縮された

en**roll** [inroul] [動] 登録する

en**rol**ment [inroulmənt] [名] 登録, 記載, 加入

en**sign** [ensən] [名] 旗, 国旗

en**sue** [insu:] [動] 結果として起きる

en**ter** [entər] [動] 入る, 入力する

en**ter**prise [entərpraiz] [名] 企業, 冒険心

enter**tain** [entərtein] [動] 楽しませる

enter**tai**ner [entərteinər] [名] 芸能人

enter**tain**ment [entərteinmənt] [名] 娯楽, 芸能

en**thu**siasm [inθu:ziæzm] [名] 熱狂

en**thu**siast [inθu:ziæst] [名] 熱狂者

enthusi**as**tic [inθu:ziæstik] [形] 熱狂的な

enthusi**as**tically [inθu:ziæstikəli] [副] 熱狂的に

en**tice** [intais] [動] 誘惑する

en**tice**ment [intaismənt] [名] 誘惑, 誘拐

en**tire** [intaiər] [形] 全体の

en**tire**ly [intaiərli] [副] 完全に

en**title** [intaitl] [動] タイトルを付ける

en**trance** [entrəns] [名] 入場, 入学, 入口

en**treat** [intri:t] [動] 懇請する, 嘆願する

en**trea**ty [intri:ti] [名] 懇願, 嘆願

en**try** [entri] [名] 入場, 記入

en**ve**lop [inveləp] [動] 包む, 覆う

en**velope** [envəloup] [名] 封筒, カバー

en**vious** [enviəs] [形] 羨ましがる

en**viously** [enviəsli] [副] 羨ましそうに

en**vi**ronment [invairənmənt] [名] 環境, 包囲

environ**men**tal [invairənmentl] [形] 環境の

environ**men**talist [invairənmentəlist] [名] 環境論者

environ**men**tally [invairənmentəli] [副] 環境的に

en**vi**rons [invairənz] [名] 都市近郊

en**vy** [envi] [名] 嫉妬, 羨望 [動] ねたむ, うらやむ

episode [epəsoud] [名] エピソード, 逸話

epoch [epək] [名] 時代, エポック, 新紀元

equal [i:kwəl] [形] 同じ, 平等な [動] ～と同じだ

equally [i:kwəli] [副] 平等に

equator [ikweitər] [名] 赤道

equip [ikwip] [動] 備える, 備え付ける

equipment [ikwipmənt] [名] 装備, 設備

equi**v**alent [ikwivələnt] [形] 同等な, ～に相当する

equi**v**alently [ikwivələntli] [副] 均等に, 対等に

era [eərə] [名] 時代

e**rase** [ireis] [動] 消す, 削除する

e**rased** [ireist] [形] 消された

e**ras**er [ireisər] [名] 消しゴム

e**rect** [irekt] [形] 直立の [動] まっすぐに立てる

e**rec**tion [irekʃən] [名] 直立, 建立, 勃起

e**rect**ly [irektli] [副] まっすぐに, 垂直に

err [ə:r] [動] 間違う

errand [erənd] [名] 使い

error [eərər] [名] 過ち, エラー

escalator [eskəleitər] [名] エスカレーター

escape [iskeip] [動] 逃げる [名] 逃亡, 脱出

escaped [iskeipt] [形] 逃げた

escort [eskɔ:rt] [名] 護送者 [動] 護送する

Eskimo [eskəmou] [名] エスキモー族

especial [ispeʃəl] [形] 特別な, 格別な

especially [ispeʃəli] [副] 特別に, 格別に

essay [esei] [名] エッセイ, 小論文

essence [esns] [名] 本質, 核心

essential [isenʃəl] [形] 必須の [名] 本質的要素

essentially [isenʃəli] [副] 本質的に

establish [istæbliʃ] [動] 確立する, 設立する

established [istæbliʃt] [形] 確立された

establishment [istæbliʃmənt] [名] 確立, 設立

estate [isteit] [名] 土地, 財産

esteem [isti:m] [名] 尊重, 尊敬 [動] 尊重(尊敬)する

Esther [estər] [人] エスター (聖書の人物)

estimable [estəməbl] [形] 立派な

estimate [estəmeit] [動] 評価する

estimate [estəmət] [名] 評価, 見積もり

estimated [estəmeitəd] [形] 評価上の, 見積もりの

estimation [estəmeiʃən] [名] 評価, 見積もり

et cetera [et setərə] [名] 等, その他 (etc.)

eternal [itə:rnəl] [形] 永遠の

eternally [itə:rnəli] [副] 永遠に

eternity [itə:rnəti] [名] 永遠

Ethiopia [i:θioupiə] [地] エチオピア (北アフリカ諸国)

etiquette [etikət] [名] エチケット, 礼儀

Euclid [yu:kləd] [人] ユークリッド (ギリシャの幾何学者)

Europe [yuərəp] [地] ヨーロッパ

European [yuərəpi:ən] [形] ヨーロッパの, ヨーロッパ人の

eve [i:v] [名] イブ, 前夜

Eve [i:v] [人] イブ (聖書の人物)

even [i:vən] [形] 平らな, 規則的な

evening [i:vniŋ] [名] 夕方

event [ivent] [名] 事件, 行事

eventual [iventʃuəl] [形] 最後の

eventually [iventʃuəli] [副] 最後に, ついに

ever [evər] [副] いつか, いつでも

Everest [evərəst] [地] エベレスト山

everlasting [evərlæstiŋ] [形] 永遠の

everlastingly [evərlæstiŋli] [副] 永遠に

every [evri] [形] すべて, あらゆる, ～ごとに

everybody [evribadi] [代] 誰でも, みんな

everyday [evridei] [形] 毎日の

everyone [evriwən] [代] 誰でも, みんな

everything [evriθiŋ] [代] すべて

everywhere [evriweər] [副] どこでも

evidence [evədəns] [名] 証拠

evident [evədənt] [形] 明らかな

evidently [evədəntli] [副] 明らかに

evil [i:vəl] [名] 悪 [形] 悪い, 邪悪な

evolution [evəlu:ʃən] [名] 進化, 発展

exact [igzækt] [形] 正確な [動] 強要する

exactly [igzæktli] [副] 正確に

exaggerate [igzædʒəreit] [動] 誇張する

exaggerated [igzædʒəreitəd] [形] 誇張された

exaggeration [igzædʒəreiʃən] [名] 誇張

exalt [igzɔ:lt] [動] 高める, 昇進させる

exam [igzæm] [名] 試験

examination [igzæməneiʃən] [名] 試験, 調査, 検査

examine [igzæmən] [動] 試す, 調べる, 検査する

example [igzæmpəl] [名] 実例, 見本

exceed [iksi:d] [動] 超える

exceeding [iksi:diŋ] [形] 過度な, すごい

exceedingly [iksi:diŋli] [副] ひどく, 非常に

excel [iksel] [動] ～より優れる, 卓越している

excellent [eksələnt] [形] 卓越した

excellently [eksələntli] [副] 卓越に

except [iksept] [前] ～を除いて [動] 除く

excepting [ikseptiŋ] [前] ～ を除いて

exception [iksepʃən] [名] 例外

40

exceptional [iksepʃənəl] [形] 例外的な
exceptionally [iksepʃənəli] [副] 例外的に
excess [ikses] [名] 過度, 超過
excessive [iksesiv] [形] 過度の
excessively [iksesivli] [副] 過度に
exchange [ikstʃeindʒ] [名] 交換 [動] 交換する
exchange rate [ikstʃeindʒ reit] [名] 為替レート
excite [iksait] [動] 興奮(刺激)させる
excited [iksaitəd] [形] 興奮した
excitedly [iksaitədli] [副] 興奮して
excitement [iksaitmənt] [名] 興奮, 刺激
exciting [iksaitiŋ] [形] 興奮させる, 刺激的な
excitingly [iksaitiŋli] [副] 刺激的に
exclaim [ikskleim] [動] 叫ぶ
exclamation [eksklәmeiʃən] [名] 絶叫, 叫び
exclude [iksklu:d] [動] 除く, 排除する
excluding [iksklu:diŋ] [前] ~を除いて
exclusive [iksklu:siv] [形] 排他的な
exclusively [iksklu:sivli] [副] 排他的に, 独占的に
excursion [ikskə:rʒən] [名] ピクニック
excuse [ikskyu:s] [名] 許し, 言い訳
excuse [ikskyu:z] [動] 許す, 言い訳する
execute [eksikyu:t] [動] 執行(実行, 遂行)する
execution [eksikyu:ʃən] [名] 執行, 実行, 遂行
executive [igzekyətiv] [名] 支配人, 取締役 [形] 執行の
executively [igzekyətivli] [副] 行政的に
exempt [igzemt] [形] 免除された [動] 免除する
exercise [eksərsaiz] [名] 運動, 練習 [動] 運動(練習)する
exert [igzə:rt] [動] (影響を)及ぼす
exhaust [igzɔ:st] [動] 使い尽す
exhibit [igzibət] [名] 展示品 [動] 展示する
exhibition [eksəbiʃən] [名] 展示, 展覧会
exile [egzail] [名] 亡命, 追放 [動] 亡命する
exist [igzist] [動] 存在する, 生存する
existence [igzistəns] [名] 存在, 生存
existent [igzistənt] [形] 生存する
expand [ikspænd] [動] 拡大する
expanded [ikspændəd] [形] 拡大した
expansion [ikspænʃən] [名] 拡大, 発展
expect [ikspekt] [動] 期待する
expectation [ekspekteiʃən] [名] 期待, 予想
expedition [ekspədiʃən] [名] 遠征, 探険
expenditure [ikspendətʃər] [名] 経費, 支出
expense [ikspens] [名] 経費, 支出
expensive [ikspensiv] [形] 高価な
expensively [ikspensivli] [副] 費用をかけて
experience [ikspiəriəns] [名] 経験 [動] 経験する
experienced [ikspiəriənst] [形] 経験豊かな
experiment [ikspeərəmənt] [名] 実験 [動] 実験する
experimental [ikspeərəmentl] [形] 実験の
experimentally [ikspeərəmentəli] [副] 実験的に
experimentation [ikspeərəmənteiʃən] [名] 実験
expert [ekspərt] [名] 専門家 [形] 専門の, 熟練した
explain [iksplein] [動] 説明する
explanation [eksplәneiʃən] [名] 説明
explode [iksploud] [動] 爆発する
exploded [iksploudəd] [形] 爆発された
exploit [eksplɔit] [名] 功績, 偉業 [動] 搾取する
exploration [eksplәreiʃən] [名] 探険, 探査
explore [iksplɔ:r] [動] 探険する, 探査する
explorer [iksplɔ:rər] [名] 探険家
explosion [iksplouʒən] [名] 爆発
export [ekspɔ:rt] [名] 輸出
export [ekspɔ:rt] [動] 輸出する
exporter [ekspɔ:rtər] [名] 輸出業者
expose [ikspouz] [動] 当てる, 露出させる
exposed [ikspouzd] [形] 露出された, 明らかになった
exposition [ekspəziʃən] [名] 博覧会, 説明
exposure [ikspouʒər] [名] 露出, 暴露
express [ikspres] [動] 表現する [名] 急行, 速達
expression [ikspreʃən] [名] 表現, 表情
exquisite [ekskwizət] [形] 絶妙な, 鋭敏な
exquisitely [ekskwizətli] [副] 絶妙に, 精巧に
exquisiteness [ekskwizətnəs] [名] 絶妙さ, 精巧さ

ex**tend** [ikstend] [動] 広げる, 拡大する

ex**ten**ded [ikstendəd] [形] 拡張された, 延長された

ex**ten**sion [ikstenʃən] [名] 拡張, 延長

ex**ten**sive [ikstensiv] [形] 広範な, 幅広い

ex**ten**sively [ikstensivli] [副] 広範囲に

ex**tent** [ikstent] [名] サイズ, 範囲, 程度

ex**ter**nal [ekstə:rnəl] [形] 外部の, 形式的な

ex**tin**guish [ikstiŋgwiʃ] [動] 消す, 消滅させる

ex**tin**guisher [ikstiŋgwiʃər] [名] 消火器

ex**tin**guishment [ikstiŋgwiʃmənt] [名] 消火

extra [ekstrə] [形] 余分の [名] 余り, 追加料金

ex**tract** [ikstrækt] [動] 抽出する, 抜粋する

ex**traor**dinary [ikstrɔ:rdəneri] [形] 奇妙な, 特別な

ex**treme** [ikstri:m] [名] 極度, 極端 [形] 極度の, 過度な

ex**treme**ly [ikstri:mli] [副] 極端に

eye [ai] [名] 目

eyebrow [aibrau] [名] 眉毛

F

fable [feibəl] [名] 寓話

fabric [fæbrik] [名] 織物

face [feis] [名] 顔, 表情 [動] 向かう

facility [fəsiləti] [名] 設備, 才能

fact [fækt] [名] 事実, 真実

factor [fæktər] [名] 要素, 要因

factory [fæktəri] [名] 工場

faculty [fækəlti] [名] 能力, 学部 (大学の)

fade [feid] [動] 色あせる, 衰える

Fahrenheit [færənhait] [形] 華氏の

fail [feil] [動] 失敗する, 落ちる

failure [feilyər] [名] 失敗, 落伍者

faint [feint] [形] かすかな, 弱い [動] 気絶する

faintly [feintli] [副] かすかに

fair [feər] [形] 公正な, 公平な [名] 博覧会

fairly [feərli] [副] 公平に, 正しく

fairy [feəri] [名] 妖精

faith [feiθ] [名] 信念, 信頼, 信条

faithful [feiθfl] [形] 信頼できる, 誠実な

faithfully [feiθfəli] [副] 誠実に

fall [fɔ:l] [動] 落ちる, つまずく

fallen [fɔ:lən] [動] fall (落ちる) の過去分詞形

false [fɔ:ls] [形] 誤った, 虚偽の

fame [feim] [名] 名声, 評判

famed [feimd] [形] 有名な, よく知られた

familiar [fəmilyər] [形] よく知られている, 慣れた, 親しい

family [fæməli] [名] 家族, 親戚

family name [fæməli neim] [名] 姓

famine [fæmən] [名] 飢饉

famous [feiməs] [形] 有名な

fan [fæn] [名] うちわ [動] そそのかす

fancy [fænsi] [名] 空想, 妄想, 趣味

fantastic [fæntæstik] [形] 幻想的な, 途方も無い

far [fa:r] [形] 遠い [副] 遠く, はるかに

fare [feər] [名] 運賃, 料金

farewell [feərwel] [名] 別れ, 別れの挨拶

farm [fa:rm] [名] 農場 [動] 耕す, 耕作する

farmer [fa:rmər] [名] 農夫, 農家

farmhouse [fa:rmhaus] [名] 農家

far-off [fa:r ɔ:f] [形] 遥か遠い

farther [fa:rðər] [形] より遠い, それ以上の, しかも

farthest [fa:rðəst] [形] 最も遠い

fashion [fæʃən] [名] ファッション, 流行

fashionable [fæʃənəbl] [形] 流行の, 流行している

fashionably [fæʃənəbli] [副] 流行に沿って

fast [fæst] [形] 速い

fasten [fæsn] [動] 固定させる, かける

fat [fæt] [名] 脂肪 [形] 太った

fatal [feitl] [形] 致命的な

fate [feit] [名] 宿命, 運命

father [faðər] [名] 父

fatigue [fəti:g] [名] 疲労 [動] 疲れさせる

fault [fɔ:lt] [名] 過失, 欠陥

favor [feivər] [名] 好意, 賛成 [動] 賛成する

favorable [feivərəbl] [形] 好意的な, 有利な

favorably [feivərəbli] [副] 有利に, 順調に

favorite [feivərət] [名] 好み [形] 好みの

fawn [fɔ:n] [名] 子鹿 (動物)

fear [fiər] [名] 恐れ [動] 恐れる

fearful [fiərfl] [形] 怖い

fearfully [fiərfəli] [副] 恐ろしく

fearless [fiərləs] [形] 恐ろしく

feast [fi:st] [名] 祭り, 宴会

feat [fi:t] [名] 偉業, 妙技

feather [feðər] [名] 羽

feature [fi:tʃər] [名] 特色, 容貌

February [febrəri] [名] 二月

fed [fed] [動] feed (食べさせる) の過去・過去分詞形

federal [fedərəl] [形] 連合の, 連邦政府の

federation [fedəreiʃən] [名] 連合, 連邦政府

fee [fi:] [名] 料金, 手数料

feeble [fi:bəl] [形] 弱い

feebly [fi:bli] [副] 弱く

feed [fi:d] [動] 食べさせる, 育てる [名] 餌

feel [fi:l] [動] 感じる, 触る

feeling [**fi:**liŋ] [名] 感じ, 肌触り

feet [fi:t] [名] foot (足) の複数形

fell [fel] [動] fall (落ちる) の過去形

fellow [**fe**lou] [名] 仲間

fellowship [**fe**louʃip] [名] 親交, 会合

felt [felt] [動] feel (感じる) の過去·過去分詞形

female [**fi:**meil] [名] 女性, 雌 [形] 女性の

fence [fens] [名] 垣根

fencing [**fen**siŋ] [名] フェンシング

fern [fə:rn] [名] シダ (植物)

ferry [**feə**ri] [名] 渡船場, 渡し船, 連絡船, フェリー

fertile [**fə:r**tl] [形] 肥沃な, 豊かな

festival [**fes**təvəl] [名] 祭り, 祝典

fetch [fetʃ] [動] 連れてくる

fever [**fi:**vər] [名] 熱

few [fyu:] [形] 少ない [名] 少数の人

fiber [**fai**bər] [名] 繊維

fiction [**fik**ʃən] [名] 虚構, 小説

field [fi:ld] [名] 野原, 分野, 競技場

fierce [fiərs] [形] 荒い, 恐ろしい

fiery [**fai**əri] [形] 燃える

fif**teen** [fif**ti:n**] [名] 15

fif**teenth** [fif**ti:nθ**] [名] 第 15 [形] 第 15 の

fifth [fifθ] [名] 第五 [形] 五番目の

fifthly [**fifθ**li] [副] 五番目に

fiftieth [**fif**tiəθ] [名] 第 50 [形] 第 50

fifty [**fif**ti] [名] 50

fig [fig] [名] イチジク(植物)

fight [fait] [動] 戦う [名] 戦い, 闘争

fighter [**fai**tər] [名] 闘士, 戦士, 戦闘機

fighting [**fai**tiŋ] [名] 戦い, 闘争

figure [**fi**gyər] [名] 数字, 人物

file [fail] [名] 書類とじ, ファイル [動] 整理する

fill [fil] [動] 満たす, 占める

film [film] [名] フィルム, 映画 [動] 映画を作る

final [**fai**nəl] [名] 期末試験, 決勝戦 [形] 最後の

finally [**fai**nəli] [副] とうとう, 最終的に

fi**nance** [fai**næns**] [名] 財政, 財源 [動] 融資する

fi**nan**cial [fai**næn**ʃəl] [形] 財政の, 財務の

find [faind] [動] 発見する [名] 発見

finding [**fain**diŋ] [名] 発見物

fine [fain] [形] 素晴らしい, 繊細な [名] 罰金

finely [**fain**li] [副] 見事に, 精巧に

finger [**fiŋ**gər] [名] 指

finish [**fi**niʃ] [動] 終える[名] 終わり

finished [**fi**niʃt] [形] 終わった, 完成した

Finland [**fin**lənd] [地] フィンランド (北ヨーロッパ諸国)

fir [fə:r] [名] モミ (植物)

fire [faiər] [名] 火, 火災

fireman [**faiər**mən] [名] 消防官

fireplace [**faiər**pleis] [名] 壁付き暖炉

firm [fə:rm] [名] 会社 [形] 頑丈な, しっかりした

firmly [**fə:rm**li] [副] 確固として

first [fə:rst] [形] 一つ目の, 最初の [名] 最初

first-**class** [fə:rst **klæs**] [形] 最高級の

fish [fiʃ] [名] 魚

fisherman [**fi**ʃərmən] [名] 漁師

fishing [**fi**ʃiŋ] [名] 釣り

fist [fist] [名] こぶし

fit [fit] [形] 適した, 適切な

fitness [**fit**nəs] [名] 適当, 適切, 適合性, 体づくり

five [faiv] [名] 五

fix [fiks] [動] 固定させる, 決める

fixed [fikst] [形] 固定された

flag [flæg] [名] 旗

flake [fleik] [名] 薄い切れ

flame [fleim] [名] 炎

flank [flæŋk] [名] わき腹

flap [flæp] [動] ひらめく, はためく

flash [flæʃ] [名] 閃光, 瞬間

flat [flæt] [名] 平面, パンク [形] 平たい

flatter [**flæ**tər] [動] お世辞をする

flattering [**flæ**təriŋ] [形] へつらう

flattery [**flæ**təri] [名] お世辞

flavor [**flei**vər] [名] 風味, 香り [動] 風味を添える

flax [flæks] [名] アマ (繊維)

flea [fli:] [名] ノミ (虫)

fled [fled] [動] flee (逃げる) の過去・過去分詞形

flee [fli:] [動] 逃げる

fleet [fli:t] [名] 艦隊, 船団

flesh [fleʃ] [名] 肉, 肉体

flew [flu:] [動] fly (飛ぶ) の過去形

flicker [flikər] [動] 点滅する

flight [flait] [名] 飛行, 飛行便, 逃走

fling [fliŋ] [動] 投げる

flip [flip] [動] 指ではじく, 裏返す

flipper [flipər] [名] 水かき

flit [flit] [動] さっと飛ぶ

float [flout] [動] 編む

floating [floutiŋ] [形] 浮いている

flock [flak] [名] 群れ, 群集 [動] 群がる

flood [flʌd] [名] 洪水, 氾濫

floor [flɔ:r] [名] 底

Florida [flɔ:rədə] [地] フロリダ(米国の州)

flour [flauər] [名] 小麦粉

flourish [flə:riʃ] [動] いっぱい生える, 繁盛する

flow [flou] [動] 流れる [名] 流れ

flower [flauər] [名] 花 [動] 花が咲く

flown [floun] [動] fly (飛ぶ) の過去分詞形

fluent [flu:ənt] [形] 流暢な

fluently [flu:əntli] [副] 流暢に

fluid [flu:əd] [名] 流動体 [形] 流動体の, 流動的な

flung [flʌŋ] [動] fling (投げる) の過去・過去分詞形

flush [flʌʃ] [名] 紅潮 [動] (ほおを) 紅潮させる

flute [flu:t] [名] 笛, フルート

flutter [flʌtər] [動] 跳ねる, どきどきする

fly [flai] [動] 飛ぶ

flying [flaiiŋ] [名] 飛行 [形] 空を飛ぶ, 差し迫った

foam [foum] [名] 泡 [動] 泡立つ

focus [foukəs] [名] 焦点, 中心 [動] 焦点を合わせる

foe [fou] [名] 敵

fog [fɔ:g] [名] 霧

fold [fould] [動] 畳む [名] しわ

foliage [fouliidʒ] [名] 木の葉

folk [fouk] [名] 人々, 家族

folk song [fouk sɔ:ŋ] [名] 民謡, フォークソング

follow [falou] [動] 追う, 従う

follower [falouər] [名] 追従者, 随行員

following [falouiŋ] [形] 次の

folly [fali] [名] 愚かさ

fond [fand] [形] 好きな, 親しい

food [fu:d] [名] 食べ物

fool [fu:l] [名] ばか [動] からかう

foolish [fu:liʃ] [形] 愚かな

foot [fut] [名] 足

football [futbɔ:l] [名] サッカー

footstep [futstep] [名] 足取り, 足音

for [fɔ:r] [前] ~のために

forbade [fərbeid] [動] forbid (禁じる) の過去形

forbear [fɔ:rbeər] [動] 我慢する

forbid [fərbid] [動] 禁じる

forbidden [fərbidn] [動] forbid (禁じる) の過去・過去分詞形

force [fɔ:rs] [名] 力 [動] 強要する

forced [fɔ:rst] [形] 強要された, 強制的な

ford [fɔ:rd] [名] 早瀬

forecast [fɔ:rkæst] [名] 予報, 予測 [動] 予測する

forefather [fɔ:rfaðər] [名] 祖先, 先祖

forehead [fɔ:rəd] [名] 額

foreign [fɔ:rən] [形] 外国の

foreigner [fɔ:rənər] [名] 外国人

foremost [fɔ:rmoust] [形] 最初の

foresaw [fɔ:rsɔ:] [動] foresee (予測する) の過去形

foresee [fɔ:rsi:] [動] 予測する

foreseen [fɔ:rsi:n] [動] foresee (予測する) の過去分詞形

forest [fɔ:rəst] [名] 森

forever [fɔ:revər] [副] 永遠に

forgave [fərgeiv] [動] forgive (許す) の過去形

forge [fɔ:rdʒ] [名] 溶鉱炉, 鍛冶屋

forget [fərget] [動] 忘れる

forgive [fərgiv] [動] 許す

forgiven [fərgivən] [動] forgive (許す) の過去分詞形

forgiveness [fərgivnəs] [名] 許し, 寛容

forgot [fərgat] [動] forget (忘れる) の過去形

forgotten [fərgatn] [動] forget (忘れる) の過去分詞形

fork [fɔ:rk] [名] フォーク

form [fɔ:rm] [名] 形, 形式, 様式

formal [fɔ:rməl] [形] 形式の, 正式の, 儀礼的な

formation [fɔ:rmeiʃən] [名] 形成, 構造

former [fɔ:rmər] [形] 以前の

formerly [fɔ:rmərli] [副] 前には

formidable [fɔ:rmədəbl] [形] 恐ろしい, 手に負えない

formula [fɔ:rmyələ] [名] 常套句, 公式

forsake [fərseik] [動] 見捨てる

forsaken [fərseikən] [動] forsake (見捨てる) の過去分詞形

forsook [fərsuk] [動] forsake (見捨てる) の過去形

fort [fɔ:rt] [名] 堡塁, 要塞

forth [fɔ:rθ] [副] 前へ

fortieth [fɔ:rtiəθ] [名] 第 40 [形] 第 40 の

fortnight [fɔ:rtnait] [名] 二週間

fortnightly [fɔ:rtnaitli] [形] 隔週の [副] 隔週で

fortress [fɔ:rtrəs] [名] 要塞

fortunate [fɔ:rtʃənət] [形] 幸運の

fortunately [fɔ:rtʃənətli] [副] 運良く

fortune [fɔ:rtʃən] [名] 幸運, 財産

forty [fɔ:rti] [名] 40

forward [fɔ:rwə:rd] [形] 前の [副] 前へ

foster [fɔ:stər] [動] 養育する, 促進する

fought [fɔ:t] [動] fight (戦う) の過去·過去分詞形

foul [faul] [形] 反則の [動] 汚れる

found [faund] [動] 設立する

found [faund] [動] find (発見する) の過去·過去分詞形

foundation [faundeiʃən] [名] 基礎, 財産, 基金

founder [faundər] [名] 設立者

fountain [fauntn] [名] 噴水, 泉

fountain pen [fauntn pen] [名] 万年筆

four [fɔ:r] [名] 四

fourteen [fɔ:rti:n] [名] 14

fourteenth [fɔ:rti:nθ] [名] 第 14 [形] 第 14 の

fourth [fɔ:rθ] [名] 第四 [形] 第四の

fowl [faul] [名] 鳥, 家禽

fox [faks] [名] キツネ (動物)

fraction [frækʃən] [名] 一部分, 噴水, 少量

fragment [frægmənt] [名] 断片, 破片

fragrance [freigrəns] [名] 香り

fragrant [freigrənt] [形] 芳しい

frail [freil] [形] 壊れやすい, 軟弱な

frame [freim] [名] 骨組み, 骨格, 枠

franc [fræŋk] [名] フラン (フランスの貨幣単位)

France [fræns] [地] フランス (西ヨーロッパ諸国)

frank [fræŋk] [形] 率直な

Frankfurt [fræŋkfərt] [地] フランクフルト (ドイツの都市)

frankly [fræŋkli] [副] 率直に

frankness [fræŋknəs] [名] 率直

frantic [fræntik] [形] 狂乱の

frantically [fræntikəli] [副] 狂ったように, 狂って

free [fri:] [形] 自由な, 空の

freedom [fri:dəm] [名] 自由

freely [fri:li] [副] 自由に

freeze [fri:z] [動] 凍る, 凍らせる

freight [freit] [名] 貨物輸送, 送料

French [frentʃ] [名] フランス語 [形] フランスの

Frenchman [frentʃmən] [名] フランス人

frequent [fri:kwənt] [形] 頻繁な [動] 頻繁に訪問する

frequently [fri:kwəntli] [副] 頻繁に

fresh [freʃ] [形] 新鮮な, 新しい

freshly [freʃli] [副] 新鮮に

fret [fret] [動] いらいらさせる

fretful [fretfl] [形] いらいらした

Friday [fraidei] [名] 金曜日

friend [frend] [名[友人

friendly [frendli] [形] 親切な

friendship [frendʃip] [名] 友情

fright [frait] [名] 恐怖

frighten [fraitn] [動] 驚かせる

frightened [fraitnd] [形] びっくりした, おびえた

frightening [fraitniŋ] [形] 怖い

fringe [frindʒ] [名] 周辺, ふさ飾り

fro [frou] [副] 向こうに

frock [frak] [名] 女性服 (ワンピース)

frog [frɔ:g] [名] 蛙

from [frʌm] [前] ~から

front [frʌnt] [形] 前の [名] 前, 正面

frontier [frəntiər] [名] 国境地帯

frost [frɔ:st] [名] 霜

frown [fraun] [名] しかめた顔

froze [frouz] [動] freeze (凍る) の過去形

frozen [frouzn] [動] freeze (凍る) の過去分詞形

fruit [fru:t] [名] 果物, 成果

fruitful [fru:tfl] [形] 実が多い, 肥沃な

fruitless [fru:tləs] [形] 不毛の, 無益な

fry [frai] [動] 油で揚げる [名] 天ぷら

fuel [fyu:əl] [名] 燃料

fulfill [fulfil] [動] 果たす, 満たす

full [ful] [形] いっぱいの

fully [fuli] [副] 十分に, 完全に

fume [fyu:m] [名] 煙 [動] 煙を出す

fun [fʌn] [名] 楽しみ

function [fʌŋkʃən] [名] 機能 [動] 作用する

fund [fʌnd] [名] 基金

fundamental [fəndəmentl] [形] 根本的な

funeral [fyu:nərəl] [名] 葬式

funny [fʌni] [形] おかしな

fur [fə:r] [名] 毛皮

furious [fyuəriəs] [形] 激怒した

furnace [fə:rnəs] [名] 暖炉

furnish [fə:rniʃ] [動] 整える, 家具を備える

furnished [fə:rniʃt] [形] 家具付きの

furniture [fə:rnitʃər] [名] 家具

further [fə:rðər] [形] それ以上の [副] さらに

furthermore [fə:rðə:rmɔ:r] [副] しかも

furthest [fə:rðəst] [形] 最も遠い

fury [fyuəri] [名] 激怒, 憤激

fuss [fʌs] [名] 騒ぎ, 興奮

futile [fyu:tl] [形] 役に立たない

future [fyu:tʃər] [名] 未来

G

gain [gein] [動] 得る

gale [geil] [名] 強風

Galileo [gæləli:ou] [人] ガリレオ (イタリアの天文学者)

gallant [gælənt] [形] 勇敢な

gallery [gæləri] [名] 画廊

gallon [gælən] [名] ガロン (3.785 リットル)

gallop [gæləp] [名] 馬の速い歩調 [動] 疾走する

gamble [gæmbəl] [名] 賭博 [動] 賭博をする

gambler [gæmblər] [名] 賭博師

game [geim] [名] 遊び, ゲーム

gang [gæŋ] [名] ギャング, 暴力団

gap [gæp] [名] 切れ間, 格差

garage [gəra:ʒ] [名] 車庫

garbage [ga:rbidʒ] [名] ごみ

garden [ga:rdn] [名] 庭

gardener [ga:rdnər] [名] 庭師

gardening [ga:rdniŋ] [名] 園芸

garlic [ga:rlik] [名] にんにく

garment [ga:rmənt] [名] 衣服

garrison [geərəsən] [名] 守備隊

gas [gæs] [名] ガス, 気体

gasoline [gæsəli:n] [名] 揮発油, ガソリン

gasp [gæsp] [名] 息苦しさ [動] 息苦しい

gate [geit] [名] ドア, 門

gateway [geitwei] [名] ドア, 門, 出入口

gather [gæðər] [動] 集める

gathering [gæðəriŋ] [名] 集まり, 集会

gave [geiv] [動] give (与える) の過去形

gay [gei] [名] 同性恋愛者 [形] 陽気な

gaze [geiz] [名] 凝視, 注視 [動] じっと見つめる

gear [giər] [名] ギア, 電動装置

geese [gi:s] [名] goose (ガチョウ) の複数形

gem [dʒem] [名] 宝石

general [dʒenərəl] [名] 陸軍大将 [形] 一般的な

generally [dʒenərəli] [副] 一般的に

generation [dʒenəreiʃən] [名] 世代, 産出

generosity [dʒenərasəti] [名] 寛大, 寛容

generous [dʒenərəs] [形] 寛大な

generously [dʒenərəsli] [副] 寛大に

Geneva [dʒəni:və] [地] ジュネーブ (スイスの都市)

genius [dʒi:nyəs] [名] 天才

gentle [dʒentl] [形] 親切な, 従順な

gentleman [dʒentlmən] [名] 紳士

gently [dʒentli] [副] 親切に

genuine [dʒenyuən] [形] 本物の

geography [dʒi:agrəfi] [名] 地理学 (学問)

geometry [dʒi:amətri] [名] 幾何学 (学問)

German [dʒə:rmən] [名] ドイツ人, ドイツ語 [形] ドイツの

Germany [dʒə:rməni] [地] ドイツ (西ヨーロッパ諸国)

gerund [dʒeərənd] [名] 動名詞 (文法)

gesture [dʒestʃər] [名] ジェスチャー, 身振り

get [get] [動] 得る, ~になる, 稼ぐ

Ghana [ganə] [地] ガーナ (西アフリカ諸国)

ghastly [gæstli] [形] 身の毛がよだつ

ghost [goust] [名] 幽霊

ghostly [goustli] [形] 幽霊のような, かすかな, 霊的な

giant [dʒaiənt] [名] 巨人

giddy [gidi] [形] 目まいがする

gift [gift] [名] 贈り物

gigantic [dʒaigæntik] [形] 巨大な

gild [gild] [動] めっきをする

gin [dʒin] [名] ジン (蒸留酒)

ginger [dʒindʒər] [名] 生姜

giraffe [dʒəræf] [名] キリン (動物)

girdle [gə:rdl] [名] 腰帯

girl [gə:rl] [名] 少女

girl friend [gə:rl frend] [名] 女友達

give [giv] [動] 与える

given [givən] [形] 与えられた, 贈与された

glacier [gleiʃər] [名] 名前

glad [glæd] [形] 嬉しい

gladly [glædli] [副] 楽しく

glance [glæns] [名] 一見 [動] チラッと見かける

glare [gleər] [名] 閃光 [動] 眩しく輝く

glass [glæs] [名] ガラス

glasses [**glæ**siz] [名] メガネ

gleam [gli:m] [名] かすかな光 [動] 微光を発する

glen [glen] [名] 峡谷, 谷

glide [glaid] [動] 滑走する, 滑空する

glider [**glai**dər] [名] 滑空機, グライダー

glimpse [glimps] [名] 一瞥 [動] ちらりと見る

glisten [**gli**sn] [動] きらめく

glitter [**gli**tər] [動] 輝く

globe [gloub] [名] 地球, 地球儀

gloom [glu:m] [名] 闇, 憂鬱

gloomy [**glu:**mi] [形] 暗い, 憂鬱な

glorious [**glɔ:r**iəs] [形] 輝く, 荘厳な

gloriously [**glɔ:r**iəsli] [副] 荘厳に

glory [**glɔ:r**i] [名] 名誉, 栄光

glove [glʌv] [名] 手袋

glow [glou] [名] 炎 [動] 燃えるように輝く

gnaw [nɔ:] [動] 噛み切る

go [gou] [動] 行く

goal [goul] [名] 目標, ゴール

goat [gout] [名] 山羊 (動物)

goblin [**gab**lən] [名] 鬼

god [gad] [名] 神

goddess [**ga**dəs] [名] 女神

goes [gouz] [動] go (行く) の三人称現在形

going [**gou**iŋ] [名] 出発

gold [gould] [名] 金

golden [**goul**dən] [形] 金の

goldfish [**gould**fiʃ] [名] 金魚

golf [gɔ:lf] [名] ゴルフ

gone [gɔ:n] [形] 過ぎた, 死んだ [動] go (行く)の過去分詞形

good [gud] [形] 良い [名] 善, 利益

good**bye** [gud**bai**] [感] さようなら [名] お別れの挨拶

good-looking [**gud luk**iŋ] [形] 魅力的な, 美貌の

goodly [**gud**li] [形] 立派な, ハンサムな

good-natured [**gud neit**ʃə:rd] [形] 善良な, 温厚の

goodness [**gud**nəs] [名] 善良, 親切, 優秀さ

goods [gudz] [名] 物

goodwill [**gud**wil] [名] 親善

goose [gu:s] [名] ガチョウ (鳥)

gorgeous [**gɔ:r**dʒəs] [形] 豪華な, 素晴らしい

gospel [**gas**pəl] [名] 福音

gossip [**ga**səp] [名] 雑談 [動] 雑談する

got [gat] [動] get (得る) の過去形

govern [**gʌ**vərn] [動] 治める, 支配する

government [**gʌ**vərnmənt] [名] 政府

governor [**gʌ**vənər] [名] 州知事, 総督

gown [gaun] [名] 婦人服, ガウン

grab [græb] [動] ひっつかむ

grace [greis] [名] 優雅さ, 恩恵

graceful [**greis**fl] [形] 優雅な

graceless [**greis**ləs] [形] 無作法な

gracious [**grei**ʃəs] [形] 優雅な, 親切な

grade [greid] [名] 学年, 同級, 成績

gradual [**græ**dʒuəl] [形] 漸進的な

gradually [**græ**dʒuəli] [副] 漸進的に

graduate [**græ**dʒueit] [動] 卒業させる, 卒業する

graduate [**græ**dʒuət] [名] 卒業生

graduated [**græ**dʒueitəd] [形] 等級別にした

gradu**a**tion [grædʒu**ei**ʃən] [名] 卒業, 卒業式

grain [grein] [名] 穀物, 粒

gram [græm] [名] グラム (重さ)

grammar [**græ**mər] [名] 文法

gramophone [**græ**məfoun] [名] 蓄音機

grand [grænd] [形] 雄大な, 重要な

grandchild [**grænd**tʃaild] [名] 孫

granddaughter [**grænd**dɔ:tər] [名] 孫娘

grandfather [**grænd**faðər] [名] 祖父

grandma [**grænd**ma] [名] おばあちゃん

grandmother [**grænd**məðər] [名] 祖母

grandpa [**grænd**pa] [名] おじいさん

grandparent [**grænd**peərənt] [名] 祖父母

grandson [**grænd**sən] [名] 孫

granite [**græ**nət] [名] 花崗岩

granny [**græ**ni] [名] おばあちゃん (愛称)

grant [grænt] [動] 承諾する [名] 許可, 補助金

grape [greip] [名] ブドウの実, ブドウの木 (植物)

grasp [græsp] [名] 把握 [動] 捕まえる, 把握する

grass [græs] [名] 草, 牧草

grasshopper [græshapər] [名] バッタ (虫)

grate [greit] [動] こする [名] 火床

grateful [greitfl] [形] 感謝する

gratify [grætəfai] [動] 満足させる

gratitude [grætətyu:d] [名] 感謝

grave [greiv] [名] 墓 [形] 重大な, 謹厳な

gravel [grævəl] [名] 砂利

gravely [greivli] [副] 重大に

gravitation [grævəteiʃən] [名] 引力, 重力

gravity [grævəti] [名] 真剣さ, 重力

gravy [greivi] [名] 肉のスープ

gray [grei] [形] 灰色の [名] 灰色

graze [greiz] [動] 牧草を食べる, 放牧する

grease [gri:s] [名] 脂肪, 樹脂

great [greit] [形] 大きい, 巨大な, 偉大な

greater [greitər] [形] より大きい

greatly [greitli] [副] とても, すごく

greatness [greitnəs] [名] 巨大さ, 偉大さ

Greece [gri:s] [地] ギリシャ (南ヨーロッパ諸国)

greed [gri:d] [名] 欲, 貪欲

greedy [gri:di] [形] 貪欲な

Greek [gri:k] [名] ギリシャ人, ギリシャ語

green [gri:n] [形] 緑の [名] 緑色

greet [gri:t] [動] 歓迎する, 挨拶する

greeting [gri:tiŋ] [名] 歓迎, 挨拶

grew [gru:] [動] grow (成長する) の過去形

grey [grei] [形] gray (灰色の)

grief [gri:f] [名] 悲しみ

grieve [gri:v] [動] 悲嘆する

grim [grim] [形] 厳格な, 冷酷な

grin [grin] [名] にっこり笑い [動] にこにこする

grind [graind] [動] 研ぐ

grip [grip] [名] しっかり握り, 把握 [動] しっかり握る

groan [groun] [名] うめき声 [動] うめく

grocer [grousər] [名] 食料雑貨商

groceries [grousəriz] [名] 食料雑貨類

grocery store [grousəri stɔ:r] [名] 食料雑貨店

groom [grum] [名] 新郎

gross [grous] [名] 総額 [形] 太った, 大きい, 総計の

ground [graund] [名] 地面, 土, 運動場

ground [graund] [動] grind (研ぐ) の過去・過去分詞形

ground floor [graund flɔ:r] [名] 一階

group [gru:p] [名] グループ, 群れ

grove [grouv] [名] 小さな森

grow [grou] [動] 成長する

growl [graul] [名] 叫び声 [動] うなる

grown [groun] [動] grow (成長する) の過去分詞形

grown-up [grounəp] [名] 大人 [形] 大人になった

growth [grouθ] [名] 成長, 発達, 増加

grudge [grʌdʒ] [名] 怨恨 [動] 惜しむ

grumble [grʌmbəl] [動] 不平を言う, 愚痴する

grunt [grʌnt] [動] 不平を言う

guarantee [gerənti:] [名] 保証, 保証人 [動] 保証する

guard [ga:rd] [名] 監視, 警戒 [動] 守る

guardian [ga:rdiən] [名] 保護者, 後見人

Guatemala [gwatəmalə] [地] グアテマラ (中南米諸国)

guess [ges] [動] 推測する [名] 推測

guest [gest] [名] お客様

guidance [gaidns] [名] 案内, 地図, 助言

guide [gaid] [動] 案内する [名] 案内人, 指針

guidebook [gaidbuk] [名] 旅行ガイド, 旅行案内書

guilt [gilt] [名] 犯罪, 罪の意識

guiltless [giltləs] [形] 潔白な

guilty [gilti] [形] 有罪の

guitar [gita:r] [名] ギター (楽器)

guitarist [gita:rist] [名] ギター奏者

gulf [gʌlf] [名] 湾

gum [gʌm] [名] ゴム

gun [gʌn] [名] 銃, 大砲

Gutenberg [gu:tnbə:rg] [人] グーテンベルク (活版印刷の発明者)

guy [gai] [名] 男, やつ

gym [dʒim] [名] 体育館, 体操

gymnasium [dʒimneiziəm] [名] 体育館

gymnast [dʒimnəst] [名] 体操競技者, 体育教師

gymnastic [dʒimnæstik] [形] 体操の

gymnastics [dʒimnæstiks] [名] 体操

H

ha [ha:] [感] おやおや

habit [hæbət] [名] 習慣

habitual [həbitʃuəl] [形] 習慣的な

hacksaw [hæksɔ:] [名] (金属切断用の) 弓のこ

had [hæd] [動] have (持つ) の過去・過去分詞形

hadn't [hædnt] [短] had not の短縮形

hail [heil] [名] あられ, 歓声 [動] あられが降る

hair [heər] [名] 毛髪, 毛

hairbrush [heərbrəʃ] [名] 毛ブラシ

haircut [heərkət] [名] 散髪

Haiti [heiti] [地] ハイチ (西インド諸島国)

half [hæf] [名] 半分

halfway [hæfwei] [副] 中間に, 中途で

hall [hɔ:l] [名] 廊下, ホール

halt [hɔ:lt] [名] 停止 [動] 停止する

ham [hæm] [名] ハム

hamburger [hæmbərgər] [名] ハンバーガー

hammer [hæmər] [名] 槌

hand [hænd] [名] 手

handbag [hændbæg] [名] バッグ, ハンドバッグ

handbook [hændbuk] [名] ガイド, 取扱説明書

handful [hændfl] [名] 一握り, 少量

handicap [hændikæp] [名] 不利な条件, ハンディキャップ

handkerchief [hæŋkərtʃəf] [名] ハンカチ

handle [hændl] [名] 取っ手 [動] 手で扱う

handsome [hænsəm] [形] ハンサムな

handwriting [hændraitiŋ] [名] 手記

handy [hændi] [形] 便利な, 手軽な

hang [hæŋ] [動] 吊るす, 掛ける

hanging [hæŋiŋ] [名] 掛かり, 絞首刑

happen [hæpən] [動] 起こる, 偶然~する

happily [hæpəli] [副] 幸せに, 幸いに

happiness [hæpinəs] [名] 幸せ

happy [hæpi] [形] 幸せな

harbor [ha:rbər] [名] 港, 隠れ場 [動] 隠す

hard [ha:rd] [形] 硬い, 固い

harden [ha:rdn] [動] 固まる, 硬くなる

hardened [ha:rdnd] [形] 固まった, 頑固な, しっかりした

hardly [ha:rdli] [副] やっと, 決して~ない

hardness [ha:rdnəs] [名] 硬さ, 堅固

hardship [ha:rdʃip] [名] 苦難, 困難

hardware [ha:rdweər] [名] ハードウェア, 金物類

hardy [ha:rdi] [形] 丈夫な, 強い

hare [heər] [名] 野ウサギ (動物)

hark [ha:rk] [動] 聞く, 耳を傾ける

harm [ha:rm] [動] 傷つける [名] 害, 傷害

harmful [ha:rmfl] [形] 有害な

harmless [ha:rmləs] [形] 害のない

harmonious [ha:rmounyəs] [形] 調和した, 和やかな

harmony [ha:rməni] [名] 調和, 和声

harness [ha:rnəs] [名] 馬具 [動] 馬具をつける

harp [ha:rp] [名] ハープ (楽器)

harsh [ha:rʃ] [形] 荒い, 過酷な

harvest [ha:rvəst] [名] 収穫, 収穫物 [動] 収穫する

has [hæz] [動] have (持つ) の三人称単数現在形

has-been [hæz bin] [名] 時代遅れの人(物)

hasn't [hæznt] [短] has not の短縮形

haste [heist] [名] せっかち, 軽率 [動] 急ぐ

hasten [heisn] [動] 急がせる, 急ぐ

hastily [heistəli] [副] 急いで

hasty [heisti] [形] 急な, 軽率な

hat [hæt] [名] 帽子

hatch [hætʃ] [名] 孵化 [動] 孵化する

hate [heit] [動] 憎む [名] 憎悪

hateful [heitfl] [形] 憎い, 嫌いな

hatred [heitrəd] [名] 憎悪, 嫌悪

haughty [hɔ:ti] [形] 高慢な, 生意気な

haul [hɔ:l] [動] 引っ張る [名] 輸送品

haunt [hɔ:nt] [動] よく行く, 苦しむ

have [hæv] [動] 持つ, 持っている

haven't [hævnt] [短] have not の短縮形

Hawaii [həwai:] [地] ハワイ (米国の州)

hawk [hɔ:k] [名] タカ (鳥)

hay [hei] [名] 干し草

hazard [hæzərd] [名] 危険 [動] 冒険する

he [hi:] [代] 彼が, 彼は

head [hed] [名] 頭, 長 [動] 向かう

headache [hedeik] [名] 頭痛

headlong [hedlɔŋ] [形] 軽率な [副] 逆に, 無謀に

headquarters [hedkwɔ:rtərz] [名] 本部, 司令部

heal [hi:l] [動] 病気を治す

health [helθ] [名] 健康

healthy [helθi] [形] 健康な

heap [hi:p] [名] 積み重ね, 多数 [動] 積み重ねる

hear [hiər] [動] 聴く

heard [hə:rd] [動] hear (聴く) の過去・過去分詞形

hearing [hiəriŋ] [名] 聴覚, 聴聞会

heart [ha:rt] [名] 心臓, 感情

hearth [ha:rθ] [名] 炉, 暖炉

heartily [ha:rtəli] [副] 本当に, 忠心で

hearty [ha:rti] [形] 暖かい

heat [hi:t] [名] 熱, 熱気 [動] 加熱する

heathen [hi:ðən] [名] 異教徒

heave [hi:v] [動] 持ち上げる, 上がる

heaven [hevən] [名] 空, 天国

heavenly [hevənli] [形] 空の, 天国のような

heavily [hevəli] [副] 重く

heavy [hevi] [形] 重い, 大量の

he'd [hi:d] [短] he had (would) の短縮形

hedge [hedʒ] [名] 生垣, 障壁 [動] 防ぐ

heed [hi:d] [名] 注意 [動] 注意する

heel [hi:l] [名] 踵

height [hait] [名] 高さ, 背

heir [eər] [名] 相続人

held [held] [動] hold (握る) の過去・過去分詞形

helicopter [heləkaptər] [名] ヘリコプター

hell [hel] [名] 地獄

he'll [hi:l] [短] he will (shall) の短縮形

hello [helou] [感] おい, もしもし, こんにちは

helm [helm] [名] 舵 (船の方向調節装置)

helmet [helmət] [名] ヘルメット, 鉄帽

help [help] [名] 助け [動] 助ける

helper [helpər] [名] 助ける人, 助力者

helpful [helpfl] [形] 役に立つ, 有用な

helpless [helpləs] [形] 無力な, 無能な

hem [hem] [名] 服(布)のへり, 縁

hemisphere [heməsfiər] [名] 地球の半球, 半球体

hen [hen] [名] 雌鳥 (鳥)

hence [hens] [副] ここから, 今から

henceforth [hensfɔ:rθ] [副] これからは, 今後

her [hə:r] [代] 彼女を, 彼女に

herald [heərəld] [名] 伝令, 伝達者

herd [hə:rd] [名] 家畜の群れ, 群衆

here [hiər] [副] ここに, ここへ

hereafter [hiəræftər] [副] 今後

here's [hiərz] [短] here is の短縮形

hermit [hə:rmət] [名] 隠者, 俗世を捨てた人

hero [hi:rou] [名] 英雄

heroic [hirouik] [形] 英雄の, 英雄的な

heroin [heərouən] [名] ヘロイン (薬)

herring [heəriŋ] [名] サバ

hers [hə:rz] [代] 彼女の物

herself [hə:rself] [代] 彼女自身

he's [hi:z] [短] he is (has) の短縮形

hesitate [hezəteit] [動] ためらう, 躊躇する

hesitation [hezəteiʃən] [名] とまどい, 躊躇

hey [hei] [感] おい, これ

hid [hid] [動] hide (隠す) の過去形

hidden [hidn] [形] 隠された, 隠れた

hidden [hidn] [動] hide (隠す) の過去分詞形

hide [haid] [動] 隠す

hide-and-seek [haid ən si:k] [名] かくれんぼ

hideous [hidiəs] [形] むごたらしい, 恐ろしい

high [hai] [形] 高い, 高価な

highly [haili] [副] とても, すごく

highness [hainəs] [名] 高いこと, 殿下

high school [hai sku:l] [名] 高校

highway [haiwei] [名] 幹線道路

hike [haik] [名] 徒歩旅行, 引上

hiking [haikiŋ] [名] 徒歩旅行

hill [hil] [名] 丘

hillside [**hil**said] [名] 丘の中腹
hilltop [**hil**tap] [名] 丘の頂上
him [him] [代] 彼を, 彼に
Hima**la**yas [himə**lei**əz] [地] ヒマラヤ山脈 (アジア)
him**self** [him**self**] [代] 彼自身
hind [haind] [形] 後ろ側の, 後ろの
hinder [**hin**dər] [動] 妨げる [形] 後方の, 後ろの
hinge [hindʒ] [名] ちょうつがい, 要諦
hint [hint] [名] 暗示 [動] 暗示する
hip [hip] [名] お尻
hire [haiər] [動] 雇う [名] 雇用
his [hiz] [代] 彼の
hiss [his] [名] シッと言う音
his**tor**ian [his**tɔ:r**iən] [名] 歴史家
his**tor**ic [his**tɔ:r**ik] [形] 歴史の, 歴史上の
his**tor**ical [his**tɔ:r**ikəl] [形] 歴史的な, 歴史上
history [**his**təri] [名] 歴史
hit [hit] [動] 打つ
hitchhike [**hitʃ**haik] [動] 便乗して旅行する
hither [**hi**ðər] [副] ここへ, こちらへ
hitherto [**hi**ðərtu:] [副] 今まで
Hitler [**hit**lər] [人] ヒトラー (ドイツの総統)
hive [haiv] [名] ミツバチの巣箱
ho [hou] [感] あら
hobby [**ha**bi] [名] 趣味
hog [hɔ:g] [名] 豚 (動物)
hold [hould] [動] 握る, 捕まえる
holder [**houl**dər] [名] 所持人, 所有者
hole [houl] [名] 穴
holiday [**ha**lədei] [名] 休日, 休暇, 休み
Holland [**ha**lənd] [地] オランダ (西ヨーロッパ諸国)
hollow [**ha**lou] [名] くぼみ [形] 中空の
Hollywood [**ha**liwud] [地] ハリウッド (映画産業の 中心地)
holy [**hou**li] [形] 神聖な, 敬虔な
homage [**ha**midʒ] [名] 敬意
home [houm] [名] 家, 家庭, 故郷
homely [**houm**li] [形] 家庭的な, 素朴な, 平凡な
home**made** [houm**meid**] [形] 家で作った
homeroom [**houm**rum] [名] 生活指導教室, ホームルーム
home **run** [houm **rʌn**] [名] ホームラン (野球)
homeward [**houm**wə:rd] [形] 帰路の [副] 家に向かって
homework [**houm**wə:rk] [名] 宿題, 家庭学習
Hon**dur**as [han**dyuər**əs] [地] ホンジュラス (中南米諸国)
honest [**a**nəst] [形] 正直な, 誠実な
honestly [**a**nəstli] [副] 正直に, 誠実に
honesty [**a**nəsti] [名] 正直, 誠実
honey [**hʌ**ni] [名] 蜂蜜, 貴方
Hong Kong [**hɔ:ŋ kɔ:ŋ**] [地] 香港 (中国の都市)
honor [**a**nər] [名] 名誉
honorable [**a**nərəbl] [形] 立派な, 名誉ある
hood [hud] [名] 頭巾, 外套のフード
hoof [huf] [名] ひずめ
hook [huk] [名] 鉤 [動] 鉤にかける
hop [hap] [名] 跳躍 [動] 片足で走る
hope [houp] [名] 希望
hopeful [**houp**fl] [形] 希望する
hopefully [**houp**fəli] [副] 希望を持って, うまくいけば
hopeless [**houp**ləs] [形] 希望がない, 絶望的な
ho**ri**zon [hə**rai**zn] [名] 地平線, 水平線, 視野
hori**zon**tal [hɔrə**zan**tl] [形] 地平線の, 水平線の
hori**zon**tally [hɔrə**zan**təli] [副] 水平, 横に
horn [hɔ:rn] [名] 角, 警笛
horrible [**hɔ:r**əbl] [形] 恐ろしい, むごたらしい
horribly [**hɔ:r**əbli] [副] 恐ろしく, むごたらしく
horrid [**hɔ:r**əd] [形] ぞっとする
horror [**hɔ:r**ər] [名] 恐怖, 戦慄
horse [hɔ:rs] [名] 馬 (動物)
horseback [**hɔ:rs**bæk] [名] 馬の背中
horseman [**hɔ:rs**mən] [名] 騎手
hospital [**has**pitl] [名] 病院
hospi**ta**lity [haspə**tæ**ləti] [名] 歓待
host [houst] [名] 宴会の主人, 司会者
hostel [**has**tl] [名] ユースホステル
hostess [**hou**stəs] [名] 宴会の女主人, 接待婦
hostile [**has**tl] [形] 敵意を持った, 敵対する
hot [hat] [形] 暑い, 最近の

hot dog [**hat** dɔ:g] [名] ホットドッグ

ho**tel** [hou**tel**] [名] ホテル

hound [haund] [名] 猟犬 (動物)

hour [auər] [名] 一時間, 時刻

house [haus] [名] 家, 住宅

household [**haus**hould] [名] 家族, 世帯

housekeeper [**haus**ki:pər] [名] 主婦

housemaid [**haus**meid] [名] 家政婦, 下女

housewife [**haus**waif] [名] 主婦

Houston [**hyu:s**tən] [地] ヒューストン (米国の都市)

hover [**hʌ**vər] [動] 空をくるくる回わる, うろうろする

how [hau] [副] どのようにして

how**e**ver [hau**e**vər] [接] しかし, ところが

howl [haul] [動] 長くほえる, 泣き叫ぶ

huddle [**hʌ**dl] [動] 群がる

hue [hyu:] [名] 色合い

hug [hʌg] [動] ぎゅっと抱き締める

huge [hyu:dʒ] [形] 巨大な

hum [hʌm] [名] 鼻歌, ハミング [動] 鼻歌を歌う

human [**hyu:**mən] [形] 人間の, 人間的な

hu**mane** [hyu**mein**] [形] 人情のある, 思いやりのある

humanism [**hyu:**mənizm] [名] 人間性, 人本主義

humanist [**hyu:**mənist] [名] 人道主義者

hu**ma**nity [hyu**mæ**nəti] [名] 人間, 人類

humble [**hʌm**bəl] [形] 卑しい, へりくだった

humbly [**hʌm**bli] [副] へりくだって

hu**mi**lity [hyu:**mi**ləti] [名] 謙そん

humor [**hyu:**mər] [名] ユーモア, 滑稽, 諧謔

humorist [**hyu:**mərist] [名] ユーモア作家, 諧謔家

humorous [**hyu:**mərəs] [形] 滑稽な, 面白い

hundred [**hʌn**drəd] [名] 100

hundredth [**hʌn**drədθ] [名] 百番目 [形] 百番目の

hung [hʌŋ] [動] hang (吊るす) の過去·過去分詞形

Hungary [**hʌŋ**gəri] [地] ハンガリー (東ヨーロッパ諸国)

hunger [**hʌŋ**gər] [名] 飢餓, 飢え [動] 飢える

hungry [**hʌŋ**gri] [形] 空腹な, 飢えた, 渇望する

hunt [hʌnt] [動] 狩る [名] 狩り

hunter [**hʌn**tər] [名] 狩人

hunting [**hʌn**tiŋ] [名] 狩り

hurl [hə:rl] [動] 力いっぱい投げる, 悪口を浴びせる

hur**ray** [hə**rei**] [感] 万歳

hurried [**hə:**rid] [形] 非常に急な

hurry [**hə:**ri] [動] 急ぐ [名] 非常に忙しいこと

hurt [hə:rt] [動] 傷つける [名] 苦痛, 傷

husband [**hʌz**bənd] [名] 夫

hush [hʌʃ] [名] 沈黙 [動] 静かにする

hut [hʌt] [名] 小屋

hydrogen [**hai**drədʒən] [名] 水素

hymn [him] [名] 賛美歌

hymnal [**him**nəl] [名] 賛美歌集 [形] 賛美歌の

hyphen [**hai**fən] [名] ハイフン (-)

I

I [ai] [代] 私は, 私が [名] 私
ice [ais] [名] 氷
ice cream [ais kri:m] [名] アイスクリーム
icy [aisi] [形] 氷の, 冷たい
I'd [aid] [短] I would (had) の短縮形
idea [aidi:ə] [名] 考え, 意見, 概念
ideal [aidi:l] [名] 理想 [形] 理想的な
idealist [aidi:əlist] [名] 理想主義者
identical [aidentikəl] [形] 同じ, 同一の
identify [aidentəfai] [動] 同一視する, 確認する
idiom [idiəm] [名] 慣用句 (文法)
idiot [idiət] [名] 白痴, 馬鹿
idle [aidl] [形] 怠惰な, 遊んでいる
idleness [aidlnəs] [名] 怠惰, 無益
idol [aidl] [名] 偶像
if [if] [接] もし~なら
ignorance [ignərəns] [名] 無知
ignorant [ignərənt] [形] 無知な
ignore [ignɔ:r] [動] 無視する
ill [il] [名] 病, 悪 [形] 病気になった
I'll [ail] [短] I shall (will) の短縮形
illegal [ili:gəl] [形] 不法の
Illinois [ilinɔi] [地] イリノイ (米国の州)
illness [ilnəs] [名] 病気
illuminate [ilu:məneit] [動] 照らし出す, 説明する
illumination [ilu:məneiʃən] [名] 照明, 説明
illusion [ilu:ʒən] [名] 幻想
illustrate [iləstreit] [動] 図解する
illustration [iləstreiʃən] [名] 挿絵, 図解
I'm [aim] [短] I am の短縮形
image [imidʒ] [名] 像, 姿, 概念
imaginable [imædʒənəbl] [形] 想像できる
imaginary [imædʒəneri] [形] 想像の
imagination [imædʒəneiʃən] [名] 想像, 想像力
imagine [imædʒən] [動] 想像する
imitate [iməteit] [動] 真似る
imitation [iməteiʃən] [名] 模倣
immediate [imi:diət] [形] 即時の, 直接の, 近所の
immediately [imi:diətli] [副] 直ちに
immense [imens] [形] 巨大な
immensely [imensli] [副] 広大に, 無限に
immigrant [iməgrənt] [名] 移民者, 移住者
immortal [imɔ:rtl] [形] 不滅の [名] 不死身
impatient [impeiʃənt] [形] 我慢できない
impatiently [impeiʃəntli] [副] 我慢できなくて
imperfect [impə:rfikt] [形] 不完全な
imperial [impiəriəl] [形] 帝国の, 支配する
implement [impləmənt] [名] 道具, ツール
implement [impləment] [動] 実施する
implore [implɔ:r] [動] 哀願する, 嘆願する
imply [implai] [動] 暗示する
import [impɔ:rt] [名] 輸入, 輸入品
import [impɔ:rt] [動] 輸入する
importance [impɔ:rtəns] [名] 重要性
important [impɔ:rtənt] [形] 重要な
impose [impouz] [動] 課する
impossible [impasəbl] [形] 不可能な
impress [impres] [動] 感動させる, 印象づける
impression [impreʃən] [名] 感銘, 印象
impressive [impresiv] [形] 感動的な
imprison [imprizn] [動] 投獄する, 監禁する
improve [impru:v] [動] 改善(改良, 向上)する
improvement [impru:vmənt] [名] 改善, 改良, 向上
imprudent [impru:dənt] [形] 軽率な, 無分別な
impudent [impyədənt] [形] ずうずうしい
impudently [impyədəntli] [副] 厚かましく
impulse [impəls] [名] 衝動, 衝撃
impurity [impyuərəti] [名] 不純, 不潔
in [in] [前] ~の中に
inadequate [inædikwət] [形] 不適当な
inadequately [inædikwətli] [副] 不適当に
incapable [inkeipəbl] [形] ~ができない, 無能な
incense [insens] [名] 香 [動] 香をたくく

incessant [insesənt] [形] 絶え間ない
incessantly [insesəntli] [副] 絶えず
inch [intʃ] [名] インチ (2.54cm)
Inchon [intʃən] [地] 仁川 (韓国の都市)
incident [insədənt] [名] 事件, 出来事
inclination [inkləneiʃən] [名] 傾き, 傾斜, 傾向
incline [inklain] [動] 傾く, 傾斜する
inclose [inklouz] [動] enclose (取り囲む)
include [inklu:d] [動] 含む
income [inkəm] [名] 収入, 所得
inconvenience [inkənvi:nyəns] [名] 不便
inconvenient [inkənvi:nyənt] [形] 不便な
inconveniently [inkənvi:nyəntli] [副] 不便に
incorrect [inkərekt] [形] 間違った
increase [inkri:s] [動] 増える, 増加する
increase [inkri:s] [名] 増加, 上昇
incredible [inkredəbl] [形] 信じられない
incur [inkə:r] [動] 招く, ~される
indeed [indi:d] [副] 本当に, 実際に
indefinite [indefənət] [形] 不明確な, 無期限の
indefinite article [indefənət a:rtikəl] [名] 不定冠詞 (文法)
indefinitely [indefənətli] [副] 漠然と, 無期限に
independence [indəpendəns] [名] 独立, 自立
independent [indəpendənt] [形] 独立の [名] 独立した人
independently [indəpendəntli] [副] 独立して
index [indeks] [名] 指標, 索引, 指数
India [indiə] [地] インド (南アジア諸国)
Indian [indiən] [名] インディアン, インド人 [形] インドの
indicate [indəkeit] [動] 示す, 暗示する
indication [indəkeiʃən] [名] 指示, 徴候
indifference [indifərəns] [名] 無関心, 冷淡
indifferent [indifərənt] [形] 無関心な, 公平な
indifferently [indifərəntli] [副] 無関心に, 公平に
indignation [indigneiʃən] [名] 憤り, 憤慨
indispensable [indispensəbl] [形] 不可欠な
individual [indəvidʒuəl] [形] 個人的な [名] 個人, 人
Indonesia [indouni:ʒə] [地] インドネシア (東南アジア諸国)
indoors [indɔ:rz] [副] 室内で
induce [indyu:s] [動] 説得して~させる
inducement [indyu:smənt] [名] 勧誘, 誘引
indulge [indʌldʒ] [動] 好きなようにさせる
industrial [indʌstriəl] [形] 産業の, 工業の
industrious [indʌstriəs] [形] 勤勉な
industriously [indʌstriəsli] [副] 勤勉に
industry [indəstri] [名] 産業, 工業, 勤勉
inevitable [inevətəbl] [形] 避けられない, 必然的な
infancy [infənsi] [名] 幼年期, 初期
infant [infənt] [名] 幼児 [形] 幼児の
infect [infekt] [動] 感染させる, 影響を与える
infection [infekʃən] [名] 感染, 伝染病
inferior [infiəriər] [形] ~より劣る, 劣等な, 下の
infinite [infənət] [形] 無限の, 莫大な
infinitely [infənətli] [副] 無限に, 限りなく
infinitive [infinətiv] [名] 不定詞 (文法)
inflame [infleim] [動] 火をつける, 扇動する
inflation [infleiʃən] [名] 膨張, インフレーション
inflict [inflict] [動] 苦痛を与える, 負担させる
influence [influəns] [名] 影響 [動] 影響を与える
influenza [influenzə] [名] 流感, インフルエンザ
inform [infɔ:rm] [動] 知らせる, 通知する
informal [infɔ:rməl] [形] 非公式の, 形式ばらない
information [infə:rmeiʃən] [名] 情報, 伝達
ingenious [indʒi:nyəs] [形] 賢い, 才能がある, 精巧な
ingratitude [ingrætətyu:d] [名] 恩知らず
inhabit [inhæbət] [動] 住む, 占める
inhabitant [inhæbətənt] [名] 居住者, 住民
inherent [inhiərənt] [形] 生まれつきの, 固有の
inherently [inhiərəntli] [副] 先天的に
inherit [inheərət] [動] 相続する, 遺伝する
inheritance [inheərətəns] [名] 相続, 相続権, 遺伝
initial [iniʃəl] [形] 初期の [名] 頭文字, イニシャル
initially [iniʃəli] [副] 最初に
initiative [iniʃətiv] [名] 主導, 率先
injure [indʒər] [動] 傷つける, 傷を負わせる

injury [indʒəri] [名] 負傷, 傷
injustice [indʒʌstəs] [名] 不正, 不公平
ink [iŋk] [名] インク
inland [inlənd] [形] 内陸の, 国内の
inn [in] [名] 旅館, 宿屋
inner [inər] [形] 内部の, 内面的な
innocence [inəsəns] [名] 純潔, 無罪, 無邪気
innocent [inəsənt] [形] 純潔な, 罪のない
innumerable [inyu:mərəbl] [形] 無数の
inquire [inkwaiər] [動] 問う, 質問する
inquiry [inkwaiəri] [名] 問い合わせ, 質問, 調査
insane [insein] [形] 狂った, 非常に愚かな
inscription [inskripʃən] [名] 銘刻, 碑文
insect [insekt] [名] 昆虫, 虫
insert [insə:rt] [名] 挿入物
insert [insə:rt] [動] 挿入する
inserted [insə:rtəd] [形] 挿入した
inside [insaid] [形] 内部の [副] 内部に [名] 内部
insignificance [insignifikəns] [名] 取るに足らない事, 無意味な事
insignificant [insignifikənt] [形] つまらない, 無意味な
insist [insist] [動] 主張する, 強調する
inspect [inspekt] [動] 調査する, 検査する
inspection [inspekʃən] [名] 調査, 検査
inspector [inspektər] [名] 調査官, 検査官
inspiration [inspəreiʃən] [名] 感化, 霊感, 名案
inspire [inspaiər] [動] 感動させる
install [instɔ:l] [動] 設置する, 就任させる
installment [instɔ:lmənt] [名] 割賦, 一回払込金
instance [instəns] [名] 場合, 例
instant [instənt] [形] 即時の, 瞬間の [名] 即時, 瞬間
instantly [instəntli] [副] 即時, 瞬間的に
instead [instead] [副] 代わりに
instinct [instiŋkt] [名] 本能, 素質
institute [instətyu:t] [名] 制度, 協会 [動] 設立する
institution [instətyu:ʃən] [名] 制度, 協会, 設立
instruct [instrʌkt] [動] 指示する, 教える
instruction [instrʌkʃən] [名] 指示, 教育
instructive [instrʌktiv] [形] 教育的な, 有益な
instructor [instrʌktər] [名] 教師, 指導者, 大学講師
instrument [instrəmənt] [名] 手段, 道具, 楽器
insult [insʌlt] [名] 侮辱 [動] 侮辱する
insurance [inʃuərəns] [名] 保険
insure [inʃuər] [動] 保険に入る, 保証する
insured [inʃuərd] [名] 被保険者 [形] 保険に加入した
intellect [intəlekt] [名] 知性
intellectual [intəlektʃuəl] [名] 知識人 [形] 知的な
intellectually [intəlektʃuəli] [副] 知的に
intelligence [intelədʒəns] [名] 秘密情報
intelligent [intelədʒənt] [形] 聡明な, 賢い
intelligently [intelədʒəntli] [副] 聡明に
intend [intend] [動] ~するつもりだ
intense [intens] [形] 激しい, 熱烈な
intensify [intensəfai] [動] 強くする, 増大させる
intensity [intensəti] [名] 激烈さ, 強度
intent [intent] [名] 意志, 意図 [形] 夢中になった
intention [intenʃən] [名] 意志, 意図
intercourse [intərkɔ:rs] [名] 交際, 親交, 性交
interest [intərəst] [名] 興味, 利益, 利息
interested [intərəstəd] [形] 関心のある
interesting [intərəstiŋ] [形] おもしろい, 関心をひく
interfere [intərfiər] [動] 衝突 (妨害, 干渉)する
interference [intərfiərəns] [名] 衝突, 妨害, 干渉
interior [intiəriər] [名] 内部, 内陸, 内蔵 [形] 内部の
internal [intə:rnəl] [形] 内部の, 国内の
international [intərnæʃənəl] [形] 国際的な
Internet [intərnet] [名] インターネット
interpret [intə:rprət] [動] 通訳する, 解釈する
interpretation [intərprəteiʃən] [名] 通訳, 解釈
interpreter [intə:rprətər] [名] 通訳人, 解説者
interrogation [inteərəgeiʃən] [名] 質問, 尋問
interrogative [intərəgətiv] [名] 疑問詞 (文法) [形] 疑問の
interrupt [intərʌpt] [動] 妨害する
interrupted [intərʌptəd] [形] 中断された, 妨害された, 断続的な
interruptedly [intərʌptədli] [副] 断続的に

interruption [intərʌpʃən] [名] 妨害, 遮断
interval [intərvəl] [名] 間隔, 間
intervene [intərvi:n] [動] 干渉する, 仲裁する
interview [intərvyu] [名] 会見, 面接
intimate [intəmeit] [動] 暗示する
intimate [intəmət] [形] 親密な, 該博な [名] 友人
intimately [intəmətli] [副] 親密に
into [intu] [前] 中に
intonation [intəneiʃən] [名] 抑揚, イントネーション
intransitive [intrænsətiv] [形] 自動の
intransitive verb [intrænsətiv və:rb] [名] 自動詞 (文法)
intricate [intrikət] [形] 複雑な, 難解な
introduce [intrədyu:s] [動] 紹介する, 導入する
introduction [intrədʌkʃən] [名] 紹介, 導入, 入門
intrude [intru:d] [動] 押し込む, 押しつける
invade [inveid] [動] 侵略する, 侵害する
invalid [invələd] [名] 病弱な人
invalid [invæləd] [形] 効果がない
invaluable [invælyəbl] [形] 非常に貴重な
invariable [inveəriəbl] [形] 不変の
invariably [inveəriəbli] [副] 変わらず
invasion [inveiʒən] [名] 侵略, 侵害
invent [invent] [動] 発明する, 操作する
invention [invenʃən] [名] 発明, 発明品, 虚構
inventor [inventər] [名] 発明家
invest [invest] [動] 投資する
investigate [investəgeit] [動] 調査する, 研究する
investigation [investəgeiʃən] [名] 調査, 研究
investment [investmənt] [名] 投資, 投資金
invisible [invizəbl] [形] 目に見えない
invitation [invəteiʃən] [名] 招待
invite [invait] [動] 招待する, 勧誘する
invoke [invouk] [動] 訴える, 懇請する
involve [invalv] [動] 含む, 没頭させる
involved [invalvd] [形] 複雑な, 難解な
involvement [invalvmənt] [名] 連累, 紛争, 包含
inward [inwə:rd] [形] 内部の [副] 内側に
Iran [iran] [地] イラン (中東諸国)
Iraq [irak] [地] イラク (中東諸国)
Ireland [aiərlənd] [地] アイルランド (西ヨーロッパ諸国)
Irish [airiʃ] [名] アイルランド人, アイルランド語
iron [aiərn] [名] 鉄, アイロン
irony [airəni] [名] 諷刺, 意外な結果, アイロニー
irregular [iregyələr] [形] 不規則的な, でこぼこ
irritate [irəteit] [動] 焦らせる
is [iz] [動] be 動詞の三人称 現在単数形
Isaiah [aizeiə] [人] イザヤ(聖書の人物)
island [ailənd] [名] 島
isle [ail] [名] 小さな島
isn't [iznt] [短] is not の短縮形
isolate [aisəleit] [動] 孤立させる, 隔離させる
isolated [aisəleitəd] [形] 孤立された, 隔離された
isolation [aisəleiʃən] [名] 孤立, 隔離
Israel [izriəl] [地] イスラエル, イスラエル人
issue [iʃu] [名] 発行物, 争点, 流出
it [it] [代] それは, それを
Italian [itælyən] [名] イタリア人 [形] イタリアの
Italy [itəli] [地] イタリア (西ヨーロッパ諸国)
item [aitəm] [名] 項目, 目録, 品目
it'll [itl] [短] it will の短縮形
its [its] [代] それの
it's [its] [短] it is (has) の短縮形
itself [itself] [代] それ自体
I've [aiv] [短] I have の短縮形
ivory [aivəri] [名] 象牙
ivy [aivi] [名] ツタ (植物)

J

jack [dʒæk] [名] 電気プラグの穴 (ジャック)

jacket [dʒækət] [名] ジャケット, (本の)カバー

Jacob [dʒeikəb] [人] ヤコブ (聖書の人物)

jail [dʒeil] [名] 監獄, 刑務所 [動] 投獄する

jam [dʒæm] [名] 混雑, ジャム [動] 押し込む

Jamaica [dʒəmeikə] [地] ジャマイカ (西インド諸島国)

janitor [dʒænətər] [名] 管理人, 守衛

January [dʒænyueri] [名] 一月

Japan [dʒəpæn] [地] 日本 (東アジア諸国)

Japanese [dʒæpəni:z] [名] 日本人, 日本語 [形] 日本の

jar [dʒa:r] [名] 甕, 壺 [動] 振動する

jaw [dʒɔ:] [名] あご

jay [dʒei] [名] カケス (鳥), おしゃべりな人

jazz [dʒæz] [名] ジャズ (音楽)

jealous [dʒeləs] [形] 嫉妬する, 妬み深い

jealousy [dʒeləsi] [名] 嫉妬, 妬み

Jefferson [dʒefərsən] [人] ジェファーソン (米国第三代大統領)

jelly [dʒeli] [名] ゼリー

jerk [dʒə:rk] [名] 急激な動作

Jerusalem [dʒəru:sələm] [地] エルサレム (イスラエルの首都)

jest [dʒest] [名] 冗談 [動] 冗談を言う

Jesus [dʒi:zəs] [人] イエス・キリスト

jet [dʒet] [名] 噴出, ジェット機 [動] 噴出する

jet plane [dʒet plein] [名] ジェット機

Jew [dʒu:] [名] ユダヤ人

jewel [dʒu:əl] [名] 宝石, 貴重品

jewelry [dʒu:əlri] [名] 宝石類, 装身具

Jewish [dʒu:iʃ] [形] ユダヤ人の

job [dʒab] [名] 仕事, 作業

join [dʒɔin] [動] 加入する, つなぐ

joint [dʒɔint] [名] つぎ目, 関節

joke [dʒouk] [名] 冗談, 滑稽 [動] 冗談を言う

jolly [dʒali] [形] 楽しい, 愉快な

Jordan [dʒɔ:rdn] [地] ヨルダン (中東諸国)

Joseph [dʒouzəf] [人] ジョセフ (聖書の人物)

Joshua [dʒaʃuə] [人] ヨシュア (聖書の人物)

journal [dʒə:rnəl] [名] 日誌, 日刊新聞

journalism [dʒə:rnəlizm] [名] 新聞・雑誌業, ジャーナリズム

journalist [dʒə:rnəlist] [名] 新聞・雑誌記者, ジャーナリスト

journey [dʒə:rni] [名] 旅行

joust [dʒaust] [名] 馬上槍試合

joy [dʒɔi] [名] 喜び, 歓喜

joyful [dʒɔifl] [形] 喜びに満ちた

judge [dʒʌdʒ] [動] 判断する [名] 裁判官, 審判

judgment [dʒʌdʒmənt] [名] 裁判, 判決, 判断

jug [dʒʌg] [名] やかん

juggle [dʒʌgəl] [動] 魔法をかける, だます

juice [dʒu:s] [名] 汁, ジュース

July [dʒulai] [名] 7月

jump [dʒʌmp] [動] 跳躍する [名] 跳躍, ジャンプ

June [dʒu:n] [名] 6月

jungle [dʒʌŋgəl] [名] ジャングル, 密林

junior [dʒu:nyər] [形] 年下の, 下級の

Jupiter [dʒu:pətər] [名] 木星 [人] ジュピター (ローマ神話)

jury [dʒuəri] [名] 陪審員, 審査委員団

just [dʒʌst] [形] 正しい, 公平な

justice [dʒʌstəs] [名] 正義, 公平, 判事

justify [dʒʌstəfai] [動] 正当化する, 解明する

K

kangaroo [kæŋgəru:] [名] カンガルー (動物)

keen [ki:n] [形] 鋭い, 鋭利な, 鋭敏な

keep [ki:p] [動] 持続する, 保存する

keeper [ki:pər] [名] 保護者, 管理人, 守備者

keeping [ki:piŋ] [名] 管理, 保存, 一致

Kennedy [kenədi] [人] ケネディ (米国 35 代大統領)

Kenya [kenyə] [地] ケニア (東アフリカ諸国)

kept [kept] [動] keep (持続する) の過去・過去分詞形

kettle [ketl] [名] やかん

key [ki:] [名] 鍵, 解決策

Keynes [keinz] [人] ケインズ (イギリスの経済学者)

kick [kik] [動] 蹴る

kid [kid] [名] 子供 [動] 冷やかす

kill [kil] [動] 殺す, 台なしにする

kin [kin] [名] 親戚, 親族 [形] 親戚の

kind [kaind] [名] 種類, 特質 [形] 親切な

kindle [kindl] [動] 焦がす, 明るくする

kindly [kaindli] [形] 親切な [副] 親切に

kindness [kaindnəs] [名] 親切

kindred [kindrəd] [名] 親戚 [形] 親族の

king [kiŋ] [名] 王

kingdom [kiŋdəm] [名] 王国

kiss [kis] [名] キス [動] キスする

kitchen [kitʃən] [名] 台所

kite [kait] [名] 凧

kitten [kitn] [名] 子猫 (動物)

knave [neiv] [名] 不良

knee [ni:] [名] 膝

kneel [ni:l] [動] ひざまずく

knelt [nelt] [動] kneel (ひざまずく) の過去・過去分詞形

knew [nyu:] [動] know (知る) の過去形

knife [naif] [名] 刃物, ナイフ

knight [nait] [名] 騎士

knit [nit] [動] 編む

knives [naivz] [名] knife (刃物) の複数形

knock [nak] [名] ノック, (戸を) たたくこと [動] たたく

knot [nat] [名] 結び [動] 結ぶ

know [nou] [動] 知る

knowing [nouiŋ] [形] 知識のある, 賢い

knowledge [nalidʒ] [名] 知識

known [noun] [形] 既知の [動] know (知る) の過去分詞形

Korea [kəri:ə] [地] 韓国 (東アジア諸国)

Korean [kəri:ən] [名] 韓国人, 韓国語 [形] 韓国の

Kuwait [kuweit] [地] クウェート (中東諸国)

L

label [leibəl] [名] ラベル [動] はり紙をはる

labor [leibər] [名] 労働, 仕事 [動] 働く

laboratory [læbrətɔ:ri] [名] 実験室, 研究所

laborer [leibərər] [名] 労働者

lace [leis] [名] レース (装飾用), 靴ひも

lack [læk] [動] 不足する [名] 不足, 欠乏

lad [læd] [名] 少年, 若者

ladder [lædər] [名] 梯子

lade [leid] [動] 荷物を積む

laden [leidn] [形] 荷物を積んだ

lady [leidi] [名] 淑女, 貴婦人

laid [leid] [動] lay (寝かせる) の過去・過去分詞形

lain [lein] [動] lie (横たわる) の過去分詞形

lake [leik] [名] 湖

lamb [læm] [名] 子ヒツジ, 羊の肉

lame [leim] [形] びっこを引く

lament [ləment] [名] 悲嘆 [動] 悲嘆する

lamp [læmp] [名] 灯, ランプ

lance [læns] [名] 槍 [動] 槍で刺す

land [lænd] [名] 陸地, 土地 [動] 着陸する

landing [lændiŋ] [名] 上陸, 着陸

landlord [lændlɔrd] [名] 家主, 地主

landmark [lændma:rk] [名] 境界標, 画期的な事件

landscape [lændskeip] [名] 風景, 風景画

lane [lein] [名] 狭い道, 航路, 車線

language [læŋgwidʒ] [名] 言語, 言葉遣い

languish [læŋgwiʃ] [動] 衰弱する

lantern [læntərn] [名] ランタン, 提灯

Laos [laous] [地] ラオス (東南アジア諸国)

lap [læp] [名] 膝, ひと回り, 一回り (競技場)

lapse [læps] [名] 経過, 失効 [動] 経過する

large [la:rdʒ] [形] 大きい, 多くの

largely [la:rdʒli] [副] 大きく, 主に

lark [la:rk] [名] ヒバリ (鳥)

lash [læʃ] [名] むち打ち [動] むちで打つ

lass [læs] [名] 若い女性

last [læst] [形] 最後の [動] 続く

lasting [læstiŋ] [形] 永遠の

latch [lætʃ] [名] 掛け金, かんぬき [動] かんぬきをかける

late [leit] [形] 遅い, 最近の

lately [leitli] [副] 最近

later [leitər] [形] 後で

latest [leitəst] [形] 最近の, 最新の

Latin [lætn] [名] ラテン語 [形] ラテン語の

Latin America [lætn əmeərəkə] [地] ラテン アメリカ

latitude [lætətyu:d] [名] 緯度

latter [lætər] [形] 後ろの, 最近の

laugh [læf] [動] 笑う

laughter [læftər] [名] 笑い

launch [lɔ:ntʃ] [動] 発射する, 着手する

laundry [lɔ:ndri] [名] 洗濯屋, 洗い物

laurel [lɔ:rəl] [名] 月桂樹, 月桂冠

lava [lavə] [名] 溶岩, 火山岩

law [lɔ:] [名] 法, 法律, 規則

lawful [lɔ:fl] [形] 合法的な, 法律上の

lawn [lɔ:n] [名] 芝生

lawyer [lɔ:yər] [名] 弁護士, 法律家

lay [lei] [動] 寝かせる, 敷く

lay [lei] [動] lie (横たわる) の過去形

layer [leiər] [名] 層, ~を置く人

lazy [leizi] [形] 怠惰な

lead [led] [名] 鉛

lead [li:d] [動] 率いる [名] 指導, 先頭

leader [li:dər] [名] 指導者, リーダー

leadership [li:dərʃip] [名] 統率力

leading [li:diŋ] [形] 先導する [名] 指導, 統率

leaf [li:f] [名] 葉

league [li:g] [名] 連盟, 同盟 [動] 同盟を結ぶ

lean [li:n] [形] 乾いた [動] 傾く, 寄りかかる

leap [li:p] [名] 跳躍, 飛躍 [動] 跳躍する

learn [lə:rn] [動] 学ぶ

learned [lə:rnəd] [形] 学識のある

learner [lə:rnər] [名] 学習者

learning [lə:rniŋ] [名] 学問, 知識

learnt [lə:rnt] [動] learn (学ぶ) の過去・過去分詞形

lease [li:s] [名] 借用契約, リース

least [li:st] [形] 最も小さい, 最も少ない

leather [leðər] [名] 革

leave [li:v] [動] 去る [名] 休み, 別れ

leaves [li:vz] [名] leaf (葉) の複数形

Lebanon [lebənən] [地] レバノン (中東諸国)

lectern [lektərn] [名] 聖書台 (教会)

lecture [lektʃər] [名] 講義, 講演 [動] 講義(講演)する

lecturer [lektʃərər] [名] 講演者, 講師

led [led] [動] lead (率いる) の過去・過去分詞形

ledge [ledʒ] [名] 棚, 暗礁

lee [li:] [名] 隠された所, かす

left [left] [名] 左 [形] 左の

left [left] [動] leave (去る) の過去・過去分詞形

leg [leg] [名] 脚

legal [li:gəl] [形] 法律上の, 法的な

legend [ledʒənd] [名] 伝説

legion [li:dʒən] [名] 軍団, 軍隊

legislate [ledʒəsleit] [動] 立法する

legislation [ledʒəsleiʃən] [名] 立法, 立法権

legislative [ledʒəsleitiv] [形] 立法の

legislature [ledʒəsleitʃər] [名] 立法府

legitimate [ledʒitəmət] [形] 合法的な

leisure [li:ʒər] [名] 余暇, レジャー

lemon [lemən] [名] レモン

lend [lend] [動] 貸す

length [leŋθ] [名] 長さ

lengthen [leŋθən] [動] 長くする

Lenin [lenən] [人] レーニン (ロシアの革命家)

lens [lenz] [名] レンズ

lent [lent] [動] lend (貸す) の過去・過去分詞形

less [les] [形] ~より少ない, ~より小さい

lessen [lesn] [動] 減らす, 少なくする

lesson [lesn] [名] 授業, 学科, 教訓

lest [lest] [接] ~しないようにする

let [let] [動] ~させる

let's [lets] [短] let us の短縮形

letter [letər] [名] 文字, 手紙

level [levəl] [名] 水平, 水準 , 平地 [形] 水平の

liable [laiəbl] [形] ~しやすい, 責任がある

liar [laiər] [名] 嘘つき

liberal [libərəl] [形] 自由な, 寛大な, 豊かな

Liberia [laibiəriə] [地] リベリア (西アフリカ諸国)

liberty [libərti] [名] 自由

librarian [laibreəriən] [名] 司書

library [laibrəri] [名] 図書館, 図書室

Libya [libiə] [地] リビア (北アフリカ諸国)

license [laisns] [名] 免許 [動] 免許を与える

lick [lik] [名] なめること [動] なめる

lid [lid] [名] 蓋

lie [lai] [名] うそ [動] 横たわる, うそを言う

lieutenant [lutenənt] [名] 副官, 陸軍中尉

life [laif] [名] 生命, 生涯, 寿命

lifetime [laiftaim] [名] 一生, 生涯

lift [lift] [動] 持ち上げる

light [lait] [名] 光 [形] 軽い [動] 火をつける

lighten [laitn] [動] 明るくする, 軽くする

lighthouse [laithaus] [名] 灯台

lightly [laitli] [副] 軽く, 簡単に

lightning [laitniŋ] [名] 稲妻

like [laik] [動] 好む [形] 同じ, 似たような

likely [laikli] [形] ありそうな [副] おそらく

likeness [laiknəs] [名] 似ていること, 相似性

likewise [laikwaiz] [副] 同様に, また

liking [laikiŋ] [名] 好み, 嗜好

lily [lili] [名] 百合 (花)

limb [lim] [名] 手足, 大きな枝

lime [laim] [名] 石灰, ライム [動] 石灰をまく

limestone [laimstoun] [名] 石灰岩

limit [limət] [名] 限度, 限界 [動] 制限する

limitation [liməteiʃən] [名] 制限, 限界, 範囲

limited [limətəd] [形] 限られた, 制限された

limp [limp] [名] 足の不自由なこと [動] びっこをひく

Lincoln [liŋkən] [人] リンカーン (米国第 16 代大統領)

line [lain] [名] ひも, 線 [動] 線を引く

linen [linən] [名] 亜麻布, リンネル

linger [liŋgər] [動] ぐずぐずする

lining [lainiŋ] [名] 裏地 (服の), 内容物

link [liŋk] [名] 連結, 鎖の輪

lion [laiən] [名] ライオン (動物)

lip [lip] [名] 唇

liquid [likwəd] [名] 液体 [形] 液体の

liquor [likər] [名] アルコール, 飲料, 酒

list [list] [名] 表, 目録, 名簿

listen [lisn] [動] 傾聴する

listener [lisnər] [名] 聴取者

lit [lit] [動] light (火をつける) の過去・過去分詞形

literal [litərəl] [形] 文字の

literally [litərəli] [副] 文字どおり

literary [litəreri] [形] 文学の

literature [litərətʃər] [名] 文学, 文芸

litter [litər] [動] 散らかす [名] ごみ

little [litl] [形] 小さい, 少量の, ほとんどない

live [liv] [動] 生きる, 住む, 生活する

live [laiv] [形] 生きている, 生放送の

livelihood [laivlihud] [名] 生計, 暮らし

lively [laivli] [形] 元気のよい, 鮮やかな

liver [livər] [名] 肝臓, 肝

lives [laivz] [名] life (生命) の複数形

living [liviŋ] [形] 生きている [名] 生存, 生活

living room [liviŋ rum] [名] 居間

load [loud] [名] 荷物, 負担 [動] 荷物を積む

loaded [loudəd] [形] 荷物を積んだ, 積載した

loaf [louf] [名] (パンの) 一塊

loan [loun] [名] 貸し出し, 貸出金 [動] 貸し出しする

lobby [labi] [名] 玄関, 待合室, 圧力団体

local [loukəl] [形] 地方の [名] 鈍行列車

locate [loukeit] [動] 位置を探し出す

location [loukeiʃən] [名] 場所, 位置

lock [lak] [名] 錠 [動] 錠をかける

locomotive [loukəmoutiv] [名] 機関車

lodge [ladʒ] [名] 小屋, 警備室 [動] 下宿する

lodging [ladʒiŋ] [名] 宿所, 下宿部屋

lofty [lɔ:fti] [形] 非常に高い, 上品な

log [lɔ:g] [名] 丸太, 航海日誌

logic [ladʒik] [名] 論理学 (学問), 論理

logical [ladʒikəl] [形] 論理学の, 論理的な

loiter [lɔitər] [動] ぶらぶらする

London [lʌndən] [地] ロンドン (イギリスの首都)

lone [loun] [形] 一人の, ひっそりとした

lonely [lounli] [形] 孤独な

lonesome [lounsəm] [形] 孤独な, 人里離れた

long [lɔ:ŋ] [形] 長い [副] 長い間 [動] 憧れる

longing [lɔ:ŋiŋ] [名] 憧憬, 熱望

look [luk] [動] 見る [名] 見ること, 様子, 顔の表情

loom [lu:m] [動] ぼんやりと見える [名] 織機

loop [lu:p] [名] 輪, 曲がり, 環状線

loose [lu:s] [形] 緩い, 揺れる, 緩んでいる

loosen [lu:sn] [動] 緩くする

lord [lɔ:rd] [名] 支配者, 君主, 神

Los Angeles [lɔs ændʒələs] [地] ロスアンジェルス

lose [lu:z] [動] 無くす, 逃す

loss [lɔ:s] [名] 紛失, 損失, 浪費

lost [lɔ:st] [形] 紛失した

lost [lɔ:st] [動] lose (無くす) の過去・過去分詞形

lot [lat] [名] くじ, 抽選, 分け前, 運, 敷地

loud [laud] [形] 音が大きい [副] 大きな声で

loudly [laudli] [副] 大きな声で

loudness [laudnəs] [名] 大声, 騒ぎ

love [lʌv] [動] 愛する [名] 愛, 愛情

lovely [lʌvli] [形] 美しい, 楽しい

lover [lʌvər] [名] 愛人, 恋人

loving [lʌviŋ] [形] 愛する, 愛情のこもった

low [lou] [形] 低い, 安い [副] 低く

lower [louər] [動] 低くする, (値段を) 下げる

loyal [lɔiəl] [形] 忠誠な

loyalty [lɔiəlti] [名] 忠誠

luck [lʌk] [名] 幸運

luckily [lʌkəli] [副] 運良く

lucky [lʌki] [形] 不運な

luggage [lʌgidʒ] [名] 手荷物, 旅行用バッグ

lull [lʌl] [動] あやして寝かせる, なだめすかす

lumber [lʌmbər] [名] 材木, がらくた

luminous [lu:mənəs] [形] 光を出す, 明瞭な

luminously [lu:mənəsli] [副] 明瞭に

lump [lʌmp] [名] 塊, こぶ

lunch [lʌntʃ] [名] 昼食 [動] 昼食を取る

luncheon [lʌntʃən] [名] 午餐

lung [lʌŋ] [名] 肺

lure [luər] [名] 魅惑, 擬似餌 [動] 誘惑する

lurk [lə:rk] [動] 潜伏する, 潜在している

lust [lʌst] [名] 欲望, 執念 [動] 熱望する

luster [lʌstər] [名] 光沢, つや

Luxembourg [lʌksəmbərg] [地] ルクセンブルク

luxurious [ləgʒuəriəs] [形] 贅沢な, 豪華な

luxury [lʌkʃəri] [名] 贅沢, 贅沢品 [形] 贅沢な

lying [laiiŋ] [名] 嘘をつくこと [形] 偽りの

M

ma [ma:] [名] ママ

ma'am [mæm] [名] 奥様, おばさん, 婦人

machine [məʃi:n] [名] 機械, 器具

machine gun [məʃi:n gən] [名] 機関銃

machinery [məʃi:nəri] [名] 機械類

mad [mæd] [形] 狂った, 無謀な, 夢中の

madam [mædəm] [名] 夫人, 奥様

made [meid] [動] make (作る) の過去・過去分詞形

madly [mædli] [副] 狂って, 猛烈に

madness [mædnəs] [名] 狂気, 精神錯乱

Madonna [mədanə] [人] 聖母マリア(聖書の人物)

magazine [mægəzi:n] [名] 雑誌

Magellan [mədʒelən] [人] マゼラン (ポルトガルの航海家)

magic [mædʒik] [名] 魔法, 魔力, 妖術

magician [mədʒiʃən] [名] 魔術師

magistrate [mædʒəstreit] [名] 行政長官, 治安判事

magnet [mægnət] [名] 磁石

magnificence [mægnifəsəns] [名] 雄大, 壮大

magnificent [mægnifəsənt] [形] 素晴らしい, 壮大な

magnificently [mægnifəsəntli] [副] 見事に

magnify [mægnəfai] [動] 拡大する, 誇張する

maid [meid] [名] 少女, 処女, 家政婦

maiden [meidn] [名] 少女, 処女 [形] 未婚の

mail [meil] [名] 郵便物, 郵便 [動] 郵送する

mailman [meilmæn] [名] 郵便配達員

main [mein] [形] 主な [名] 本管, 幹線

mainly [meinli] [副] 主に

maintain [meintein] [動] 維持する, 主張する

maintenance [meintənəns] [名] 維持, 扶養, 生活費

majestic [mədʒestik] [形] 威厳のある, 堂々たる

majesty [mædʒəsti] [名] 威厳, 最高権威, 陛下

major [meidʒər] [形] 重要な [名] 成人, 専攻科目

majority [mədʒɔ:rəti] [名] 大多数, 過半数, 成年

make [meik] [動] 作る, ～させる

maker [meikər] [名] 製作者, 製造業者

Malaysia [məleiʒə] [地] マレーシア (東南アジア諸国)

male [meil] [名] 男性, 雄 [形] 男性の

malice [mæləs] [名] 悪意

Malta [mɔ:ltə] [地] マルタ (南ヨーロッパの島国)

mamma [ma:mə] [名] お母さん

mammy [mæmi] [名] お母さん

man [mæn] [名] 男子, 大人, 人間

manage [mænidʒ] [動] 経営する, 扱う

management [mænidʒmənt] [名] 経営, 管理, 管理職

manager [mænidʒər] [名] 経営者, 支配人

manhood [mænhud] [名] 男らしさ, 成人

manifest [mænəfest] [形] 明らかな [動] 明らかにする

manifold [mænəfould] [形] 多様な, いろいろな

mankind [mænkaind] [名] 人類, 人間

manly [mænli] [形] 男らしい, 勇敢な

manner [mænər] [名] 方法, 態度, 礼儀

mansion [mænʃən] [名] 大邸宅, マンション

mantle [mæntl] [名] マント, 外套, カバー

manual [mænyuəl] [名] 参考書, 教本 [形] 手の, 手動の

manufacture [mænyəfæktʃər] [名] 製造, 製品 [動] 製造する

manufacturer [mænyəfæktʃərər] [名] 製造業者

manuscript [mænyəskript] [名] 原稿, 筆写本

many [meni] [形] 多数の, 多くの

map [mæp] [名] 地図

maple [meipəl] [名] 紅葉 (植物)

mar [ma:r] [動] 傷つく

marble [ma:rbəl] [名] 大理石 [形] 大理石の

march [ma:rtʃ] [名] 行軍, 行進曲 [動] 行進する

March [ma:rtʃ] [名] 三月

mare [meər] [名] 牝馬 (動物)

margin [ma:rdʒən] [名] へり, 余白, 販売マージン

marine [məri:n] [形] 海の [名] 海兵隊員, 海軍

mark [ma:rk] [動] 表す [名] 表示, 跡

market [ma:rkət] [名] 市場

marriage [meəridʒ] [名] 結婚, 結婚式

married [meərid] [形] 結婚した

marry [meəri] [動] 結婚する

Mars [ma:rz] [名] 火星

marsh [ma:rʃ] [名] 沼, 湿地

marshal [ma:rʃəl] [名] 陸軍元帥 [動] 整列させる

martyr [ma:rtər] [名] 殉教者

marvel [ma:rvəl] [名] 驚異 [動] 驚く

marvelous [ma:rvələs] [形] 驚くべき, とても良い

marvelously [ma:rvələsli] [副] 驚くほど, 非常に

Marx [ma:rks] [人] マルクス (ドイツの 社会主義者)

Mary [meəri] [人] 聖母マリア (聖書の人物)

masculine [mæskyələn] [名] 男性 [形] 男の

mask [mæsk] [名] マスク, 仮面

mason [meisn] [名] 石工, 煉瓦工

mass [mæs] [名] 一般大衆, 多数, 塊

massive [mæsiv] [形] 大きい, 重い

mast [mæst] [名] 帆柱, マスト, 高い柱

master [mæstər] [名] 主人, 大家 [動] 支配する

masterpiece [mæstərpi:s] [名] 名作, 傑作

mat [mæt] [名] マット, ござ [動] マットを敷く

match [mætʃ] [名] 試合 [動] 互いに競争させる

mate [meit] [名] 同僚, 配偶者 [動] 交尾させる

material [mətiəriəl] [名] 原料, 材料 [形] 物質的な

math [mæθ] [名] 数学 (学問)

mathematics [mæθəmætiks] [名] 数学 (学問)

matter [mætər] [名] 問題, 物質, 内容

Matthew [mæθyu:] [人] マタイ (聖書の人物)

mature [mətyuər] [形] 成熟した, 満期になった

maturity [mətyuərəti] [名] 成熟, 満期

maxim [mæksəm] [名] 格言, 座右の銘

maximum [mæksəməm] [名] 最大限 [形] 最高の, 最大の

may [mei] [助] ~してもよい

May [mei] [名] 五月

maybe [meibi] [副] おそらく

mayor [meiər] [名] 市長

me [mi:] [代] 私は, 私に

meadow [medou] [名] 牧草地

meal [mi:l] [名] 食事

mean [mi:n] [動] 意味する [形] 中位の

meaning [mi:niŋ] [名] 意味

means [mi:nz] [名] 手段, 方法

meant [ment] [動] mean (意味する) の過去・過去分詞形

meantime [mi:ntaim] [副] その間に [名] その間

measure [meʒər] [動] 測定する [名] 測定, 巻き尺

measurement [meʒərmənt] [名] 測定, 測量

meat [mi:t] [名] 獣の肉

mechanic [məkænik] [名] 機械修理工

mechanical [məkænikəl] [形] 機械の

mechanism [mekənizm] [名] 機械, 機具, 構造

medal [medl] [名] メダル, 勲章

meddle [medl] [動] 干渉する, おせっかいをする

medical [medikəl] [形] 医学の, 内科の

medicine [medəsən] [名] 薬, 医学 (学問)

medieval [midii:vəl] [形] 中世の

meditate [medəteit] [動] 瞑想する, 企む

meditation [medəteiʃən] [名] 瞑想, 黙想

Mediterranean [medətəreiniən] [地] 地中海 [形] 地中海の

medium [mi:diəm] [名] 中間, 手段, 媒介物

meek [mi:k] [形] 温順な

meet [mi:t] [動] 会う [名] 会合

meeting [mi:tiŋ] [名] 出会い, 会合, 集会

melancholy [melənkali] [形] 憂鬱な [名] 憂鬱, 憂鬱症

mellow [melou] [形] 甘い, 香りがよい, 柔らかい

melody [melədi] [名] メロディー, 旋律

melt [melt] [動] 溶ける, 和らぐ

member [membər] [名] 会員, 一員, 手足

membership [membərʃip] [名] 会員資格, 会員数

memorial [məmɔ:riəl] [名] 記念物, 記念碑 [形] 記念の

memorialize [məmɔ:riəlaiz] [動] 記念する

memorize [meməraiz] [動] 暗記する, 記録する

memory [meməri] [名] 記憶, 記憶力

men [men] [名] man (男子) の複数形

menace [menəs] [名] 脅威 [動] 脅かす

mend [mend] [名] 改良, 修理 [動] 直す

mental [mentl] [形] 精神の, 心の

mentally [mentəli] [副] 精神的に

mention [mentʃən] [動] 言及する [名] 言及

menu [menyu:] [名] 献立, メニュー

merchandise [mə:rtʃəndaiz] [名] 商品

merchant [mə:rtʃənt] [名] 商人, 貿易商

merciful [mə:rsifl] [形] 慈悲深い
mercury [mə:rkyəri] [名] 水銀
mercy [mə:rsi] [名] 慈悲, 同情
mere [miər] [形] 単純な, ~に過ぎない
merely [miərli] [副] 単純に, ただ
merit [merət] [名] 長所, 価値, 功績
merrily [meərəli] [副] 楽しく
merry [meəri] [形] 陽気な, 愉快な
mess [mes] [名] 混乱状態 [動] 台無しにする
message [mesidʒ] [名] 伝言, メッセージ
messenger [mesəndʒər] [名] 使者
met [met] [動] meet (会う) の過去·過去分詞形
metal [metl] [名] 金属
meteor [mi:tiər] [名] 流星, 隕石
meter [mi:tər] [名] 計量器, メーター
method [meθəd] [名] 方法
metropolis [mətrapələs] [名] 首都, 大都市, 中心地
metropolitan [metrəpalətən] [形] 首都の, 大都市の
Mexican [meksikən] [名] メキシコ人 [形] メキシコの
Mexico [meksikou] [地] メキシコ (北米諸国)
Miami [maiæmi] [地] マイアミ (米国の都市)
mice [mais] [名] mouse (ハツカネズミ) の複数形
Michelangelo [maikəlændʒəlou] [人] ミケランジェロ (イタリアの画家)
Michigan [miʃigən] [地] ミシガン (米国の州)
microphone [maikrəfoun] [名] マイク
microscope [maikrəskoup] [名] 顕微鏡
microscopic [maikrəskapik] [形] 顕微鏡の, ごく小さな
microscopical [maikrəskapikəl] [形] 顕微鏡の, ごく小さな
mid [mid] [形] 中間の, 中央の
midday [middei] [名] 正午, 真昼
middle [midl] [名] 中央, 中間 [形] 中間の
middle aged [midl eidʒd] [形] 中年の
midnight [midnait] [名] 真夜中
midst [midst] [名] 真ん中
might [mait] [助] ~だろう, ~かもしれない
mighty [maiti] [形] 強力な, 巨大な
migrate [maigreit] [動] 移住する, (渡り鳥) が 移動する
migration [maigreiʃən] [名] 移住, 移動
mike [maik] [名] microphone (マイク)
mild [maild] [形] 穏やかな, 親切な, 優しい
mile [mail] [名] マイル (約 1.6km)
military [miləteri] [名] 軍隊, 軍人 [形] 軍隊の
milk [milk] [名] 牛乳, 乳 [動] 乳を搾る
mill [mil] [名] 製粉機, 製粉所 [動] 製粉する
miller [milər] [名] 精米所主人, 製粉業者
million [milyən] [名] 百万
millionaire [milyəneər] [名] 百万長者, 巨富
mind [maind] [名] 心, 考え方 [動] 気をつける
mine [main] [代] 私の物
miner [mainər] [名] 鉱夫
mineral [minərəl] [名] 鉱物
mingle [miŋgəl] [動] 混ぜる
miniature [minətʃər] [名] 小さい模型 [形] 小型の
minimum [minəməm] [名] 最小限, 極小 [形] 最小の
mining [mainiŋ] [名] 鉱業, 採鉱
minister [minəstər] [名] 長官, 牧師
ministry [minəstri] [名] 長官(牧師)の任期, 内閣
minor [mainər] [形] 重要でない [名] 副専攻
minority [mainɔ:rəti] [名] 少数派, 未成年
mint [mint] [名] はっか
minus [mainəs] [名] 負数 [形] マイナスの
minute [mainyu:t] [形] 非常に小さい, つまらない, 詳しい
minute [minət] [名] 分
miracle [miərikəl] [名] 奇跡
mirror [mirər] [名] 鏡
mirth [mə:rθ] [名] 陽気
mischief [mistʃəf] [名] 害悪, いたずら
mischievous [mistʃəvəs] [形] 有害な, 意地の悪い
mischievously [mistʃəvəsli] [副] 有害に, 悪ふざけて
misdone [misdʌn] [動] misdo (やりそこなう) の過去分詞形
miser [maizər] [名] けちん坊
miserable [mizərəbl] [形] かわいそうな, 辛い
misery [mizəri] [名] 不幸, 悲惨
misfortune [misfɔ:rtʃən] [名] 不幸, 不運
mislead [misli:d] [動] 誤って導く

misleading [misli:diŋ] [形] 誤解させる
misled [misled] [動] mislead (誤って導く) の過去·過去分詞形
Miss [mis] [名] 少女, お嬢さん, 未婚女性
miss [mis] [動] 間違う, 逃す
missile [misəl] [名] ミサイル
missing [misiŋ] [形] 行方不明の
mission [miʃən] [名] 外交使節, 任務, 伝道
missionary [miʃəneri] [名] 宣教師
Mississippi [misəsipi] [地] ミシシッピ川, ミシシッピ (米国の州)
mist [mist] [名] 霧
mistake [misteik] [名] 過ち [動] 間違う
mistaken [misteikən] [形] 間違った, 誤解した
mistaken [misteikən] [動] mistake (間違う) の過去分詞形
mistook [mistuk] [動] mistake (間違う) の過去形
mistress [mistrəs] [名] 女主人, 主婦
misunderstand [misəndərstænd] [動] 誤解する
misunderstanding [misəndərstændiŋ] [名] 誤解
misunderstood [misəndərstud] [動] misunderstand (誤解する) の過去·過去分詞
mitt [mit] [名] 指なし手袋
mix [miks] [名] 混合 [動] 混ぜる, 混合する
mixed [mikst] [形] 混じった, 混成の
mixture [mikstʃər] [名] 混合物
moan [moun] [名] うめき声 [動] うめき声を出す
mob [mab] [名] 群衆, 暴徒 [動] 襲う
mock [mak] [名] 冷やかし [動] からかう
mode [moud] [名] 方法, 様式
model [madl] [名] モデル, 本 [動] モデルを作る
moderate [madəreit] [動] 適当にする, 柔らかくなる
moderate [madərət] [形] 適度の, 普通の
moderately [madərətli] [副] 適切に, 適当に
modern [madərn] [形] 現代の, 最新の
modest [madəst] [形] へりくだった, おとなしい, 質素な
modesty [madəsti] [名] 謙遜, 謙虚, 質素
modifier [madəfaiər] [名] 修飾語
modify [madəfai] [動] 修正する, 修飾する
Mohammad [mouhæməd] [人] Muhammad (マホメット)
moist [mɔist] [形] 湿気のある
moisture [mɔistʃər] [名] 湿気, 水蒸気
mold [mould] [名] 型, かび [動] 型に入れて造る
mole [moul] [名] 皮膚の点, モグラ (動物)
mom [mam] [名] お母さん
moment [moumənt] [名] 瞬間, 時期
momentary [moumənteri] [形] 瞬間の
monarch [manərk] [名] 君主, 王
Monday [mʌndei] [名] 月曜日
money [mʌni] [名] お金, 金銭, 通貨, 財産
Mongolia [mangoulyə] [地] モンゴル (東アジア諸国)
monitor [manətər] [名] モニター, 監視 [動] 監視する
monk [mʌŋk] [名] 僧侶
monkey [mʌŋki] [名] 猿 (動物)
monopoly [mənapəli] [名] 独占, 専売
monotonous [mənatənəs] [形] 単調な, 退屈な
monotonously [mənatənəsli] [副] 単調に
monster [manstər] [名] 怪物, 巨人
monstrous [manstrəs] [形] 巨大な, 奇怪な
month [mʌnθ] [名] 月
monthly [mʌnθli] [形] 毎月の [名] 月刊刊行物
monument [manyəmənt] [名] 記念館, 記念碑
monumental [manyəmentl] [形] 記念碑的な, 記念になる
mood [mu:d] [名] 気分, 雰囲気
moon [mu:n] [名] 月
moonlight [mu:nlait] [名] 月光
moor [muər] [名] 荒れ地, 荒野
moral [mɔ:rəl] [名] 教訓, 道徳 [形] 道徳的な
more [mɔ:r] [形] より多くの
moreover [mɔ:rouvər] [副] さらに
morn [mɔ:rn] [名] 朝
morning [mɔ:rniŋ] [名] 朝, 午前
Morocco [mərakou] [地] モロッコ (北アフリカ諸国)
mortal [mɔ:rtl] [名] 人間, 死ぬ運命の物
mortgage [mɔ:rgidʒ] [名] 抵当, 抵当権 [動] 抵当に取られる
Moscow [maskou] [地] モスクワ (ロシアの首都)
Moses [mouzəz] [人] モーセ (聖書の人物)
mosquito [məski:tou] [名] 蚊 (虫)
moss [mɔ:s] [名] コケ

most [moust] [形] 最も多い, 最も大きい
mostly [moustli] [副] 主に, 大概
motel [moutel] [名] モーテル
moth [mɔ:θ] [名] 蛾 (虫)
mother [mʌðər] [名] 母
motion [mouʃən] [名] 身振り [動] 身振りで知らせる
motionless [mouʃənləs] [形] 動かない, 停止した
motive [moutiv] [名] 動機, 目的 [形] 動機となる
motor [moutər] [名] モータ, 発電機
motorcar [moutərka:r] [名] 自動車
motorcycle [moutərsaikəl] [名] バイク
motto [matou] [名] 座右の銘, 金言, モットー
mound [maund] [名] マウンド (野球)
mount [maunt] [動] 登る
mountain [mauntn] [名] 山
mountainous [mauntənəs] [形] 山が多い, 山地の
mountainside [mauntnsaid] [名] 山腹
mourn [mɔ:rn] [動] 悲しむ, 哀悼する
mournful [mɔ:rnfl] [形] 悲しい
mourning [mɔ:rniŋ] [名] 悲しみ, 哀悼
mouse [maus] [名] ハツカネズミ(動物)
mouth [mauθ] [名] 口
move [mu:v] [動] 動く [名] 動き, 移転
movement [mu:vmənt] [名] 動作, 動き, 移動
movie [mu:vi] [名] 映画
movie star [mu:vi sta:r] [名] 映画俳優
moving [mu:viŋ] [形] 動く, 感動的な
Mozart [moutsa:rt] [人] モーツァルト (オーストリアの作曲家)
Mr. [mistər] [名] ~貴下, ~先生, ~さん
Mrs. [misəz] [名] ~夫人
Ms. [miz] [名] ~さん (女性尊称)
Mt. [maunt] [名] 山
much [mʌtʃ] [形] 多い [副] 非常に [名] 大量
mud [mʌd] [名] 粘土
muddy [mʌdi] [形] 泥だらけの, 混濁した
mule [myu:l] [名] ラバ (動物)
multiply [mʌltəplai] [動] 掛ける, 増加する
multitude [mʌltətyu:d] [名] 多数, 群集, 大衆
municipal [myunisəpəl] [形] 市の, 都市の
murder [mə:rdər] [名] 殺人 [動] 殺す
murderer [mə:rdərər] [名] 殺人者
murmur [mə:rmə:r] [名] ささやき, 文句 [動] 文句を言う
muscle [mʌsəl] [名] 筋肉
muse [myu:z] [動] 熟考する, 黙想する
museum [myuzi:əm] [名] 博物館, 美術館
mushroom [mʌʃrum] [名] キノコ
music [myu:zik] [名] 音楽
musical [myu:zikəl] [名] ミュージカル [形] 音楽の, 音楽的な
musician [myuziʃən] [名] 音楽家
musket [mʌskət] [名] 旧式小銃
must [mʌst] [助] ~しなければならない [名] 必需品
mustn't [mʌsnt] [短] must not の短縮形
mute [myu:t] [名] 口のきけない人 [形] 無言の, 口のきけない
mutter [mʌtər] [名] 呟き [動] 呟く
mutton [mʌtn] [名] 羊の肉
mutual [myu:tʃuəl] [形] お互いの, 共通の
my [mai] [代] 私の
Myanmar [myanma:r] [地] ミャンマー (インドシナ諸国)
myself [maiself] [代] 私自身
mysterious [mistiəriəs] [形] 神秘的な, 不思議な
mysteriously [mistiəriəsli] [副] 神秘的に
mystery [mistəri] [名] 神秘, 不可思議
myth [miθ] [名] 神話

N

nail [neil] [名] 手の爪, 足の爪, 釘 [動] くぎを打つ

naked [neikəd] [形] 裸の, 裸体の

nakedness [neikədnəs] [名] 裸, 率直性

name [neim] [名] 名前, 名声 [動] 名づける

namely [neimli] [副] つまり, 言い換えれば

Namibia [nəmibiə] [地] ナミビア (西アフリカ諸国)

nap [næp] [名] 昼寝 [動] 昼寝をする

napkin [næpkən] [名] ナプキン

Napoleon [nəpouliən] [人] ナポレオン (フランスの皇帝)

narration [næreiʃən] [名] 物語, 叙述

narrative [neərətiv] [名] 物語 [形] 物語の

narrow [neərou] [形] 狭い, 限られた [動] 狭める

nasty [næsti] [形] 不快な, 汚い

nation [neiʃən] [名] 国家, 国民

national [næʃənəl] [形] 国家の, 国民の, 全国の

nationality [næʃənæləti] [名] 国籍

native [neitiv] [形] 生れの, 土着の [名] 原住民

natural [nætʃərəl] [形] 自然の, 生まれつきの

naturally [nætʃərəli] [副] 自然に, 生まれつき

nature [neitʃər] [名] 自然, 天性, 性質

naught [nɔːt] [名] 零, ゼロ, 無

naughty [nɔːti] [形] いたずらの, 行儀が悪い

naval [neivəl] [形] 海軍の

navigation [nævəgeiʃən] [名] 航行, 運航

navy [neivi] [名] 海軍

nay [nei] [副] いや [名] 否定

near [niər] [形] 近い [副] 近く, 密接に

nearby [niərbai] [形] 近い [副] 近くで

nearly [niərli] [副] ほとんど

neat [niːt] [形] さわやかな, きちんとした

neatly [niːtli] [副] きちんと

necessarily [nesəseərəli] [副] 必然的に

necessary [nesəseri] [形] 必要な

necessity [nisesəti] [名] 必要, 必要性, 必需品

neck [nek] [名] 首, 襟

necklace [nekləs] [名] 首飾り, ネックレス

need [niːd] [動] 要る [名] 必要

needle [niːdl] [名] 針

needless [niːdləs] [形] 無駄な

needn't [niːdnt] [短] need not の短縮形

negative [negətiv] [形] 否定の, 消極的な [名] 否定

negatively [negətivli] [副] 否定的に

neglect [niglekt] [名] 無視, 怠慢 [動] 無視する

negotiation [nigouʃieiʃən] [名] 交渉, 協商, 譲渡

Negro [niːgrou] [名] 黒人 [形] 黒人の

neighbor [neibər] [名] 隣人 [動] 近く住む

neighborhood [neibərhud] [名] 近所, 隣

neighboring [neibəriŋ] [形] 近所の, 隣接している

neither [niːðər] [副] どちらも~ない

Nepal [nəpɔːl] [地] ネパール (南アジア諸国)

nephew [nefyuː] [名] 甥, 姪

Nero [niːrou] [人] ネロ (ローマの暴君)

nerve [nəːrv] [名] 神経, 勇気

nervous [nəːrvəs] [形] 神経の, 神経質な

nervously [nəːrvəsli] [副] 神経質に

nest [nest] [名] 巣, 安息の場

net [net] [名] 網 [形] 純粋な

Netherlands [neðərləndz] [地] オランダ (西ヨーロッパ諸国)

network [netwəːrk] [名] 放送網 [動] 情報を交換する

neutral [nyuːtrəl] [形] 中立の, 中性の [名] 中立国

never [nevər] [副] 決して~しない

nevertheless [nevərðələs] [副] それにもかかわらず

new [nyuː] [形] 新しい

New Jersey [nyuː dʒəːrzi] [地] ニュージャージー (米国の州)

newly [nyuːli] [副] 新たに, 最近

news [nyuːz] [名] ニュース

newspaper [nyuːzpeipər] [名] 新聞

Newton [nyuːtn] [人] ニュートン (イギリスの物理学者)

New World [nyuː wəːrld] [名] 新世界, 西半球

new year [nyuː yiər] [名] 新年, 元旦

New York [nyuː yɔːrk] [地] ニューヨーク (米国の都市)

New Zealand [nyuː ziːlənd] [地] ニュージーランド

next [nekst] [形] 次の [副] 次に

nice [nais] [形] 良い, 気持ちの良い

nicely [naisli] [副] よく, 見事に
nickel [nikəl] [名] ニッケル
nickname [nikneim] [名] 別名, 愛称
niece [ni:s] [名] 姪
Nigeria [naidʒiəriə] [地] ナイジェリア (西アフリカ諸国)
night [nait] [名] 夜, 夜間 [形] 夜の, 夜間の
nightmare [naitmeər] [名] 悪夢, 心配事
nine [nain] [名] 9 [形] 9 の
nineteen [nainti:n] [名] 19 [形] 19 の
nineteenth [nainti:nθ] [名] 第 19 [形] 第 19 の
ninetieth [naintiəθ] [名] 第 90 [形] 第 90 の
ninety [nainti] [名] 90 [形] 90 の
ninth [nainθ] [名] 九番目 [形] 九番目の
nitrogen [naitrədʒən] [名] 窒素
no [nou] [名] 否定 [形] 何もない
Noah [nouə] [人] ノア (聖書の人物)
nobility [nobiləti] [名] 貴族, 気高さ
noble [noubəl] [形] 貴族の, 高貴な
nobody [noubədi] [代] 誰も~ない [名] 無名の人
nod [nad] [名] うなずき, 挨拶 [動] うなずく
noise [nɔiz] [名] 騒音, 雑音
noiseless [nɔizləs] [形] 音のない, 静かな
noisy [nɔizi] [形] うるさい
nominal [namənəl] [形] 名前だけの, わずかな
nominally [namənəli] [副] 指名して, 名目上
nominate [naməneit] [動] 指名する, 任命する
nomination [naməneiʃən] [名] 指名, 任命
none [nʌn] [代] 誰も~ない, なにも~ない
nonsense [nansens] [名] とんでもない考え, ナンセンス
noon [nu:n] [名] 正午 [形] 正午の
no one [nou wən] [代] 誰も~ない
nor [nɔ:r] [接] ~もまた~ない
normal [nɔ:rməl] [形] 正常の, 標準的な
normally [nɔ:rməli] [副] 通常的に, 普通は
Norman [nɔ:rmən] [名] ノルマン人 [形] ノルマン族の
north [nɔ:rθ] [名] 北 [形] 北の
North Americ [nɔ:rθ əmeərəkə] [地] 北アメリカ
northeast [nɔ:rθi:st] [名] 北東部 [形] 北東の
northern [nɔ:rðərn] [形] 北部にある, 北の
northwest [nɔ:rθwest] [名] 北西, 北西部
northwestern [nɔ:rθwestərn] [形] 北西の
Norway [nɔ:rwei] [地] ノルウェー (北ヨーロッパ諸国)
nose [nouz] [名] 鼻, 嗅覚 [動] 嗅ぐ
nostril [nastrəl] [名] 鼻の穴
not [nat] [副] ~ではない, ~でない
notable [noutəbl] [形] 注目に値する [名] 名士
notch [natʃ] [名] 刻み目 [動] 刻み目をつける
note [nout] [名] メモ, 注目 [動] メモを取る
notebook [noutbuk] [名] 手帳, ノート
noted [noutəd] [形] 著名な, 有名な
nothing [nʌθiŋ] [名] 無 [代] 何も~ない
notice [noutəs] [名] 通知 [動] 気づく
notify [noutəfai] [動] 通知する, 通告する
notion [nouʃən] [名] 観念, 考え
notwithstanding [natwiθstændiŋ] [前] ~にもかかわらず
noun [naun] [名] 名詞 [形] 名詞の
nourish [nə:riʃ] [動] 育てる, 栄養分を与える
nourishment [nə:riʃmənt] [名] 栄養素, 食物
novel [navəl] [名] 小説 [形] 新しい
novelist [navəlist] [名] 小説家, 作家
novelty [navəlti] [名] 斬新さ, 物珍らしさ, 目新しい物
November [nouvembər] [名] 11 月
now [nau] [副] 今, 現在
nowadays [nauədeiz] [副] 今日は [名] 現在, 今日
nowhere [nouweər] [名] ~するところがない
nuclear [nyu:kliər] [形] 核の, 原子力の [名] 核兵器
nuisance [nyu:sns] [名] 迷惑, 迷惑な人
number [nʌmbər] [名] 数字, 番号 [動] 数える
numerous [nyu:mərəs] [形] 非常に多くの, 無数の
nun [nʌn] [名] 修道女
nurse [nə:rs] [名] 看護師, 乳母 [動] 看護する
nursery [nə:rsəri] [名] 保育園
nut [nʌt] [名] 堅果, ナッツ
nylon [nailan] [名] ナイロン
nymph [nimf] [名] 妖精, ニンフ

O

o [ou] [感] オー!, あんな!

oak [ouk] [名] オーク (植物) [形] オークの

oar [ɔːr] [名] 櫓 [動] 櫓をこぐ

oasis [oueisəs] [名] オアシス, 憩いの場

oat [out] [名] オート麦

oath [ouθ] [名] 宣誓, 誓い

obedience [oubiːdiəns] [名] 頑固な

obedient [oubiːdiənt] [形] 服従する

obediently [oubiːdiəntli] [副] 従順に

obey [oubei] [動] 服従する, 従う

object [abdʒikt] [名] 物体, 目的, 目的語 (文法)

object [əbdʒekt] [動] 反対する

objection [əbdʒekʃən] [名] 反対, 異議

obligation [abləgeiʃən] [名] 義務, 責任

oblige [əblaidʒ] [動] 義務を負わせる

obscure [abskyuər] [形] 暗い [動] 暗くする

observance [əbzəːrvəns] [名] 遵守, 宗教儀式, 敬意

observant [əbzəːrvənt] [形] 注意深い, 遵守する

observation [abzəːrveiʃən] [名] 観察, 観察力

observe [əbzəːrv] [動] 観察する, 遵守する

observer [əbzəːrvər] [名] 観察者, 遵守者

obstacle [abstikəl] [名] 障害, 障害物

obstinate [abstənət] [形] 頑固な, しつこい

obtain [əbtein] [動] 得る, 獲得する

obvious [abviəs] [形] 明らかな

obviously [abviəsli] [副] 明らかに

occasion [əkeiʒən] [名] 場合, 機会, 特別な行事, 理由

occasional [əkeiʒənəl] [形] 時々の, 臨時の

occasionally [əkeiʒənəli] [副] たまに

occupation [akyəpeiʃən] [名] 職業, 占有, 占領

occupy [akyəpai] [動] 占める, 占領する

occur [əkəːr] [動] 起る, 生じる, 心に浮ぶ

occurrence [əkəːrəns] [名] 事件, 発生

ocean [ouʃən] [名] 大洋

o'clock [əklak] [副] ~時

October [aktoubər] [名] 10 月

odd [ad] [形] 奇数の, ~余りの, 奇妙な

oddly [adli] [副] 妙に, 異常に

odor [oudər] [名] におい

of [ʌv] [前] ~の, ~のために, ~に属する

off [ɔːf] [副] 離れて, 外れて

offend [əfend] [動] 怒らせる, 違反する

offense [əfens] [名] 違反, 違法

offensive [əfensiv] [名] 攻撃 [形] 不快な

offer [ɔːfər] [動] 提供する [名] 提案, 提供

offering [ɔːfəriŋ] [名] 献金, 貢献

office [ɔːfəs] [名] 事務室, 役所

officer [ɔːfəsər] [名] 公務員, 将校, 警官

official [əfiʃəl] [形] 公式の, 公認の [名] 公務員

officially [əfiʃəli] [副] 公式に

offspring [ɔːfspriŋ] [名] 子孫

oft [ɔːft] [副] often

often [ɔːfən] [副] 頻繁に

oh [ou] [感] おお, あ

oil [ɔil] [名] 油, 石油

OK [oukei] [副] よろしい [形] 素晴らしい [名] 承認

okay [oukei] [名] OK

old [ould] [形] 年とった, 古い

old-fashioned [ould fæʃənd] [形] 旧式な, 流行遅れの

Old World [ould wəːrld] [名] 旧世界, ヨーロッパ

olive [aliv] [名] オリーブ

Olympic Games [əlimpik geimz] [名] オリンピック競技大会

Oman [oumæn] [地] オマーン (中東諸国)

omen [oumən] [名] 前兆 [動] 前兆となる

omit [oumit] [動] 見落とす, 怠ける

on [ɔːn] [前] ~の上に, ~にかかって, ~に沿って

once [wʌns] [副] 一度, 以前に

one [wʌn] [形] 一人の, 一つの, ある

one's [wʌnz] [代] one の所有格

oneself [wənself] [代] 自身, 自ら

onion [ʌnyən] [名] 玉ねぎ

only [ounli] [形] 唯一の [副] ただ, やっと

onto [ɔːntuː] [前] ~の上に

onward [ɔːnwəːrd] [副] 今後

Open [oupən] [動] 開く, 開始する [形] 開いた
Open air [oupən eər] [形] 屋外の
Opening [oupəniŋ] [名] 穴, 開始, 開放, 欠員
Openly [oupənli] [副] 公然と
Opera [aprə] [名] 歌劇, オペラ
Operate [apəreit] [動] 作動する, 手術をする
operation [apəreiʃən] [名] 作動, 操作, 手術
Operator [apəreitər] [名] 技師, 電話交換員, 手術者
opinion [əpinyən] [名] 意見
opponent [əpounənt] [名] 相手, 対抗者 [形] 反対する
opportunity [apərtyu:nəti] [名] 機会, 好機
oppose [əpouz] [動] 反対する, 抵抗する
opposed [əpouzd] [形] 反対の
Opposite [apəzət] [形] 反対の, 向かいの
opposition [apəziʃən] [名] 反対, 抵抗, 野党
oppress [əpres] [動] 圧迫する, 抑圧する
oppression [əpreʃən] [名] 圧迫, 抑圧
or [ɔ:r] [接] あるいは, または
orange [ɔ:rindʒ] [名] オレンジ (果物) [形] オレンジの
orbit [ɔ:rbət] [名] 軌道 [動] 軌道に進入する
orchard [ɔ:rtʃərd] [名] 果樹園
orchestra [ɔ:rkəstrə] [名] 管弦楽団, オーケストラ
ordain [ɔ:rdein] [動] 任命する, 聖職を与える
order [ɔ:rdər] [動] 命令する [名] 命令, 順序
orderly [ɔ:rdərli] [形] 整頓された [副] 順序よく
ordinarily [ɔ:rdəneərəli] [副] 普通, 通常
ordinary [ɔ:rdəneri] [形] 普通の, 通常の
ore [ɔ:r] [名] 鉱石
organ [ɔ:rgən] [名] オルガン (楽器), 器官
organism [ɔ:rgənizm] [名] 有機体, 生物
organization [ɔ:rgənəzeiʃən] [名] 組織, 団体
organize [ɔ:rgənaiz] [動] 組織する, 体系化する
organized [ɔ:rgənaizd] [形] 整理された, 組織化された
Orient [ɔ:rient] [動] 適応させる
Orient [ɔ:rient] [名] 東洋
Oriental [ɔ:rientl] [形] 東洋の [名] 東洋人
origin [ɔ:rədʒən] [名] 起源, 源泉

original [əridʒənəl] [形] 最初の [名] 原物, 原形
originality [əridʒənæləti] [名] 独創性, 創意
originally [əridʒənəli] [副] 元は, 最初は, 独創的に
originate [əridʒəneit] [動] 始める, 生じる
ornament [ɔ:rnəmənt] [名] 装飾, 装飾品 [動] 飾る
ornamental [ɔ:rnəmentl] [名] 装飾品 [形] 装飾用の
orphan [ɔ:rfən] [名] 孤児 [形] 孤児の
other [ʌðər] [形] 他の [代] 他の物, 他人
otherwise [ʌðərwaiz] [副] もしそうでなければ
ought to [ɔ: tu:] [助] ~しなければならない [名] 必需品
ounce [auns] [名] オンス (28.3g), 極少量
our [auər] [代] 私達の
ours [auərz] [代] 私達の物
ourselves [auərselvz] [代] 私達自身
out [aut] [副] 外に, 外へ [名] 外部
outbreak [autbreik] [名] 勃発, 暴動
outcome [autkəm] [名] 結果
outdoor [autdɔ:r] [形] 戸外の, 屋外の
outdoors [autdɔ:rz] [形] 屋外の [副] 屋外で
outer [autər] [形] 外の, 外部の
outfit [autfit] [名] 装備, 支度 [動] 支度をする
outlet [autlet] [名] 排出口, 販売店
outline [autlain] [名] 輪郭, 概要 [動] 輪郭を描く
outlook [autluk] [名] 眺望, 展望, 予測
output [autput] [名] 生産, 生産物
outrage [autreidʒ] [名] 違反, 暴行
outside [autsaid] [名] 外側, 外部 [形] 外部の
outstanding [autstændiŋ] [形] 著しい, 未解決の, 未払いの
outstandingly [autstændiŋli] [副] 著しく
outward [autwə:rd] [形] 外に向かった, 外部の, 外観の
outwardly [autwə:rdli] [副] 外に, 外見上
oven [ʌvən] [名] 釜, オーブン
over [ouvər] [前] ~の上に, ~の上の [形] 過度の
overcame [ouvərkeim] [動] overcome (克服する) の過去形
overcoat [ouvərkout] [名] 外套
overcome [ouvərkʌm] [動] 克服する, 乗り越える
overcome [ouvərkʌm] [動] overcome (克服する) の過去分詞形
overflow [ouvərflou] [名] 氾濫 [動] あふれる

73

Overhead [ouvərhed] [副] 頭の上に [名] 間接費

overlook [ouvərluk] [名] 眺めのいい所 [動] 見下ろす

overnight [ouvərnait] [形] 一夜の [副] 夜通し

overtake [ouvərteik] [動] 追い越す, 挽回する

overtaken [ouvərteikən] [動] overtake (追い越す) の過去分詞形

overthrew [ouvərθru:] [動] overthrow (倒す) の過去形

overthrow [ouvərθrou] [名] 転覆 [動] 倒す

overthrown [ouvərθroun] [動] overthrow (倒す) の過去分詞形

overtook [ouvərtuk] [動] overtake (追い越す) の過去形

overturn [ouvərtə:rn] [名] 転覆 [動] 倒す

overwhelm [ouvərwelm] [動] 圧倒する

overwork [ouvərwə:rk] [名] 過労, 残業

owe [ou] [動] 借りがある

owing [ouiŋ] [形] 借りている, ~に起因する

owl [aul] [名] フクロウ (鳥)

own [oun] [形] 自分の

owner [ounər] [名] 所有者, 家主

ox [aks] [名] 水素

Oxford [aksfərd] [地] オックスフォード (イギリスの都市)

oxygen [aksidʒən] [名] 酸素

oyster [ɔistər] [名] カキ

P

pace [peis] [名] 一歩, 歩く速度, ペース

pacific [pəsifik] [形] 平和な, 穏やかな

pack [pæk] [名] 包み, 背嚢 [動] 荷物をまとめる

package [pækidʒ] [名] 包み, 包装 [形] 一括の

packed [pækt] [形] 満員の, 固く圧縮された

pad [pæd] [名] 下敷き, パッド [動] 詰める

paddle [pædl] [名] 櫂

page [peidʒ] [名] ページ [動] ページをつける

paid [peid] [形] 有給の, 雇用された, 支給された

paid [peid] [動] pay (支払う) の過去·過去分詞形

pail [peil] [名] 手桶, バケツ

pain [pein] [名] 痛み, 苦しみ [動] 苦しめる

painful [peinfl] [形] 痛い, 辛い, 厳しい

paint [peint] [名] ペンキ [動] ペンキを塗る

painter [peintər] [名] ペイントボール, 画家

painting [peintiŋ] [名] 絵, 彩色

pair [peər] [名] 一組 [動] 対を成す

Pakistan [pakistan] [地] パキスタン (西アジア諸国)

pal [pæl] [名] サークル, 仲良し

palace [pæləs] [名] 宮殿, 王宮

pale [peil] [形] 青白い [動] 青白くなる

palm [pa:m] [名] 手のひら

pamphlet [pæmflət] [名] パンフレット, 小冊子

pan [pæn] [名] 平たい鍋

Panama [pænəma] [地] パナマ (中南米諸国)

pane [pein] [名] 窓ガラス

panel [pænl] [名] 羽目板, パネル, 討論者団

pang [pæŋ] [名] 激痛, 苦痛

panic [pænik] [名] 恐れ [形] 当惑される

panorama [pænəræmə] [名] 全景, パノラマ

pansy [pænzi] [名] パンジー (植物)

pantry [pæntri] [名] 食料貯蔵室

papa [papə] [名] パパ

paper [peipər] [名] 紙, 壁紙, 新聞

parade [pəreid] [名] 閲兵, 行列 [動] 閲兵する

paradise [pærədais] [名] 天国, 楽園

paradox [pærədaks] [名] 逆説

paragraph [pærəgræf] [名] 節, 段落 [動] 節に分ける

Paraguay [pærəgwai] [地] パラグアイ (南米諸国)

parallel [pærəlel] [形] 平行の [名] 平行線

paralysis [pərælәsәs] [名] 麻痺

paralyze [pærəlaiz] [動] 麻痺させる, 麻痺する

paraphrase [pærəfreiz] [名] パラフレーズ, 換言すること

parasol [pærəsɔ:l] [名] 傘, パラソル

parcel [pa:rsəl] [名] パッケージ, 小包

pardon [pa:rdn] [動] 許す [名] 許し

parent [peərənt] [名] 片親

parents [peərənts] [名] 親

Paris [pærəs] [地] パリ (フランスの首都)

parish [peəriʃ] [名] 小教区

park [pa:rk] [名] 公園 [動] 駐車する

parliament [pa:rləmənt] [名] 議会, 国会

parlor [pa:rlər] [名] 客室, 居間

parrot [peərət] [名] オウム (鳥)

parson [pa:rsn] [名] 教区牧師

part [pa:rt] [名] 一部, 部品 [動] 分ける

partake [pa:rteik] [動] 参与する, 食事を一緒にする

partial [pa:rʃəl] [形] 部分的な, 不公平な

partially [pa:rʃəli] [副] 部分的に. 不公平に

participate [pa:rtisəpeit] [動] 参加する, 関与する

participial [pa:rtəsipiəl] [形] 分詞の

participle [pa:rtəsipəl] [名] 分詞 (文法)

particle [pa:rtikəl] [名] 微粒子, 極少量

particular [pə:rtikyələr] [形] 特別な, 特定の

particularly [pə:rtikyələrli] [副] 特に, 詳しく

partisan [pa:rtəzən] [名] 仲間

partly [pa:rtli] [副] 部分的に

partner [pa:rtnər] [名] パートナー, 配偶者, 相手

partnership [pa:rtnərʃip] [名] 共同経営, 協力

partridge [pa:rtridʒ] [名] ヤマウズラ (鳥)

party [pa:rti] [名] 会合, パーティー, 政党, 一行

pass [pæs] [動] 過ぎる [名] 通行, 通過, 合格

passage [pæsidʒ] [名] 通路, 通行, 通過, 経過

passenger [pæsəndʒər] [名] 乗客

passer-by [pæsər bai] [名] 通行人

passing [pæsiŋ] [形] 通行する, 通過する

passion [pæʃən] [名] 情熱, 熱愛

passionate [pæʃənət] [形] 情熱的な

passionately [pæʃənətli] [副] 熱心に, 熱烈に

passive [pæsiv] [形] 消極的な, 受動的な

passively [pæsivli] [副] 受動的に

passport [pæspɔ:rt] [名] 旅券, パスポート

past [pæst] [名] 過去 [形] 過去の

paste [peist] [名] 糊, 練り粉 [動] 糊で貼る

pastime [pæstaim] [名] 気分転換, 娯楽

past participle [pæst pa:rtəsipəl] [名] 過去分詞形 (文法)

past perfect [pæst pə:rfikt] [名] 過去完了(文法)

pastry [peistri] [名] ねり粉

past tense [pæst tens] [名] 過去時制 (文法)

pasture [pæstʃər] [名] 牧場, 牧草地 [動] 放牧する

pat [pæt] [名] 軽くたたくこと

patch [pætʃ] [名] 布切れ, 膏薬

patent [pætnt] [名] 特許 [形] 特許の

path [pæθ] [名] 道, 歩道, 行路

pathetic [pəθetik] [形] 気の毒な, 感動的な

pathway [pæθwei] [名] 通路

patience [peiʃəns] [名] 忍耐, こらえ性

patient [peiʃənt] [形] 忍耐強い [名] 患者

patriot [peitriət] [名] 愛国者

patriotic [peitriatik] [形] 愛国的な

patriotism [peitriətizm] [名] 愛国心

patron [peitrən] [名] 保護者, 後援者

pattern [pætərn] [名] 模範, 見本, 原型, 図案

Paul [pɔ:l] [人] パウロ (聖書の人物)

pause [pɔ:z] [名] 休止, 中断 [動] 中断する

pave [peiv] [動] (道路を) 舗装する

pavement [peivmənt] [名] 舗装道路

pavilion [pəvilyən] [名] 大テント, 展示館

paw [pɔ:] [名] (獣の) 足

pay [pei] [動] 支払う [名] 支払い, 給料

payment [peimənt] [名] 支払い, 支払い金額, 返済

pea [pi:] [名] エンドウ豆

peace [pi:s] [名] 平和, 安心, 平静

peaceful [pi:sfl] [形] 平和な, 穏やかな

peach [pi:tʃ] [名] 桃 (果物)

peacock [pi:kak] [名] クジャク (鳥)

peak [pi:k] [名] 絶頂, 頂上

peal [pi:l] [名] 響き [動] 響く

pear [peər] [名] 梨 (果物)

pearl [pə:rl] [名] 真珠

peasant [pezənt] [名] 農夫, 民

pebble [pebəl] [名] 小石, 砂利

peck [pek] [動] (くちばしで) つつく

peculiar [pikyu:lyər] [名] 変な, 独特な, 固有の

peculiarly [pikyu:lyərli] [副] 奇妙に, 珍しく

pedestrian [pədestriən] [名] 歩行者

peel [pi:l] [名] 皮 [動] 皮をむく

peep [pi:p] [名] のぞき [動] のぞく

peer [piər] [名] 同僚 [動] 匹敵する

peg [peg] [名] くさび, 杭 [動] 杭を打つ

Peking [pi:kiŋ] [地] Beijing, 北京 (中国の首都)

pen [pen] [名] ペン

penalty [penəlti] [名] 刑罰, 罰金

pence [pens] [名] penny の複数

pencil [pensəl] [名] 鉛筆

penetrate [penətreit] [動] 貫く, 浸透する

peninsula [pəninsələ] [名] 半島

penny [peni] [名] ペニー (1 セント硬貨)

pen pal [pen pæl] [名] ペンパル

pension [penʃən] [名] 年金

people [pi:pəl] [名] 人々, 国民

pepper [pepər] [名] コショウ

per [pə:r] [前] ~によって, ~ごとに

perceive [pə:rsi:v] [動] 知覚する, 感知する

percent [pə:rsent] [名] パーセント

percentage [pə:rsentidʒ] [名] パーセント, 比率

perch [pə:rtʃ] [名] (鳥の) 止まり木, 高い地位

perfect [pə:rfekt] [動] 完成する

perfect [pə:rfikt] [形] 完璧な, 完全な

perfection [pə:rfekʃən] [名] 完璧, 完全

perfectly [pə:rfiktli] [副] 完全に
perform [pərfɔ:rm] [動] 実行する, 公演する, 演奏する
performance [pərfɔ:rməns] [名] 実行, 公演, 演奏
perfume [pərfyu:m] [名] 香水
perhaps [pərhæps] [副] おそらく
peril [peərəl] [名] 危険, 危害, 危難
perilous [peərələs] [形] 危険な
perilously [peərələsli] [副] 危険に
period [piəriəd] [名] 期間, 時代, 終止符
perish [peəriʃ] [動] 滅びる, 死ぬ
permanent [pə:rmənənt] [形] 永久の, 不変の
permanently [pə:rmənəntli] [副] 永久的に
permission [pə:rmiʃən] [名] 許可
permit [pə:rmit] [名] 認可, 許可, 許可証
permit [pə:rmit] [動] 許す, 許可する
perpetual [pə:rpetʃuəl] [形] 永久の, 永続する, 途切れない
perplex [pə:rpleks] [動] 当惑させる
persecute [pə:rsikyu:t] [動] 迫害する, 虐待する
perseverance [pə:rsəviərəncе] [名] 忍耐, こらえ性
Persian [pə:rʒən] [名] ペルシャ人 [形] ペルシャの
persist [pə:rsist] [動] 固執 (主張, 持続) する
persistent [pə:rsistənt] [形] 固執する, 不屈の, 持続する
person [pə:rsən] [名] 人, 人物
personal [pə:rsənəl] [形] 個人の, 個人的な, 私的な
personality [pə:rsənæləti] [名] 個性, 性格, 人格
personally [pə:rsənəli] [副] 自ら, 個人的には
persuade [pə:rsweid] [動] 説得する
Peru [pəru:] [地] ペルー (南米諸国)
pet [pet] [名] ペット [動] かわいがる
Peter [pi:tər] [人] ペテロ (聖書の人物)
petition [pətiʃən] [名] 請願, 嘆願 [動] 請願する
petrol [petrəl] [名] ガソリン
petty [peti] [形] つまらない, 偏狭な
phase [feiz] [名] 段階, 局面, 面
phenomenon [finamənan] [名] 現象
Philadelphia [filədelfiə] [地] フィラデルフィア(米国の都市)
Philippines [filəpi:nz] [地] フィリピン (東南アジア諸国)
philosopher [filasəfər] [名] 哲学者, 賢人
philosophic [filəsafik] [形] 哲学の, 理性的な
philosophical [filəsafikəl] [形] 哲学の, 理性的な
philosophy [filasəfi] [名] 哲学 (学問)
phone [foun] [名] 電話, 電話機 [動] 電話をかける
photo [foutou] [名] 写真
photograph [foutəgræf] [名] 写真
phrase [freiz] [名] 句 [動] 表現する
physical [fizikəl] [形] 肉体の, 物質の
physically [fizikəli] [副] 肉体的に, 物理的に
physician [fiziʃən] [名] 医師, 内科医
physics [fiziks] [名] 物理学 (学問)
pianist [piænist] [名] ピアニスト, ピアノ奏者
piano [piænou] [名] ピアノ(楽器)
Picasso [pikasou] [人] ピカソ (スペインの画家)
pick [pik] [動] 取る [名] 選択, つつく道具
pickle [pikəl] [名] 野菜を漬けた物, ピクルス [動] 漬ける
picnic [piknik] [名] ピクニック, 遠足
picture [piktʃər] [名] 絵, 写真, 映画 [動] 描く
picturesque [piktʃəresk] [形] 絵のような, 美しい
pie [pai] [名] パイ
piece [pi:s] [名] 切れ, 一部, 作品
pier [piər] [名] 埠頭, 橋脚
pierce [piərs] [動] 貫通する, 穴を開ける
pig [pig] [名] 豚 (動物)
pigeon [pidʒən] [名] 鳩 (鳥)
pile [pail] [名] 堆積, 山 [動] 積重ねる
pilgrim [pilgrəm] [名] 巡礼者
pill [pil] [名] 丸薬, 経口避妊薬
pillar [pilər] [名] 柱
pillow [pilou] [名] 枕
pilot [pailət] [名] 操縦士, パイロット [動] 操る
pin [pin] [名] ピン [動] ピンでさす
pinch [pintʃ] [名] つねること, 一つまみ [動] つねる
pine [pain] [名] 松 (植物) [動] 慕う
pineapple [painæpəl] [名] パイナップル (果物)
pink [piŋk] [名] 桜色, ピンク
pint [paint] [名] パイント (0.473 リットル)

pioneer [paiəniər] [名] 開拓者, 先駆者 [動] 切り開く
pious [paiəs] [形] 信心深い, 敬虔な
pipe [paip] [名] パイプ, 管, 管楽器
pirate [pairət] [名] 海賊, 盗作者, 剽窃者
pistol [pistl] [名] ピストル, 拳銃
pit [pit] [名] 穴 [動] 穴を掘る
pitch [pitʃ] [名] 投げること [動] 投げる
pitcher [pitʃər] [名] 投手, 水差し
pity [piti] [名] 同情 [動] 気の毒に思う
placard [plækə:rd] [名] プラカード, 看板, 張り紙
place [pleis] [名] 場所, 地位 [動] 置く
plague [pleig] [名] 伝染病 [動] 苦しめる
plain [plein] [形] 明らかな, 平坦な [名] 平地
plainly [pleinli] [副] 明らかに, 地味に
plan [plæn] [名] 計画, 設計図 [動] 計画する
plane [plein] [名] 平面, 飛行機, 水準 (知識)
planet [plænət] [名] 惑星
plank [plæŋk] [名] 板 [動] 板を当てる
plankton [plæŋktən] [名] プランクトン
plant [plænt] [名] 植物, 工場, 設備 [動] 植える
plantation [plænteiʃən] [名] 栽培地, 農園
plaster [plæstər] [名] しっくい [動] しっくいを塗る
plate [pleit] [名] 皿, 銀食器, 金属板, 義歯
plateau [plætou] [名] 高原
platform [plætfɔ:rm] [名] 壇, プラットフォーム
Plato [pleitou] [人] プラトン (ギリシャの哲学者)
plausible [plɔ:zəbl] [形] もっともらしい
play [plei] [動] 遊ぶ, 演奏する [名] 遊び
player [pleiər] [名] 選手, 音楽家, 演技者
playground [pleigraund] [名] 運動場
playmate [pleimeit] [名] 遊び友達
plead [pli:d] [動] 弁護する, 嘆願する
pleasant [pleznt] [形] 楽しい, 愉快な, 優しい
pleasantly [plezntli] [副] 楽しく, 優しく
please [pli:z] [動] 喜ばせる, どうぞ
pleased [pli:zd] [形] 喜ぶ, 満足した
pleasing [pli:ziŋ] [形] 楽しい, 好感がもてる
pleasure [pleʒər] [名] 喜び, 満足

pledge [pledʒ] [名] 誓約, 保証 [動] 誓う
plentiful [plentifl] [形] 豊富な
plenty [plenti] [名] 沢山, 豊富
plight [plait] [名] 苦境, 窮地
plot [plat] [名] 陰謀, あらすじ
plow [plau] [名] すき, 耕作 [動] すきで耕す
pluck [plʌk] [名] 勇気 [動] 取る, 引っ張る
plum [plʌm] [名] スモモ, プラム (果物)
plume [plu:m] [名] 羽 [動] 羽で飾る
plump [plʌmp] [形] 膨らんだ, 豊満な [動] 膨らむ
plunder [plʌndər] [名] 略奪 [動] 奪う
plunge [plʌndʒ] [名] 飛び込み, 急落 [動] 飛び込む
plural [pluərəl] [形] 複数の [名] 複数
plus [plʌs] [前] ~を加えて [形] プラスの
ply [plai] [名] しわ [動] 熱心に働く
p.m. [pi: em] [名] 午後
pocket [pakət] [名] ポケット [動] ポケットに入れる
poem [pouəm] [名] 詩
poet [pouət] [名] 詩人
poetry [pouətri] [名] 詩, 詩集
point [pɔint] [名] 尖った先端, 点, スコア, 要点
pointed [pɔintəd] [形] 先の尖った
pointer [pɔintər] [名] 指示する人, 指示棒
poise [pɔiz] [動] 均衡が取れるようにする [名] 均衡
poison [pɔizn] [名] 毒, 弊害 [動] 毒殺する
poke [pouk] [名] 突くこと [動] 突く
Poland [pouland] [地] ポーランド (東ヨーロッパ諸国)
polar [poulər] [形] 極地の
pole [poul] [名] 極, 極地
police [pəli:s] [名] 警察
policeman [pəli:smən] [名] 警察官
policy [paləsi] [名] 政策, 方針, 保険証券
polish [paliʃ] [名] 光沢 [動] 磨く, 推敲する
polite [pəlait] [形] 丁寧な, 洗練された, 優雅な
politely [pəlaitli] [副] 丁寧に, 優雅に
politeness [pəlaitnəs] [名] 丁寧, 礼儀正しさ
political [pəlitikəl] [形] 政治の, 政治的な
politician [palətiʃən] [名] 政治家

politics [palətiks] [名] 政治, 政治学 (学問), 策略
poll [poul] [名] 投票 [動] 投票する
pollution [pəlu:ʃən] [名] 汚染, 公害
pomp [pamp] [名] 華麗, 壮観
pond [pand] [名] 池, 沼
pony [pouni] [名] ポニー (動物), 小形の馬
pool [pu:l] [名] 水たまり, プール, 共同計算
poor [puər] [形] 貧しい, みすぼらしい, かわいそうな
poorly [puərli] [副] 貧しく, 貧弱に, 下手に
pop [pap] [名] 大衆音楽 [動] いきなり現れる
pope [poup] [名] ローマ教皇
popular [papyələr] [形] 人気のある, 大衆の
popularity [papyəlærəti] [名] 人気, 大衆性, 流行
population [papyəleiʃən] [名] 人口
porch [pɔ:rtʃ] [名] 玄関
pork [pɔ:rk] [名] 豚肉
porridge [pɔ:ridʒ] [名] 粥
port [pɔ:rt] [名] 港
portable [pɔ:rtəbl] [形] 携帯用の [名] 携帯用機器
porter [pɔ:rtər] [名] 運搬人
portion [pɔ:rʃən] [名] 一部, 分け前 [動] 分ける, 分配する
portrait [pɔ:rtrət] [名] 肖像画
Portugal [pɔ:rtʃəgəl] [地] ポルトガル (西ヨーロッパ諸国)
pose [pouz] [名] 姿勢 [動] 姿勢をとる
position [pəziʃən] [名] 位置, 場所, 地位, 立場
positive [pazətiv] [形] 肯定的な, 断定的な
possess [pəzes] [動] 所有する, 持つ
possession [pəzeʃən] [名] 所有, 所有物
possessive [pəzesiv] [名] 所有格 (文法) [形] 所有の
possibility [pasəbiləti] [名] 可能性
possible [pasəbl] [形] 可能な [名] 可能なこと
possibly [pasəbli] [副] 多分, できる限り
post [poust] [名] 柱, 地位, 郵便
post card [poust ka:rd] [名] 郵便はがき
postage [poustidʒ] [名] 郵便料金
postage stamp [poustidʒ stæmp] [名] 切手
postal [poustl] [形] 郵便の
postal code [poustl koud] [名] 郵便番号
posterity [pasteərəti] [名] 子孫, 後世
postman [poustmən] [名] 郵便配達人
post office [poust ɔ:fəs] [名] 郵便局
postpone [poustpoun] [動] 延期する
pot [pat] [名] 小さな甕, 壺
potato [pəteitou] [名] ジャガイモ
potential [pətenʃəl] [形] 潜在的な [名] 潜在力
poultry [poultri] [名] 家禽, 食用飼育鳥類
pound [paund] [名] ポンド(453.6g), イギリスの通貨単位
pour [pɔ:r] [動] 注ぐ, こぼす, 降り注ぐ, 流れる
poverty [pavərti] [名] 窮乏, 貧困
powder [paudər] [名] 粉, 粉末 [動] 製粉する
power [pauər] [名] 力, 能力, 電力, 権力
powerful [pauərfl] [形] 強い, 強力な
practical [præktikəl] [形] 実際の, 実際的な, 実用的な
practically [præktikəli] [副] 実際に, 事実上
practice [præktəs] [動] 実行する [名] 実行, 業務
prairie [preəri] [名] 大草原
praise [preiz] [動] 褒める [名] 賞賛, 崇拝
pray [prei] [動] 祈る, 祈願する
prayer [preər] [名] 祈り
prayer [preiər] [名] 祈る人, 嘆願者
preach [pri:tʃ] [名] 説教 [動] 説教する
preacher [pri:tʃər] [名] 説教者, 牧師
precaution [prikɔ:ʃən] [名] 注意, 警戒, 予防策
precede [prisi:d] [動] 先行する, 先立つ
precious [preʃəs] [形] 高価な, 貴重な
preciously [preʃəsli] [副] (値段が) 高く
precise [prisais] [形] 精密な, 正確な
precisely [prisaisli] [副] 精密に, 間違いなく
predicate [predəkeit] [動] 断言する, 断定する
predicate [predikət] [名] 述部, 述語 (文法)
predict [pridikt] [動] 予言する, 予報する
preface [prefəs] [名] 序文, 巻頭言 [動] 序文を書く
prefecture [pri:fektʃər] [名] 県
prefer [prifə:r] [動] ~の方を好む
preference [prefərəns] [名] ひいき, 選り好み
prefix [pri:fiks] [名] 接頭辞 (文法)

prejudice [**predʒədəs**] [名] 偏見, 先入観

pre**li**minary [prili**mə**neri] [形] 予備の [名] 準備, 予備行為

pre**mier** [pri**miər**] [名] 首相, 総理大臣 [形] 最初の

prepa**ra**tion [prepə**rei**ʃən] [名] 準備

pre**pare** [pri**peər**] [動] 準備する, 備える

pre**pared** [pri**peərd**] [形] 準備されている, 覚悟している

prepo**si**tion [prepə**zi**ʃən] [名] 前置詞 (文法)

pre**scribe** [pri**skraib**] [動] 規定する, 指示する, 処方する

presence [**prezns**] [名] 存在, 出席

present [**preznt**] [名] 贈り物 [形] 今の, 贈り物

pre**sent** [pri**zent**] [動] 贈る, 贈呈(提出, 紹介)する

presently [**prezntli**] [副] すぐに, 今

pre**serve** [pri**zə:rv**] [動] 保存する [名] びん (かん) 詰

pre**side** [pri**zaid**] [動] 司会を務める, 管掌する

president [**prezədənt**] [名] 大統領, 社長, 総長

presi**den**tial [prezə**den**ʃəl] [形] 大統領の

press [pres] [動] 押す [名] 押し, 報道機関

pressing [**presiŋ**] [形] 緊急な, 切迫した

pressure [**preʃər**] [名] 圧力, 圧縮 [動] 圧力を加える

pre**sume** [pri**zu:m**] [動] 推定する, 仮定する

pre**tend** [pri**tend**] [動] ふりをする, だます

pre**tense** [pri**tens**] [名] 見せかけ, 偽装, 口実, 虚勢

pretty [**priti**] [形] きれいな, 素敵な [副] かなり

pre**vail** [pri**veil**] [動] 優勢である, 広く普及する

pre**vai**ling [pri**veiliŋ**] [形] 優勢な, 広く普及している

prevalent [**prevələnt**] [形] 普及した, 広く行われている

pre**vent** [pri**vent**] [動] 防ぐ, 予防する

pre**ven**tion [pri**ven**ʃən] [名] 防止, 予防

previous [**pri:viəs**] [形] 前の, 以前の

previously [**pri:viəsli**] [副] 前には, 事前に

prey [prei] [名] 餌 [動] 捕って食う

price [prais] [名] 価格, 値段, 対価 [動] 値段をつける

prick [prik] [名] 刺すこと, 鋭い痛み [動] 刺す

pride [praid] [名] 誇り, 自尊心

priest [pri:st] [名] 聖職者, 牧師

primary [**praimeəri**] [形] 第一位の, 最初の 初等の

prime [praim] [形] 最重要な [名] 全盛期, 最初

prime **mi**nister [praim **mi**nəstər] [名] 国務総理, 首相

primitive [**primətiv**] [形] 原始の, 原始的な, 野蛮の

prince [prins] [名] 王子

princess [**prinses**] [名] 姫

principal [**prinsəpəl**] [名] 校長, 元金 [形] 主要な

principle [**prinsəpəl**] [名] 原理, 原則

print [print] [動] 印刷する [名] 印刷

printer [**printər**] [名] プリンター, 印刷機, 印刷屋

printing [**printiŋ**] [名] 印刷, 印刷術

prior [**praiər**] [形] 前の [副] 〜より前に

prison [**prizn**] [名] 監獄, 刑務所

prisoner [**priznər**] [名] 囚人, 捕虜

private [**praivət**] [形] 私的な, 個人的な [名] 兵士

privilege [**privəlidʒ**] [名] 特権, 特典

prize [praiz] [名] 商品, 景品

proba**bi**lity [prabə**bi**ləti] [名] 見込み, 確率

probable [**prabəbl**] [形] ありそうな

probably [**prabəbli**] [副] おそらく

problem [**prabləm**] [名] 問題 [形] 問題の

pro**ce**dure [prə**si:dʒər**] [名] 順序, 手続き

pro**ceed** [prou**si:d**] [動] 進む, 続く

pro**cee**dings [prou**si:diŋz**] [名] 議事録, 訴訟手続き

process [**prases**] [名] 進行, 過程 [動] 処理する

pro**ce**ssion [prə**se**ʃən] [名] 行進, 行列

pro**claim** [prə**kleim**] [動] 宣言する, 公布する

pro**cure** [prə**kyuər**] [動] 獲得する, 調達する

pro**cure**ment [prə**kyuər**mənt] [名] 取得, 調達, 達成

pro**duce** [prə**dyu:s**] [動] 産出 (生産, 製作) する

pro**du**cer [prə**dyu:sər**] [名] 生産者, 製作者

product [**pradəkt**] [名] 産物, 生産品

pro**duc**tion [prə**dʌk**ʃən] [名] 生産, 生産量, 作品

pro**duc**tive [prə**dʌk**tiv] [形] 生産的な, 肥沃な

pro**fess** [prə**fes**] [動] 公言する, 宣言する

pro**fe**ssion [prə**fe**ʃən] [名] 職業, 公言

pro**fe**ssional [prə**fe**ʃənəl] [形] 職業の, 専門の [名] 専門家

pro**fe**ssionally [prə**fe**ʃənəli] [副] 専門的に, 職業上

pro**fe**ssor [prə**fe**sər] [名] 教授

profit [**prafət**] [名] 利益 [動] 〜の利益になる

profitable [prafətəbl] [形] 有利な, 利益が多い
profound [prəfaund] [形] 深い, 深奥な [名] 深淵
profoundly [prəfaundli] [副] 深く, 切に
program [prougræm] [名] プログラム [動] 計画する
progress [pragres] [名] 前進, 進歩
progress [prəgres] [動] 前進する, 進歩する
progressive [prəgresiv] [形] 前進する, 進歩的な
progressively [prəgresivli] [副] 進歩的に
prohibit [prouhibət] [動] 禁止する
prohibition [prouəbiʃən] [名] 禁止
project [prədʒekt] [動] 考案する, 投射する
project [pradʒekt] [名] 計画, 計画事業
prolong [prəlɔ:ŋ] [動] 延長する, 延期する
prominent [pramənənt] [形] 顕著な, 著名な
promise [praməs] [動] 約束する [名] 約束, 有望性
promising [pramәsiŋ] [形] 有望な
promote [prəmout] [動] 促進させる, 昇進させる
promotion [prəmouʃən] [名] 促進, 昇進, 進級
prompt [prampt] [形] 迅速な [動] 刺激する
promptly [pramptli] [副] 速やかに, その場で
pronoun [prounaun] [名] 代名詞 (文法)
pronounce [prənauns] [動] 発音する, 宣言する
pronounced [prənaunst] [形] はっきりした, 顕著な
pronouncement [prənaunsmənt] [名] 公告, 宣言, 判決
pronunciation [prənənsieiʃən] [名] 発音
proof [pru:f] [名] 証明, 証拠
propaganda [prapəgændə] [名] 宣伝
propeller [prəpelər] [名] プロペラ, 推進機
proper [prapər] [形] 適当な, 正しい, 固有の
properly [praparli] [副] 当然, まっすぐに, 適当に
property [prapəti] [名] 財産, 所有物, 所有権
prophecy [prafəsi] [名] 予言
prophet [prafət] [名] 予言者
proportion [prəpɔ:rʃən] [名] 比率, 均衡, 分け前
proposal [prəpouzəl] [名] 提案, 求婚, プロポーズ
propose [prəpouz] [動] 提案する, 求婚する
proposition [prapəziʃən] [名] 提案, 陳述
proprietor [prəpraiətər] [名] 所有者, 経営者
prose [prouz] [名] 散文 [形] 散文の
prospect [praspekt] [名] 展望, 可能性 [動] 踏査する
prosper [praspər] [動] 繁栄する
prosperity [praspeərəti] [名] 繁栄
prosperous [praspərəs] [形] 繁栄する, 富裕な
prosperously [praspərəsli] [副] 繁栄して, 順調に
protect [prətekt] [動] 保護する, 防ぐ
protection [prətekʃən] [名] 保護, 後援
protector [prətektər] [名] 保護者, 保護装置
protein [prouti:n] [名] 蛋白質
protest [proutest] [動] 抗議する
protest [proutest] [名] 抗議
Protestant [pratəstənt] [形] プロテスタントの, 新教の
proud [praud] [形] 自慢にする, 高慢な
proudly [praudli] [副] 誇らしげに, 得意気に
prove [pru:v] [動] 証明する, 立証する
proved [pru:vd] [動] prove (証明する) の過去形
proven [pru:vən] [動] prove (証明する) の過去分詞形
proverb [pravə:rb] [名] ことわざ, 格言
provide [prəvaid] [動] 与える, 供給する, 規定する
providence [pravədəns] [名] 摂理, 先見の明
province [pravəns] [名] 地方, 州, 省
provision [prəviʒən] [名] 予備, 準備, 供給, 条項
provoke [prəvouk] [動] 挑発する, 扇動する
prudent [pru:dənt] [形] 分別のある, 慎重な
prune [pru:n] [名] 干したプラム [動] 刈込む
psalm [sa:m] [名] 賛美歌, 詩篇
psychology [saikalədʒi] [名] 心理学 (学問), 心理
pubic [pyu:bik] [形] 陰部の
public [pʌblik] [名] 大衆 [形] 公共の, 公開の
publication [pəbləkeiʃən] [名] 発表, 出版
publicity [pəblisəti] [名] 周知, 公表, 宣伝
publish [pʌbliʃ] [動] 発表 (公表, 出版) する
publisher [pʌbliʃər] [名] 出版者, 発行者
pudding [pudiŋ] [名] プリン (食品)
puff [pʌf] [名] ぷっと吹くこと [動] ぷっと吹く
pug [pʌg] [名] パグ (犬)

pull [pul] [動] 引く, 破る [名] 引くこと

pulp [pʌlp] [名] パルプ (製紙)

pulse [pʌls] [名] 脈拍, 鼓動 [動] 脈打つ

pump [pʌmp] [名] ポンプ, 揚水器

pumpkin [pʌmpkən] [名] カボチャ

punch [pʌntʃ] [名] 穴を開ける器具 [動] 穴を開ける

punctual [pʌŋktʃuəl] [形] 時間(期限)を厳守する

punish [pʌniʃ] [動] 罰する, 戒める

punishment [pʌniʃmənt] [名] 罰, 刑罰

pupil [pyu:pəl] [名] 生徒, 学生

puppy [pʌpi] [名] 子犬

purchase [pə:rtʃəs] [名] 購入, 購入品 [動] 買う

pure [pyuər] [形] 純粋な, 純潔な

purely [pyuərli] [副] 純粋に, 清らかに

purge [pə:rdʒ] [名] 浄化, 追放 [動] 浄化する

puritan [pyuərətən] [名] 清教徒, ピューリタン

purple [pə:rpəl] [形] 紫の [名] 紫色, 紫

purpose [pə:rpəs] [名] 目的, 意図 [動] 意図する

purposely [pə:rpəsli] [副] 故意に, わざと

purse [pə:rs] [名] 財布, ハンドバッグ

pursue [pərsu:] [動] 後を追う, 追求する

pursuit [pərsu:t] [名] 追跡, 追求

Pusan [pu:san] [地] 釜山 (韓国の都市)

push [puʃ] [動] 押す [名] 押すこと, 圧迫

pussy [pusi] [名] 小猫ちゃん

put [put] [動] 置く, 向ける

puzzle [pʌzəl] [名] 謎 [動] 当惑させる

pyramid [pirəmid] [名] ピラミッド, 金字塔

Q

Qatar [katər] [地] カタール (中東諸国)

quaint [kweint] [形] 奇妙な, 珍しい

Quaker [kweikər] [名] クエーカー教 (イギリス)

qualify [kwaləfai] [動] 資格を与える

quality [kwaləti] [名] 質, 品質, 性質, 特色

quantity [kwantəti] [名] 量, 数量, 多量

quarrel [kwɔːrəl] [名] 戦い, 口論

quarter [kwɔːrtər] [名] 四分の一

quarterly [kwɔːrtərli] [形] 年四回の [副] 季節ごとに [名] 季刊誌

quartz [kwɔːrts] [名] 石英, 水晶

queen [kwiːn] [名] 女王

queer [kwiər] [形] 変な, 怪しい, 気持ちが悪い

queerly [kwiərli] [副] 珍しく, 奇妙に

quench [kwentʃ] [動] 火を消す, 渇きを癒す

quest [kwest] [名] 探索, 探究

question [kwestʃən] [名] 質問, 問題

quick [kwik] [形] 速い, 即刻的な, 賢い

quicken [kwikən] [動] 早める, 早くなる

quickly [kwikli] [副] 迅速に

quiet [kwaiət] [形] 静かな, 穏やかな

quietly [kwaiətli] [副] 静かに, ひっそりと

quit [kwit] [動] やめる, 去る

quite [kwait] [副] 完全に, 非常に

quiver [kwivər] [名] 震え, 振動 [動] 震える

quiz [kwiz] [名] クイズ, 簡単なテスト

quotation [kwouteiʃən] [名] 引用, 引用句

quote [kwout] [動] 引用する, 見積る

R

rabbit [ræbət] [名] 飼いウサギ (動物)
race [reis] [名] 競走, 人種 [動] 競走する
rack [ræk] [名] 棚, 帽子掛け [動] 棚にかける
racket [rækət] [名] ラケット, 騒ぎ
radar [reida:r] [名] レーダー, 電波探知機
radiant [reidiənt] [形] 光る, 明るい
radical [rædikəl] [形] 過激な, 根本的な [名] 過激派
radically [rædikəli] [副] 根本的に, 急進的に
radio [reidiou] [名] ラジオ, 無線通信
radium [reidiəm] [名] ラジウム
rag [ræg] [名] ぼろきれ
rage [reidʒ] [名] 激怒 [動] 激怒する
ragged [rægəd] [形] ぼろの, 荒い
rail [reil] [名] 手すり, レール, 線路
railroad [reilroud] [名] 鉄道, 線路
railroad station [reilroud steiʃən] [名] 鉄道駅
railway [reilwei] [名] 鉄道
rain [rein] [名] 雨 [動] 雨が降る
rainbow [reinbou] [名] 虹
raincoat [reinkout] [名] 雨着
raindrop [reindrap] [名] 雨粒
rainfall [reinfɔ:l] [名] 降雨, 降雨量
rainy [reini] [形] 雨の, 雨天の
raise [reiz] [動] 上げる, 募金する [名] 昇給
rake [reik] [名] 熊手
rally [ræli] [名] 集会 [動] 糾合する, 集まる
ram [ræm] [名] 雄ヒツジ (動物) [動] 激突する
ran [ræn] [動] run (走る) の過去形
random [rændəm] [形] 無作為の, 手当たり次第の
rang [ræŋ] [動] ring (鐘が鳴る) の過去形
range [reindʒ] [名] 列, 山脈, 範囲 [動] 配置する
rank [ræŋk] [名] 列, 地位 [動] 整列させる
ransom [rænsəm] [名] 身代金, 賠償金
rap [ræp] [名] こつんとたたくこと [動] こつんとたたく
rapid [ræpəd] [形] 迅速な [名] 急流, 高速列車
rapidly [ræpədli] [副] 迅速に
rapture [ræptʃər] [名] 歓喜, 大喜び
rare [reər] [形] 珍しい, 珍奇な, 生煮えの
rarely [reərli] [副] まれに
rascal [ræskəl] [名] 悪党, 不良
rash [ræʃ] [形] 向う見ずの [名] 発疹
rat [ræt] [名] ネズミ (動物)
rate [reit] [名] 率, 比率, 速度, 料金
rather [ræðər] [副] むしろ
ratio [reiʃou] [名] 率, 比率
rational [ræʃənəl] [形] 理性的な
rattle [rætl] [名] ガタガタする音
raw [rɔ:] [形] 生の, 加工していない
ray [rei] [名] 光線, 光
razor [reizər] [名] 剃刀, 電気かみそり
reach [ri:tʃ] [動] 到着する, 着く
react [ri:ækt] [動] 反応する, 反対する
reaction [ri:ækʃən] [名] 反応, 反作用
read [ri:d] [動] 読む
reader [ri:dər] [名] 読者
readily [redəli] [副] 喜んで, 簡単に
readiness [redinəs] [名] 準備性, 迅速
reading [ri:diŋ] [名] 読書
ready [redi] [形] 準備ができた [動] 準備する
readymade [redimeid] [名] 既製品 [形] 既製品の
real [ri:l] [形] 真実の, 本物の, 現実の
reality [ri:æləti] [名] 現実, 事実
realization [ri:ələzeiʃən] [名] 実現, 現実化
realize [ri:əlaiz] [動] 実現する, 現実化する
really [ri:li] [副] 全く, 本当に
realm [relm] [名] 王国, 分野
reap [ri:p] [動] 収穫する
rear [riər] [名] 後, 背後, 尻 [動] 飼う
reason [ri:zn] [名] 理由, 理性 [動] 推論する
reasonable [ri:znəbl] [形] 合理的な, 適当な
rebel [rebəl] [名] 反逆者 [形] 謀反する
rebel [ribel] [動] 反抗する
rebellion [ribelyən] [名] 反乱, 反抗
rebuke [ribyu:k] [名] 非難, 叱責 [動] 叱る

recall [rikɔ:l] [名] 召喚, 回想 [動] 思い出す
receipt [risi:t] [名] 受領, 領収証
receive [risi:v] [動] 受ける, 受理する
receiver [risi:vər] [名] 受領人, 受信機, 受話器
recent [ri:snt] [形] 最近の
recently [ri:sntli] [副] 最近
reception [risepʃən] [名] 収容, 応接, レセプション (披露宴)
recess [ri:ses] [名] 休み, 休息
recipe [resəpi:] [名] 調理法, 処方, 秘訣
recital [risaitl] [名] 独奏会, 演奏会, 暗誦
recite [risait] [動] 暗誦する
reckless [rekləs] [形] 無謀な, 性急な
recklessly [rekləsli] [副] 分別なく
reckon [rekən] [動] 見なす, 計算する
recognition [rekəgniʃən] [名] 認識, 承認, 面識
recognize [rekəgnaiz] [動] 見分ける, 認める, 挨拶する
recollect [rekəlekt] [動] 回想する
recollection [rekəlekʃən] [名] 回想
recommend [rekəmend] [動] 推薦する
recommendation [rekəməndeiʃən] [名] 推薦, 推薦状
recompense [rekəmpens] [名] 報い, 報償 [動] 報いる
reconcile [rekənsail] [動] 和解させる, 調和させる
reconciliation [rekənsilieiʃən] [名] 和解, 調和
reconstruct [ri:kənstrʌkt] [動] 再建する, 改造する
reconstruction [ri:kənstrʌkʃən] [名] 再建, 改造
record [rekərd] [名] 記録, レコード (音盤)
record [rikɔ:rd] [動] 記録 (登録, 録音, 録画) する
recorder [rikɔ:rdər] [名] 記録者, 録音機
record player [rekərd pleiər] [名] レコードプレーヤー, 蓄音機
recover [rikʌvər] [動] 取り戻す, 回復する, 復旧される
re-cover [ri:kʌvər] [動] 再び覆う
recovery [rikʌvəri] [名] 回復, 復旧
recreation [rekrieiʃən] [名] 気分転換, 娯楽, 休養
recruit [rikru:t] [動] 新会員(新入社員)を募集する
red [red] [形] 赤い, 赤色の [名] 赤, 赤字
Red Cross [red krɔ:s] [名] 赤十字
redeem [ridi:m] [動] 買い戻す, 回復する, 償還する
reduce [ridyu:s] [動] 減らす, 縮小する, 下げる
reduction [ridʌkʃən] [名] 減少, 縮小, 節減
reed [ri:d] [名] アシ (植物) , (楽器の) 舌
reel [ri:l] [名] 糸巻, リール [動] 糸車に巻く
refer [rifə:r] [動] 参照する, ~のせいにする
reference [refərəns] [名] 参照, 照会, 身元照会先
refine [rifain] [動] 精製する, 精錬する
refined [rifaind] [形] 精製した, 精錬された, 洗練された
refinement [rifainmənt] [名] 精製, 精錬, 洗練
reflect [riflekt] [動] 反射 (反映, 反省) する
reflection [riflekʃən] [名] 反射, 反映, 反省
re-form [ri:fɔ:rm] [動] 作り直す, 再編成する
reform [rifɔ:rm] [動] 改革 (改良, 改心) する
refrain [rifrein] [動] やめる, 慎む [名] 繰り返し, リフレイン
refresh [rifreʃ] [動] 清新にする, 元気づける
refreshments [rifreʃmənts] [名] 食べ物, 茶菓
refrigerator [rifridʒəreitər] [名] 冷蔵庫
refuge [refyu:dʒ] [名] 避難, 避難所
refusal [rifyu:zəl] [名] 拒絶, 拒否
refuse [rifyu:z] [動] 拒む, 断る
regain [rigein] [動] 取り戻す
regard [riga:rd] [名] 尊敬, 注目 [動] 尊敬する
regarding [riga:rdiŋ] [前] ~について
regardless [riga:rdləs] [形] 関係なく, 無関心な
regards [riga:rdz] [名] 伝言, 挨拶
regiment [redʒəmənt] [名] 連隊 (軍隊) [動] 統制する
region [ri:dʒən] [名] 地域, 地区
register [redʒəstər] [動] 登録する [名] 登録
regret [rigret] [動] 後悔する [名] 遺憾, 後悔
regular [regyələr] [形] 規則的な, 定期的な [名] 常連
regularly [regyələrli] [副] 規則正しく, 定期的に
regulate [regyəleit] [動] 規定 (統制, 調整) する
regulation [regyəleiʃən] [名] 規則, 統制, 調節
reign [rein] [名] 治世, 統治 [動] 君臨する
rein [rein] [名] 手綱, 統制手段
reject [ridʒekt] [動] 拒む
rejoice [ridʒɔis] [動] 喜ぶ
relate [rileit] [動] 関係させる, 関係する

re**lat**ed [rileitəd] [形] 関係のある, 血縁の

re**la**tion [rileiʃən] [名] 関係, 関連, 親族関係

re**la**tions [rileiʃənz] [名] 国際関係, 人間関係

re**la**tionship [rileiʃənʃip] [名] 親族関係, 縁故関係

re**la**tive [relətiv] [形] 比較上の, 相対的な [名] 親戚

re**la**tively [relətivli] [副] 比較的, 相対的に

re**lax** [rilæks] [動] 遅らせる, 緩める

re**laxed** [rilækst] [形] くつろいだ, 緊張を解いた

re**lease** [rili:s] [動] 解放する [名] 解放, 開封

re**li**able [rilaiəbl] [形] 頼もしい, 確実な

re**lic** [relik] [名] 遺跡, 遺物, 遺品, 救助物資

re**lief** [rili:f] [名] 軽減, 救援, 救助物資, 交替

re**lieve** [rili:v] [動] 軽減する, 安堵させる

re**li**gion [rilidʒən] [名] 宗教

re**li**gious [rilidʒəs] [形] 宗教の, 宗教的な

re**luc**tant [rilʌktənt] [形] 気の進まない

re**luc**tantly [rilʌktəntli] [副] 仕方なく

re**ly** [rilai] [動] 頼る, 信頼する

re**main** [rimein] [名] 残り, 生存者 [動] 残る

re**main**der [rimeindər] [名] 残り, 残余

re**mark** [rima:rk] [名] 注目, 注意 [動] 注目する

re**mar**kable [rima:rkəbl] [形] 注目すべき, 顕著な

re**mar**kably [rima:rkəbli] [副] 著しく

re**me**dy [remədi] [名] 治療, 矯正 [動] 治療する

re**mem**ber [rimembər] [動] 考え出す, 覚えている

re**mem**brance [rimembrəns] [名] 記憶, 回想, 記念

re**mind** [rimaind] [動] 思い出す

re**m**nant [remnənt] [名] 残り, 跡

re**morse** [rimɔ:rs] [名] 後悔, 良心の呵責

re**mote** [rimout] [形] 遠い, 遠いところの [副] 遠く離れて

remote con**trol** [rimout kəntroul] [名] リモコン, 遠隔制御装置

re**mo**val [rimu:vəl] [名] 移動, 除去

re**move** [rimu:v] [動] 移す, 取り除く

Renais**sance** [renəsans] [名] 文芸復興, ルネサンス

re**n**der [rendər] [動] ～にする, 報いる

re**new** [rinyu:] [動] 新しくする, 更新する

re**nown** [rinaun] [名] 名声

rent [rent] [動] 借りる, 賃貸する [名] 家賃

re**paid** [ri:peid] [動] repay (返済する) の過去・過去分詞形

re**pair** [ripeər] [名] 修理, 修繕 [動] 修理する

re**pay** [ri:pei] [動] 返済する, 報いる

re**peat** [ripi:t] [名] 繰り返し, 再放送 [動] 繰り返す

re**pea**ted [ripi:təd] [形] 繰り返された

re**pea**tedly [ripi:tədli] [副] 繰り返して

re**pent** [ripent] [動] 後悔する, 悔い改める

re**peti**tion [repətiʃən] [名] 繰り返し, 反復

re**place** [ripleis] [動] もとに戻す, 代わる

re**place**ment [ripleismənt] [名] 返し, 代替, 交換

re**ply** [riplai] [動] 答える [名] 答え

re**port** [ripɔ:rt] [名] 報告書 [動] 報告(申告)する

re**port** card [ripɔ:rt ka:rd] [名] 成績(生活) 通知書

re**por**ter [ripɔ:rtər] [名] 報告者, 報道記者

re**pose** [ripouz] [名] 休息, 睡眠 [動] 寝かせる, 休む

repre**sent** [reprizent] [動] 示す, 代表する

represen**ta**tion [reprizenteiʃən] [名] 表示, 描写, 記述, 代表

repre**sen**tative [reprizentətiv] [名] 代表者 [形] 代表的な

re**proach** [riproutʃ] [名] 非難 [動] 非難する

re**pu**blic [ripʌblik] [名] 共和国

re**pu**blican [ripʌblikən] [形] 共和主義の, 共和党の

repu**ta**tion [repyəteiʃən] [名] 評判, 名声

re**quest** [rikwest] [名] 要求, 要望 [動] 要請する

re**quire** [rikwaiər] [動] 要求する, 必要とする

re**quire**ment [rikwaiərmənt] [名] 要求, 必要な物, 資格

res**cue** [reskyu] [名] 救助 [動] 救助する

re**search** [risə:rtʃ] [動] 調べる, 研究する

re**search** [ri:sə:rtʃ] [名] 調査, 研究

re**sem**ble [rizembəl] [動] 似る

re**sent** [rizent] [動] 恨む, 憤慨する

re**sent**ment [rizentmənt] [名] 恨み, 憤慨

reser**va**tion [rezə:rveiʃən] [名] 予約, 留保された権利, 条件

re**serve** [rizə:rv] [名] 備蓄, 予備 [動] 備蓄する

re**side** [rizaid] [動] 住む, 居住する

re**si**dence [rezədəns] [名] 住居, 居住

re**si**dent [rezədənt] [名] 居住者 [形] 居住する, 固有の

reSign [rizain] [動] 辞任する, 諦める

reSist [rizist] [動] 抵抗する, 耐える

reSistance [rizistəns] [名] 抵抗, 反抗

reSolute [rezəlu:t] [形] 決然たる, 断固たる

resolution [rezəlu:ʃən] [名] 決意, 解決, 決定

reSolve [rizalv] [動] 解決する, 決意する, 溶解する

reSort [rizɔ:rt] [名] 保養地, 頼り [動] 頼る

reSource [ri:sɔ:rs] [名] 資源, 手段

reSpect [rispekt] [名] 尊敬, 関心

reSpectable [rispektəbl] [形] 尊敬すべき, 立派な

reSpective [rispektiv] [形] それぞれの

reSpond [rispand] [動] 応答する, 応じる

reSponse [rispans] [名] 応答, 反応

responsibility [rispansəbiləti] [名] 責任

reSponsible [rispansəbl] [形] 責任ある, 信頼できる

reSponsibly [rispansəbli] [副] 責任を持って

rest [rest] [名] 休憩, 残り

reStaurant [restrənt] [名] 飲食店, レストラン

reStless [restləs] [形] 落ち着かない, 安眠できない

restoRation [restəreiʃən] [名] 回復, 復旧

reStore [ristɔ:r] [動] 取り戻す, 復興する, 復旧する

reStrain [ristrein] [動] 抑制する, 制止する

reStraint [ristreint] [名] 抑制, 制止, 自制

reStrict [ristrik] [動] 制限する

reStriction [ristrikʃən] [名] 制限

reSult [rizʌlt] [名] 結果 [動] 結果として起きる

reSume [rezəmei] [名] 履歴書

reSume [rizu:m] [動] 再開する

reTail [ri:teil] [形] 小売の [動] 小売する

reTain [ritein] [動] 保有する, 維持する

reTire [ritaiər] [動] 引退する

reTort [ritɔ:rt] [名] 報復, 反発 [動] 報復(反発)する

reTreat [ritri:t] [名] 後退, 引退 [動] 後退(引退)する

reTurn [ritə:rn] [動] 戻っていく [名] 復帰, 返還

reVeal [rivi:l] [名] 啓示, 暴露 [動] 現す

reVenge [rivendʒ] [名] 復讐, 仕返し [動] 復讐する, 仕返しする

reVenue [revənyu:] [名] 収入, 歳入

reVerence [revərəns] [名] 崇拝, 尊敬

reVerend [revərənd] [形] 尊い, 聖なる

reVerse [rivə:rs] [形] 反対の [名] 逆 [動] 裏返す

reView [rivyu:] [動] 検討する [名] 検討, 復習

reVision [riviʒən] [名] 改訂, 改訂版

reVive [rivaiv] [動] 蘇生させる, 復活させる

reVolt [rivoult] [名] 反乱, 反抗 [動] 反抗する

reVolting [rivoultiŋ] [形] 反乱する, 反抗する

revolution [revəlu:ʃən] [名] 革命, 変革

revolutionary [revəlu:ʃəneri] [形] 革命的な [名] 革命家

reVolve [rivalv] [動] 回転する

reWard [riwɔ:rd] [動] 報いる [名] 報酬, 報い

reWrite [ri:rait] [動] 書き直す

reWritten [ri:ritn] [動] rewrite (書き直す) の過去分詞形

reWrote [ri:rout] [動] rewrite (書き直す) の過去形

Rhine [rain] [地] ライン川 (ドイツの川)

rhyme [raim] [名] 韻文 [動] 作詩する

rhythm [riðəm] [名] 律動, リズム

rib [rib] [名] 肋骨, あばら骨, カルビ

ribbon [ribən] [名] リボン, 帯

rice [rais] [名] 米

rich [ritʃ] [形] 金持ちの, 多くの

riches [ritʃəz] [名] 富, 財産

richly [ritʃli] [副] 豊富に

rid [rid] [動] 取り除く, 救助する

ridden [ridn] [動] ride (乗る) の過去分詞形

riddle [ridl] [名] 謎 [動] なぞを掛ける

ride [raid] [動] 乗る, 乗馬する [名] 乗車, 乗馬

rider [raidər] [名] 乗る人, 騎手

ridge [ridʒ] [名] 山の背, 分水線

ridiculous [ridikyələs] [形] おかしな, ばかげた

ridiculously [ridikyələsli] [副] ばかげて

rifle [raifəl] [名] 小銃

right [rait] [形] 正しい [名] 権利, 正しい状態, 右側

right angle [rait æŋgəl] [名] 直角

rightly [raitli] [副] 正確に, 正しく, 適当な

rigid [ridʒəd] [形] 固い, 厳しい

rim [rim] [名] 縁, へり

ring [riŋ] [名] 輪, 指輪, 電話の音 [動] 鐘が鳴る

riot [raiət] [名] 暴動 [動] 暴動を起こす

rip [rip] [動] 割る, 破る [名] 引裂き

ripe [raip] [形] 熟した, 機会が熟した

ripen [raipən] [動] 実る

ripple [ripəl] [名] 波紋 [動] 波紋を起こす

rise [raiz] [動] 立ち上がる, 上がる [名] 上昇

risen [rizn] [動] rise (立ち上がる) の過去分詞形

risk [risk] [名] 危険 [動] 脅かす

rival [raivəl] [名] ライバル [動] 競争する

river [rivər] [名] 江

road [roud] [名] 道, 道路, 通路

roam [roum] [動] ぶらつく, さまよう

roar [rɔːr] [名] 叫び声, 轟音 [動] 大きく叫ぶ

roast [roust] [動] 焼く, 煮る [名] 焼肉

rob [rab] [動] 奪う, 略奪する

robber [rabər] [名] 強盗

robbery [rabəri] [名] 強盗 (行為)

robe [roub] [名] 衣服, 長くてゆったりした外着

robin [rabən] [名] シマゴマ (鳥)

rock [rak] [名] 岩 [動] 揺り動かす

rocket [rakət] [名] ロケット

rocky [raki] [形] 岩石が多い, 岩のような

rod [rad] [名] 棒, 杖

rode [roud] [動] ride (乗る) の過去形

rogue [roug] [名] 悪漢, いたずらっ子 [動] だます

role [roul] [名] 配役, 役割

roll [roul] [動] 転がる [名] 巻き物, 回転

roller [roulər] [名] ローラー, 円筒状の棒

rolling [rouliŋ] [名] 転がり, 回転

Roman [roumən] [名] ローマ人 [形] ローマの

romance [roumæns] [名] 恋愛の話, ロマンス

romantic [roumæntik] [形] ロマンチックな, 恋愛小説的な

Rome [roum] [地] ローマ (イタリアの首都)

roof [ruːf] [名] 屋根

room [rum] [名] 部屋, 場所, 余地

root [ruːt] [名] 根, 源 [動] 根を下ろす

rope [roup] [名] ロープ, ひも [動] ロープで縛る

rose [rouz] [名] バラ (花) [動] rise (立ち上がる) の過去形

rosy [rouzi] [形] バラ色の

rotten [ratn] [形] 腐った, 腐敗した

rough [rʌf] [形] 荒い, 乱暴な, おおよその

roughly [rʌfli] [副] 荒く, 大まかに

round [raund] [形] 丸い [名] 円 [動] 丸くする

rouse [rauz] [動] 起こす, 目覚める [名] 覚醒

route [ruːt] [名] 道路, 道

routine [ruːtiːn] [名] 型にはまった仕事, 日課, 慣例

rove [rouv] [動] 迷う, うろつく

row [rou] [名] 列, 行 [動] ボートをこぐ

royal [rɔiəl] [形] 王の, 王族の [名] 王族

rub [rʌb] [動] 擦る [名] 摩擦

rubber [rʌbər] [名] ゴム, ゴム製品

rubber band [rəbʌr bænd] [名] ゴムバンド

rubbish [rʌbiʃ] [名] ごみ, 廃棄物, 無駄な仕事

rude [ruːd] [形] 無作法な, 荒々しい

ruffle [rʌfəl] [名] しわ, 波紋 [動] 波が立つ

rug [rʌg] [名] 敷物, じゅうたん

rugby [rʌgbi] [名] ラグビー

rugged [rʌgəd] [形] でこぼこした

ruin [ruːən] [名] 破滅, 破壊 [動] 破滅する

rule [ruːl] [動] 支配する [名] 規則, 支配

ruler [ruːlər] [名] 統治者, 定規

ruling [ruːliŋ] [形] 支配する, 優勢な [名] 支配, 判決

Rumania [ruːmeiniə] [地] ルーマニア (東ヨーロッパ諸国)

rumor [ruːmər] [名] うわさ [動] うわさする

run [rʌn] [動] 走る, 経営する, 立候補する

run [rʌn] [動] run (走る) の過去分詞形

rung [rʌŋ] [動] ring (鐘が鳴る) の過去分詞形

runner [rʌnər] [名] 走る人, レーサー, 競走者

running [rʌniŋ] [形] 走る, 流れる

rural [ruərəl] [形] 田舎の

rush [rʌʃ] [動] 突進する [名] 突進, 殺到

Russia [rʌʃə] [地] ロシア (東ヨーロッパ諸国)

Russian [rʌʃən] [形] ロシア人の, ロシア語の

rust [rʌst] [名] 錆 [動] 錆びる

rustic [rʌstik] [形] 田舎の, 素朴な

rustle [rʌsəl] [名] カサカサ音

rusty [rʌsti] [形] 錆びた

S

sack [sæk] [名] 袋, 略奪

sacred [seikrəd] [形] 神聖な, 宗教的な

sacrifice [sækrəfais] [名] 犠牲, いけにえ [動] いけにえとしてささげる

sacrificial [sækrəfiʃəl] [形] 犠牲の, 犠牲的な

sad [sæd] [形] 悲しい

saddle [sædl] [名] 鞍 [動] 鞍を置く

sadly [sædli] [副] 悲しげに, 悲しそうに

sadness [sædnəs] [名] 悲しみ, 悲哀

safe [seif] [名] 金庫 [形] 安全な, 無事に

safely [seifli] [副] 安全に

safety [seifti] [名] 安全

sage [seidʒ] [名] 賢人 [形] 賢い, 賢明な

said [sed] [動] say (話す) の過去・過去分詞形

sail [seil] [動] 航海する [名] 帆, 航海

sailor [seilər] [名] 船員

saint [seint] [名] 聖人, 聖者

sake [seik] [名] ため, 理由

salad [sæləd] [名] サラダ, 生彩料理

salary [sæləri] [名] 給料 [動] 給料を与える

salaryman [sælərimæn] [名] 給料生活者

sale [seil] [名] 販売, 売上, 激安販売

salesman [seilzmən] [名] セールスマン

sally [sæli] [名] 出撃 [動] 出撃する

salmon [sæmən] [名] サケ (魚)

saloon [səlu:n] [名] 大ホール, パブ, 客室

salt [sɔ:lt] [名] 塩 [動] 塩をまく

salute [səlu:t] [名] 挨拶, 敬礼 [動] 挨拶する

salvation [sælveiʃən] [名] 救助, 救済

same [seim] [形] 同じ, 同一の

sample [sæmpəl] [名] 見本, サンプル [動] 試す

Samuel [samyuəl] [人] サミュエル (聖書の人物)

sanction [sæŋkʃən] [名] 制裁 [動] 制裁する

sand [sænd] [名] 砂

sandwich [sændwitʃ] [名] サンドイッチ

sandy [sændi] [形] 砂の, 砂だらけの

sane [sein] [形] 正気の, 分別ある

San Francisco [sæn frənsiskou] [地] サンフランシスコ

sang [sæŋ] [動] sing (歌う) の過去形

sanitary [sænəteri] [形] 衛生の, 清潔な [名] 公衆便所

sank [sæŋk] [動] sink (沈没する) の過去形

Santa Claus [sæntə klɔ:z] [人] サンタクロース

sap [sæp] [名] 樹液 [動] 弱化させる

sarcastic [sa:rkæstik] [形] 皮肉な

sash [sæʃ] [名] 帯, 飾帯, 窓わく, サッシ

sat [sæt] [動] sit (座る) の過去・過去分詞形

Satan [seitn] [名] 悪魔, サタン

satellite [sætəlait] [名] 人工衛星

satire [sætaiər] [名] 諷刺

satisfaction [sætəsfækʃən] [名] 満足

satisfactorily [sætəsfæktərəli] [形] 申し分のない, 満足のいく

satisfactory [sætəsfæktəri] [形] 満足した

satisfy [sætəsfai] [動] 満足させる, 満たす

Saturday [sætərdei] [名] 土曜日

sauce [sɔ:s] [名] ソース, 合わせ調味料

saucer [sɔ:sər] [名] 受け皿

saucy [sɔ:si] [形] 生意気な

Saudi Arabia [Saudi əreibiə] [地] サウジアラビア

sausage [sɔ:sidʒ] [名] ソーセージ

savage [sævidʒ] [名] 野蛮人 [形] 野蛮の

save [seiv] [動] 救う, 節約する, 備蓄する

savings [seiviŋz] [名] 貯蓄

saw [sɔ:] [名] のこぎり [動] のこぎりで切る

saw [sɔ:] [動] see (見る) の過去形

say [sei] [動] 話す [名] 言い分, 主張

saying [seiiŋ] [名] 格言, ことわざ

scale [skeil] [名] 秤, 目盛り, 規模

scandal [skændl] [名] 醜聞, スキャンダル

Scandinavia [skændəneiviə] [地] スカンジナビア

scanty [skænti] [形] 不足している

scar [ska:r] [名] 傷, 跡, 傷跡

scarce [skeərs] [形] 足りない, 珍しい

scarcely [skeərsli] [副] ようやく, やっと

scare [skeər] [動] 脅かす [名] 恐怖

scarecrow [skeərkrou] [名] かかし

scared [skeərd] [形] 恐れる

scarf [ska:rf] [名] スカーフ, えり巻き

scarlet [ska:rlət] [名] 深紅色, マゼンタ [形] 深紅色の

scary [skeəri] [形] 怖い

scatter [skætər] [名] 散布 [動] 追い捨てる, 振りまく

scene [si:n] [名] 場面, 光景

scenery [si:nəri] [名] 風景, 舞台背景

scent [sent] [名] 匂い, 香り [動] 匂いをかぐ

schedule [skedʒul] [名] 時間表, 予定表 [動] 予定する

scheme [ski:m] [名] 計画, 陰謀 [動] 企てる

scholar [skalər] [名] 学者

scholarly [skalərli] [形] 学者的な, 学究的な, 博識ある

scholarship [skalərʃip] [名] 奨学金, 学問

school [sku:l] [名] 学校, 学部

schoolboy [sku:lbɔi] [名] 男子学生

schoolgirl [sku:lgə:rl] [名] 女学生

schoolhouse [sku:lhaus] [名] 校舎

schoolmaster [sku:lmæstər] [名] 男子教師

schoolroom [sku:lrum] [名] 教室

Schweitzer [ʃvaitsər] [人] シュバイツァー (ノーベル平和賞受賞)

science [saiəns] [名] 科学 (学問)

scientific [saiəntifik] [形] 科学的な

scientist [saiəntist] [名] 科学者

scissors [sizə:rz] [名] はさみ

scold [skould] [動] 叱る

scope [skoup] [名] 範囲, 領域

scorch [skɔ:rtʃ] [動] 火であぶる

score [skɔ:r] [名] 得点, 多数, 20 [動] 得点する

scorn [skɔ:rn] [名] 軽蔑 [動] 軽蔑する

scornful [skɔ:rnfl] [形] 軽蔑に満ちた

scornfully [skɔ:rnfəli] [副] 軽蔑して

Scot [skat] [名] スコットランド人

Scotch [skatʃ] [形] スコットランドの

Scotland [skatlənd] [地] スコットランド (イギリスの北部地方)

Scottish [skatiʃ] [形] スコットランドの

scourge [skə:rdʒ] [名] むち, 天罰, 災いの原因

scout [skaut] [名] 偵察, スカウト [動] 偵察する

scramble [skræmbəl] [名] 這い上がり [動] 這い上がる

scrap [skræp] [名] 廃物 [動] 廃棄する

scrape [skreip] [名] 擦ること [動] 擦る

scratch [skrætʃ] [名] かくこと, 擦り傷 [動] かく, 引っかく

scream [skri:m] [名] 悲鳴 [動] 叫ぶ, 悲鳴を上げる

screen [skri:n] [名] 間仕切り [動] 遮る

screw [skru:] [名] ねじ [動] ねじで締める

script [skript] [名] 手書き, 脚本

scrub [skrʌb] [動] ゴシゴシ擦って洗い落とす, ゴシゴシ擦る

sculptor [skʌlptər] [名] 彫刻家

sculpture [skʌlptʃər] [名] 彫刻

sea [si:] [名] 海

seal [si:l] [名] 捺印, 封印 [動] 捺印(封印)する

seam [si:m] [名] 結び目 [動] 縫合する

seaman [si:mən] [名] 船員

seaport [si:pɔ:rt] [名] 港, 港町

search [sə:rtʃ] [名] 捜索, 探索 [動] 捜索する

searching [sə:rtʃiŋ] [形] 捜索する

seashore [si:ʃɔ:r] [名] 海浜, 海辺

seaside [si:said] [形] 海辺の

season [si:zən] [名] 季節, シーズン [動] 味付けする

seat [si:t] [名] 席, 座席, 議席 [動] 座らせる

second [sekənd] [形] 二番目の [名] 二番目, 秒

secondary [sekənderi] [形] 二類の, 第二位の

second hand [sekənd hænd] [名] (時計の) 秒針

secrecy [si:krəsi] [名] 秘密

secret [si:krət] [名] 秘密 [形] 秘密の

secretary [sekrəteri] [名] 秘書, 大臣

secretly [si:krətli] [副] 秘密で

section [sekʃən] [名] 部分, 地域 [動] 分割する

secure [sikyuər] [形] 安全な [動] 安全にする

security [sikyuərəti] [名] 安全, 防衛

see [si:] [動] 見る, 伝送する

seed [si:d] [名] 種 [動] 種をまく

seeing [si:iŋ] [名] 見ること

seek [si:k] [動] 探す, 追求する

seem [si:m] [動] ～のように見える, ～のようだ

seen [si:n] [形] 目に見える

seen [si:n] [動] see (見る) の過去分詞形

seesaw [si:sɔ:] [名] シーソー (遊び) [動] シーソーに乗る

seize [si:z] [動] 捕まえる, 強奪する, 没頭する

seldom [seldəm] [副] なかなか～ない, まれに

select [səlekt] [形] 選抜された [動] 選択する

selection [səlekʃən] [名] 選択

self [self] [名] 自分, 自身

self-confidence [self kanfədəns] [名] 自信

self-denial [self dinaiəl] [名] 克己, 禁欲

selfish [selfiʃ] [形] 利己的な

sell [sel] [動] 売る, 売れる

seller [selər] [名] 販売員, 売れる物

semicolon [semikoulən] [名] セミコロン (;)

seminal [semənəl] [形] 精液の, 種子の, 生殖の

senate [senət] [名] 上院

senator [senətər] [名] 上院議員

send [send] [動] 送る

Senegal [senigɔ:l] [地] セネガル (西アフリカ諸国)

senior [si:nyər] [名] 年長者, 上司, 先輩

sensation [senseiʃən] [名] 感覚, 心

sense [sens] [名] 感覚, 意識 [動] 感じる

sensible [sensəbl] [形] 分別のある, 賢明な

sensibly [sensəbli] [副] 著しく, かなり, 分別よく

sensitive [sensətiv] [形] 敏感な, 繊細な

sent [sent] [動] send (送る) の過去・過去分詞形

sentence [sentəns] [名] 文章, 判決 [動] 判決を下す

sentiment [sentəmənt] [名] 感情, 所感

Seoul [soul] [地] ソウル (韓国の首都)

separate [sepərət] [形] 割れた, 分離された

separate [sepəreit] [動] 分離する, 別居する, 別れる

separation [sepəreiʃən] [名] 分離, 別居, 別れ

September [septembər] [名] 9月

sequence [si:kwəns] [名] 続編, 後編, 経過

Serbia [sə:rbiə] [地] セルビア (東ヨーロッパ諸国)

serene [səri:n] [形] 静かな

sergeant [sa:rdʒənt] [名] 下士官

series [siəri:z] [名] シリーズ, 連続, 一連

serious [siəriəs] [形] 真剣な, 深刻な, 重大な

seriously [siəriəsli] [副] 真剣に, 深刻に

sermon [sə:rmən] [名] 説教

serpent [sə:rpənt] [名] ヘビ (動物)

servant [sə:rvənt] [名] 召使い, 従業員

serve [sə:rv] [動] 仕える, 助けになる

service [sə:rvəs] [名] 奉仕, ケア, サービス, 職務

session [seʃən] [名] 開会中, 会期, 講座

set [set] [名] セット [形] 固定された [動] 置く

settle [setl] [動] 安定(定着)させる, 解決する

settlement [setlmənt] [名] 定着, 解決, 決定

settler [setlər] [名] 定着者, 解決者

seven [sevən] [名] 七 [形] 七の

seventeen [sevənti:n] [名] 十七 [形] 十七の

seventeenth [sevənti:nθ] [名] 第17 [形] 第17の

seventh [sevənθ] [名] 第七 [形] 七番目の

seventieth [sevəntiəθ] [名] 第70 [形] 第70の

seventy [sevənti] [名] 70 [形] 70の

several [sevrəl] [形] いくつかの

severe [səviər] [形] 厳しい, 過酷な

severely [səviərli] [副] 厳格に, 厳しく

sew [sou] [動] 縫う

sewing [souiŋ] [名] 裁縫, ソーイング, 針仕事

sex [seks] [名] 性, 性別

sexual [sekʃuəl] [形] 性の, 性的な

shabby [ʃæbi] [形] みすぼらしい, ぼろの

shade [ʃeid] [名] 日陰 [動] 光をさえぎる

shadow [ʃædou] [名] 影

shady [ʃeidi] [形] 日陰の

shaft [ʃæft] [名] 柄, 取っ手

shake [ʃeik] [動] 振る, 振り回す

shaken [ʃeikən] [動] shake (振る) の過去分詞形

Shakespeare [ʃeikspiər] [人] シェイクスピアー (イギリスの作家)

shall [ʃæl] [助] ～だろう, ぜひ～する

shallow [ʃælou] [形] 浅い

shame [ʃeim] [名] はにかみ, 恥じ [動] 恥をかかせる

shameful [ʃeimfl] [形] 恥ずかしい

Shanghai [ʃæŋhai] [地] 上海 (中国の都市)

shape [ʃeip] [名] 形体, 形 [動] 形づくる

share [ʃeər] [動] 分配(分担)する [名] 分け前, 分担

shark [ʃa:rk] [名] サメ

sharp [ʃa:rp] [形] 鋭い, 鮮やかな, 賢い

sharpen [**ʃa:rp**ən] [動] 鋭くする
sharply [**ʃa:rp**li] [副] 鋭く
shatter [**ʃæ**tər] [動] 粉々に砕く
shave [ʃeiv] [動] ひげをそる
she [ʃi:] [代] 彼女は
shear [ʃiər] [動] 刈る, 切り取る
she'd [ʃi:d] [短] she had (would) の短縮形
shed [ʃed] [名] 小屋 [動] 流す
sheep [ʃi:p] [名] 羊 (動物)
sheer [ʃiər] [形] まったくの, 完全な
sheet [ʃi:t] [名] シート, 紙一枚, 薄い板
shelf [ʃelf] [名] 棚
shell [ʃel] [名] 殻, 貝 [動] 皮をむく
she'll [ʃi:l] [短] she will (shall) の短縮形
shellfish [**ʃel**fiʃ] [名] 貝類, 甲殻類
shelter [**ʃel**tər] [名] 避難所, 隠れ家 [動] 避難する
shepherd [**ʃe**pərd] [名] 羊飼い
sheriff [**ʃe**ərəf] [名] 保安官
she's [ʃi:z] [短] she is (has) の短縮形
shield [ʃi:ld] [名] 盾, 保護装置 [動] 保護する
shift [ʃift] [名] 変遷, 交替 [動] 移動する
shilling [**ʃi**liŋ] [名] シリング (イギリスの通貨単位)
shine [ʃain] [動] 輝く [名] 輝き, 光沢
ship [ʃip] [名] 船 [動] 輸送する
shipment [**ʃip**mənt] [名] 船積み, 託送貨物
shipping [**ʃi**piŋ] [名] 船積み, 託送, 海運業
shirt [ʃə:rt] [名] シャツ
shiver [**ʃi**vər] [動] 寒さに震える, 身震いする
shock [ʃak] [名] 衝撃 [動] 衝撃を与える
shoe [ʃu:] [名] 履物, 靴
shoemaker [**ʃu:**meikər] [名] 靴屋
shone [ʃoun] [動] shine (輝く) の過去·過去分詞形
shook [ʃuk] [動] shake (振る) の過去形
shoot [ʃu:t] [名] 射撃, 発射 [動] 発射する
shooting [**ʃu:**tiŋ] [名] 射撃, 発射
shop [ʃap] [名] 店, 商店 [動] 物を買う
shopkeeper [**ʃap**ki:pər] [名] 店主
shopping [**ʃa**piŋ] [名] ショッピング, 買い物
shore [ʃɔ:r] [名] 浜, 海岸
short [ʃɔ:rt] [形] 短い, 不十分な
shortage [**ʃɔ:r**tidʒ] [名] 不足
shorten [**ʃɔ:r**tn] [動] 短くする
shorthand [**ʃɔ:rt**hænd] [名] 速記 [形] 速記の
shortly [**ʃɔ:rt**li] [副] すぐ, 簡単に
shortness [**ʃɔ:rt**nəs] [名] 不足, 簡単, 無愛想さ
short-sighted [**ʃɔ:rt** saitəd] [形] 近視眼的な, 短見の
shot [ʃat] [名] 発射
should [ʃud] [助] ~しなければならない
shoulder [**ʃoul**dər] [名] 肩 [動] 肩に担う
shoulder bag [**ʃoul**dər bæg] [名] 肩に掛ける型のハンドバッグ, ショルダーバッグ
shouldn't [**ʃu**dnt] [短] should not の短縮形
shout [ʃaut] [動] 叫ぶ [名] 喚声
shove [ʃʌv] [名] 押し [動] 押す
shovel [**ʃʌ**vəl] [名] シャベル [動] シャベルで掘る
show [ʃou] [動] 見せる [名] 展示, 展覧会
shower [**ʃau**ər] [名] にわか雨 [動] にわか雨が降る
shown [ʃoun] [動] show (見せる) の過去分詞形
shrewd [ʃru:d] [形] 賢い, 鋭い
shriek [ʃri:k] [名] 悲鳴 [動] 悲鳴を上げる
shrill [ʃril] [形] 鋭い
shrine [ʃrain] [名] 小さな聖堂, 祠堂
shrink [ʃriŋk] [名] 収縮 [動] 減る, 退く
shrub [ʃrʌb] [名] 灌木, シロップ
shrug [ʃrʌg] [動] 肩をすくめる
shudder [**ʃʌ**dər] [名] 戦慄 [動] 身震いする
shun [ʃʌn] [動] 避ける
shut [ʃʌt] [動] 閉める, 覆う
shutter [**ʃʌ**tər] [名] よろい戸, 雨戸 [動] 雨戸をつける
shy [ʃai] [形] はにかむ
sick [sik] [形] 病気の, うんざりして
sickness [**sik**nəs] [名] 病気
side [said] [形] 側面の [名] 側面, わき腹
sidewalk [**said**wɔ:k] [名] 人道, 歩道
siege [si:dʒ] [名] 包囲 [動] 囲む
sift [sift] [動] ふるい分ける, より分ける
sigh [sai] [名] ため息, 嘆き [動] ため息を吐く
sight [sait] [名] 見ること, 視力, 視界

sightseeing [saitsi:iŋ] [名] 観光 [形] 観光の
sign [sain] [名] 表, 表示, 信号 [動] 署名する
signal [signəl] [名] 信号, 兆し [動] 信号を送る
signature [signətʃər] [名] 署名, テーマ音楽
signboard [sainbɔ:rd] [名] 看板, 掲示板
significance [signifikəns] [名] 意味, 重要性
significant [signifikənt] [形] 重要な, 重大な, 意味のある
signify [signəfai] [動] 意味する, 前兆を見せる
silence [sailəns] [名] 沈黙 [動] 沈黙させる
silent [sailənt] [形] 静かな, 沈黙の
silently [sailəntli] [副] 静かに, 黙って
silk [silk] [名] 絹糸, 絹
silly [sili] [形] 愚かな [名] バカ
silver [silvər] [名] 銀, 銀貨, 銀器 [形] 銀の
similar [simələr] [形] 類似した [名] 類似物
similarly [simələrli] [副] 同様に
simple [simpəl] [形] 簡単な, 単純な, 素朴な
simplicity [simplisəti] [名] 簡単, 単純, 素朴
simplify [simpləfai] [動] 単純化する, 簡単にする
simply [simpli] [形] 簡単に, 分かりやすく, 素直に
sin [sin] [名] 罪悪 [動] 罪を犯す
since [sins] [接] ~以来, ~のために [副] その後
sincere [sinsiər] [形] 誠実な
sincerely [sinsiərli] [副] 誠実に
sincerity [sinseərəti] [名] 誠実
sing [siŋ] [動] 歌う [名] 歌うこと
Singapore [siŋəpɔ:r] [地] シンガポール (東南アジア諸国)
singer [siŋər] [名] 歌手
singing [siŋiŋ] [名] 歌うこと, 唱歌 [形] 歌う
single [siŋgəl] [形] 唯一の, 独身の [名] 唯一, 独身
singular [siŋgyələr] [形] 注目すべき, 奇妙な, 単数の
sink [siŋk] [動] 沈没する [名] 台所のシンク
sip [sip] [名] ひと口 [動] ちびちび飲む
sir [sə:r] [名] 貴下, 先生, ~卿
sister [sistər] [名] 姉妹, 姉, 妹
sit [sit] [動] 座る
site [sait] [名] 位置, 場所
sitting room [sitiŋ rum] [名] 居間
situate [sitʃueit] [動] 置く, 位置を決める
situated [sitʃueitəd] [形] ~に位置している, ~に置かれた
situation [sitʃueiʃən] [名] 場所, 立場, 状況
six [siks] [名] 6 [形] 6 の
sixteen [siksti:n] [名] 16 [形] 16 の
sixteenth [siksti:nθ] [名] 第 16 [形] 第 16 の
sixth [siksθ] [名] 六番目 [形] 六番目の
sixtieth [sikstiəθ] [名] 第 60 [形] 第 60 の
sixty [siksti] [名] 60 [形] 60 の
size [saiz] [名] 大きさ, 寸法
skate [skeit] [名] スケート
skating [skeitiŋ] [名] スケートで滑ること
skeleton [skelətn] [名] 骨格, 骸骨
sketch [sketʃ] [名] スケッチ, 写生画, 草稿
ski [ski:] [名] スキー [動] スキーをする
skiing [ski:iŋ] [名] スキーで滑ること
skill [skil] [名] 技術, 力量
skilled [skild] [形] 熟練した, 老練な
skillful [skilfl] [形] 巧みな
skim [skim] [動] すくい取る
skin [skin] [名] 皮膚, 皮
skip [skip] [名] 軽く跳び越すこと, 跳躍 [動] 軽く跳び越す
skirt [skə:rt] [名] スカート, 先端部分
skull [skʌl] [名] 頭蓋, 頭
skunk [skʌŋk] [名] スカンク (動物), 嫌な奴
sky [skai] [名] 空, 天国
skylark [skaila:rk] [名] ヒバリ (鳥) [動] 騒ぎたてる
slab [slæb] [名] 広い板
slain [slein] [動] slay (殺害する) の過去分詞形
slang [slæŋ] [名] 俗語, 隠語 [動] 俗語を使う
slant [slænt] [名] 傾斜, 坂
slap [slæp] [名] 平手打ち
slate [sleit] [名] スレート (屋根用石板)
slaughter [slɔ:tər] [名] 虐殺, 屠殺 [動] 屠殺する
slave [sleiv] [名] 奴隷 [動] 奴隷のように働く
slavery [sleivəri] [名] 奴隷の身分, 奴隷制度
slay [slei] [動] 殺害する, 虐殺する
sleep [sli:p] [動] 寝る, 泊まる [名] 眠り, 睡眠
sleeping [sli:piŋ] [形] 眠っている [名] 睡眠

sleeping car [sli:piŋ ka:r] [名] 寝台車

sleepy [sli:pi] [形] 眠たそうな, 活気がない

sleeve [sli:v] [名] 服の袖

slender [slendər] [形] ほっそりしている

slept [slept] [動] sleep (寝る) の過去・過去分詞形

slew [slu:] [動] slay (殺害する) の過去形

slice [slais] [名] 薄い切れ [動] 薄く切る

slid [slid] [動] slide (滑る) の過去・過去分詞形

slide [slaid] [動] 滑る [名] 滑走, スライド

slight [slait] [形] 若干の [名] 軽蔑 [動] 軽蔑する

slightly [slaitli] [副] 若干, 少し

slim [slim] [形] ほっそりしている, つまらない

slip [slip] [動] 滑る [名] スリップ

slipper [slipər] [名] スリッパ

slippery [slipəri] [形] すべすべする, よく滑る

slope [sloup] [名] 坂, 斜面 [動] 傾く

Slovakia [slouvakiə] [地] スロバキア (東ヨーロッパ諸国)

slow [slou] [形] 遅い, のろい [動] 速度を落とす

slowly [slouli] [副] ゆっくり, ゆっくりと

slumber [slʌmbər] [名] うたた寝 [動] うたた寝をする

sly [slai] [形] 狡猾な, 悪賢い

small [smɔ:l] [形] 少ない, 小さな

smart [sma:rt] [形] 素早い, 賢い [名] 痛み

smash [smæʃ] [名] 粉砕, 撃破 [動] 粉砕する

smell [smel] [動] 匂いを嗅ぐ [名] 匂い

smelt [smelt] [動] 溶解する

smile [smail] [動] 微笑む [名] 微笑み

smite [smait] [名] 強打 [動] 強打する

smoke [smouk] [名] 煙, タバコ [動] 煙が出る

smooth [smu:ð] [形] 滑らかな [動] 滑らかにする

smoothly [smu:ðli] [副] 滑らかに, 穏やかに

smote [smout] [動] smite (強打する) の過去形

snail [sneil] [名] カタツムリ (虫)

snake [sneik] [名] 蛇 (動物)

snap [snæp] [名] クリック音, 瞬間撮影

snare [sneər] [名] 罠 [動] 罠でつかむ

snarl [sna:rl] [名] うなり声 [動] うなる

snatch [snætʃ] [名] ひったくり [動] ひったくる

sneer [sniər] [名] 嘲笑 [動] 嘲笑する, あざける

sniff [snif] [動] 鼻で吸い込む

snow [snou] [名] 雪 [動] 雪が降る

snowy [snoui] [形] 雪が多い

snug [snʌg] [形] 居心地の良い [動] くつろぐ

so [sou] [副] そのように, そう [接] その結果

soak [souk] [動] 沈む, 染み込む

soaked [soukt] [形] びっしょり濡れた

soap [soup] [名] 石鹸

soar [sɔ:r] [名] 飛上 [動] 飛び立つ

sob [sab] [名] すすり泣き [動] すすり泣く

sober [soubər] [形] 酒に酔わない, 謹厳な

so-called [sou kɔ:ld] [形] いわゆる, いわば

soccer [sakər] [名] サッカー

social [souʃəl] [形] 社会の, 社会的な, 社交的な

socialist [souʃəlist] [名] 社会主義者 [形] 社会主義者の

society [səsaiəti] [名] 社会, 組織, 集団

sock [sak] [名] 短い靴下

soda [soudə] [名] ソーダ, 炭酸飲料

soda water [soudə wɔ:tər] [名] ソーダ水

sofa [soufə] [名] ソファ, 長いアームチェア

soft [sɔ:ft] [形] 柔らかい, 快適な

softball [sɔ:ftbɔ:l] [名] ソフトボール

soften [sɔ:fən] [動] 柔らかくする

softly [sɔ:ftli] [副] 優しく, 静かに

soil [sɔil] [名] 土, 土壌

solar [soulər] [形] 太陽の

sold [sould] [動] sell (売る) の過去・過去分詞形

soldier [souldʒər] [名] 兵士

sole [soul] [形] 唯一の [名] 足裏, 靴底

solely [souli] [副] 一人で, 唯一の

solemn [saləm] [形] 真剣な, 重大な

solicit [səlisət] [動] 切に望む, 懇請する

solid [saləd] [形] 固体の, 中身のある, 堅い

solitary [saləteri] [形] 一人の, 孤独な, 唯一の

solitude [salətyu:d] [名] 孤独

Solomon [saləmən] [人] ソロモン (聖書の人物)

solution [səlu:ʃən] [名] 解決, 溶解, 溶液

solve [salv] [動] 解決する

Somalia [soumaliə] [地] ソマリア (東アフリカ諸国)

some [sʌm] [形] 多少の, ある
somebody [sʌmbədi] [代] ある人 [名] すごい人物
somehow [sʌmhau] [副] 何らかの形で
someone [sʌmwən] [代] 誰か
something [sʌmθiŋ] [代] どんな物
sometime [sʌmtaim] [副] いつか
sometimes [sʌmtaimz] [副] たまに, 時には
somewhat [sʌmwət] [副] ある程度
somewhere [sʌmweər] [副] どこかで
son [sʌn] [名] 息子
song [sɔ:ŋ] [名] 歌
soon [su:n] [副] すぐに, 早く
soothe [su:ð] [動] なだめる, 慰める
sore [sɔ:r] [名] 傷 [形] 痛い
sorely [sɔ:rli] [副] つらく, 激烈に, 非常に
sorrow [sa:rou] [名] 悲しみ [動] 嘆く
sorrowful [sa:roufl] [形] 悲しい, 悲しくさせる
sorry [sa:ri, sɔ:ri] [形] 哀れな, 残念な, 後悔する
sort [sɔ:rt] [名] 種類, 性質 [動] 分類する
sought [sɔ:t] [動] seek (探す) の過去·過去分詞形
soul [soul] [名] 魂
sound [saund] [名] 音 [形] 健康な
soup [su:p] [名] スープ
sour [sauər] [形] すっぱい, 気分が優れない
source [sɔ:rs] [名] 源, 出所
south [sauθ] [名] 南, 南側 [形] 南の
South America [sauθ əmeərəkə] [地] 南米
southeast [sauθi:st] [名] 東南, 東南側 [形] 東南の
southern [sʌðərn] [形] 南側の
southward [sauθwə:rd] [名] 南側 [形] 南側の [副] 南に
southwest [sauθwest] [名] 西南 [副] 西南に
southwestern [sauθwestərn] [名] 西南の
sovereign [savərən] [形] 主権の [名] 主権者, 独立国家
Soviet [souviet] [地] ソビエト (ソ連)
sow [sou] [動] 種をまく
sow [sau] [名] 雌豚 (動物)+Q14016
sown [soun] [動] sow (種をまく) の過去分詞形
space [speis] [名] 空間, 宇宙 [動] 間隔を置く
spaceman [speismæn] [名] 宇宙飛行士, 宇宙人
spaceship [speisʃip] [名] 宇宙船
space shuttle [speis ʃətl] [名] 宇宙往復船
spacious [speiʃəs] [形] 広大な, 広い
spade [speid] [名] 鋤 [動] 鋤で掘る
Spain [spein] [地] スペイン (西ヨーロッパ諸国)
span [spæn] [名] 一指尺 [動] 及ぶ
Spaniard [spænyərd] [名] スペイン人
Spanish [spæniʃ] [名] スペイン人(語) [形] スペインの
spare [speər] [形] 予備の [動] 許す
spark [spa:rk] [名] 火花, 光彩 [動] 火花が散る
sparkle [spa:rkəl] [名] 火花 [動] 火花が散る
sparrow [spærou] [名] スズメ (鳥)
spat [spæt] [名] 口論 [動] 口論する
speak [spi:k] [動] 話す, 演説する
speaker [spi:kər] [名] 話す人, 演説者, スピーカー
spear [spiər] [名] 槍 [動] 槍で刺す
special [speʃəl] [形] 特別な, 専門の
specialist [speʃəlist] [名] 専門家, 専門医
specialize [speʃəlaiz] [動] 専攻する
specially [speʃəli] [副] 特別に
specialty [speʃəlti] [名] 専攻, 専門
species [spi:ʃi:z] [名] 種類
specific [spəsifik] [形] 特殊な, 独特の
specifically [spəsifikəli] [副] 明確に, 本質的に
specimen [spesəmən] [名] サンプル, 標本
speck [spek] [名] 汚れ, 斑点
spectacle [spektikəl] [名] 壮観, 光景, メガネ
spectacular [spektækyələr] [形] 壮観な
spectator [spekteitər] [名] 観衆
speculation [spekyəleiʃən] [名] 深思熟考, 推測, 投機
sped [sped] [動] speed (急がせる) の過去·過去分詞形
speech [spi:tʃ] [名] 話すこと, 演説, 話す能力
speed [spi:d] [名] 速度 [動] 急がせる
speedy [spi:di] [形] 速い, 迅速な
spell [spel] [動] 綴る [名] 呪文
spelling [speliŋ] [名] 綴字法, スペリング
spend [spend] [動] 消費する, 時間を過ごす
spent [spent] [形] 消費された

spent [spent] [動] spend (消費する) の過去・過去分詞形

sphere [sfiər] [名] 球, 地球儀

sphinx [sfiŋks] [名] スフィンクス

spice [spais] [名] 味付け [動] 味付けする

spider [spaidər] [名] クモ (虫)

spill [spil] [名] こぼし [動] こぼす

spin [spin] [名] 回転, スピン [動] 回転する, 紡績する

spire [spaiər] [名] 尖塔 [動] 突き出る

spirit [spiərət] [名] 精神, 心, 魂

spiritual [spiəritʃuəl] [形] 魂の, 精神の

spit [spit] [動] つばを吐く [名] 唾

spite [spait] [名] 悪意, 恨み

splash [splæʃ] [名] はね [動] 水をはね飛ばす

splendid [splendəd] [形] 華やかな, 素敵な

splendor [splendər] [名] 華麗さ, 壮観

split [split] [名] 分割, 割れ目 [動] 割る

spoil [spɔil] [名] 略奪品 [動] 台無しにする

spoke [spouk] [名] 車輪のスポーク

spoke [spouk] [動] speak (話す) の過去形

spoken [spoukən] [形] 口で言う, 口語の

spoken [spoukən] [動] speak (話す) の過去分詞形

sponge [spʌndʒ] [名] スポンジ

spoon [spu:n] [名] スプーン

sport [spɔ:rt] [名] スポーツ, 運動 [動] 運動する

sportsman [spɔ:rtsmən] [名] 運動家, スポーツマン

sportsmanship [spɔ:rtsmənʃip] [名] 運動家精神, スポーツマンシップ

spot [spat] [名] 染み, 汚点 [動] (染み, 汚点) をつける

sprang [spræŋ] [動] spring (はねる) の過去形

spray [sprei] [名] 水煙, 噴霧器

spread [spred] [名] 拡大, 広がり [動] 広げる

sprig [sprig] [名] 小枝

spring [spriŋ] [名] 跳躍, 泉, 春

springtime [spriŋtaim] [名] 春, 春季, 青春

sprinkle [spriŋkəl] [動] まく

sprout [spraut] [名] 若芽 [動] 芽が出る

sprung [sprʌŋ] [動] spring (はねる) の過去分詞形

spun [spʌn] [形] 紡いだ

spun [spʌn] [動] spin (回転する) の過去・過去分詞

spur [spə:r] [名] 拍車, 刺激 [動] 拍車をかける

spurn [spə:rn] [名] 蹴飛ばすこと, にべもない拒絶 [動] 蹴飛ばす

spy [spai] [名] 探偵 [動] ひそかに調べる

squadron [skwadrən] [名] 騎兵大隊, 団体

square [skweər] [名] 正方形, 広場 [形] 正方形の

squarely [skweərli] [副] 正方形に, 正直に

squeeze [skwi:z] [名] 絞ること [動] 絞り出す

squire [skwaiər] [名] 大地主

squirrel [skwə:rəl] [名] リス (動物)

Sri Lanka [sri laŋkə] [地] スリランカ (南アジア諸国)

St. [seint] [名] Saint (聖人) の略字

stab [stæb] [動] 刺す [名] 刺し傷

stability [stəbiləti] [名] 安定性

stable [steibəl] [形] 安定した [名] 馬屋

stadium [steidiəm] [名] 陸上競技場, スタジアム

staff [stæf] [名] 職員, 幹部

stage [steidʒ] [名] 舞台, 段階 [動] 上演する

stagger [stægər] [名] よろめき [動] よろける

stain [stein] [名] 汚れ, あか [動] 汚す

stainless [steinləs] [形] 傷のない [名] ステンレス

staircase [steərkeis] [名] 階段

stairs [steərz] [名] 階段

stake [steik] [名] 杭, 賭け [動] 賭ける

stale [steil] [形] 新鮮でない, 陳腐な

Stalin [stalən] [人] スターリン (旧ソ連の政治家)

stalk [stɔ:k] [名] 茎 [動] こっそり近寄る

stall [stɔ:l] [名] 間仕切り, 畜舎, 露店

stammer [stæmər] [名] 口ごもる人 [動] 口ごもる

stamp [stæmp] [名] はんこ, 切手 [動] 切手をはる

stand [stænd] [動] 立ち上がる [名] 起立, 売店

standard [stændə:rd] [形] 標準の [名] 標準, 基準

standing [stændiŋ] [形] 立っている [名] 立つこと, 地位

standpoint [stænpɔint] [名] 見地, 立場

stanza [stænzə] [名] (詩の) 連, 節

star [sta:r] [名] 星, スター [動] 星のように輝く

stare [steər] [名] 凝視 [動] 見据える

start [sta:rt] [動] 出発する [名] 出発, 始まり

startle [sta:rtl] [動] びっくりする

startling [sta:rtliŋ] [形] 驚くべき

starve [sta:rv] [動] 飢える, 餓死する

state [steit] [動] 陳述する [名] 状態, 州

stately [steitli] [形] 堂々たる [副] 堂々と

statement [steitmənt] [名] 声明, 声明書, 事業報告書

statesman [steitsmən] [名] 政治家

station [steiʃən] [名] 駅, 放送局, 駐屯地

sta**tis**tics [stətistiks] [名] 統計, 統計学 (学問)

statue [stætʃu] [名] 像

stature [stætʃər] [名] 身長, 業績

statute [stætʃyu:t] [名] 法規, 法令

stay [stei] [動] 滞在する [名] 滞在

steadfast [stedfæst] [形] 確固たる

steadily [stedəli] [副] しっかりと, 絶えず

steady [stedi] [形] しっかりした, 絶え間ない, 落ち着いた

steak [steik] [名] ステーキ

steal [sti:l] [動] 盗む [名] 窃盗

steam [sti:m] [名] 水蒸気 [動] 蒸気を出す

steamboat [sti:mbout] [名] 蒸気船

steamer [sti:mər] [名] 蒸気船, 蒸気機関

steamship [sti:mʃip] [名] 蒸気船

steed [sti:d] [名] 乗用馬

steel [sti:l] [名] 鉄鋼 [形] 鉄鋼の

steep [sti:p] [形] 急な [名] 険しい所

steeple [sti:pəl] [名] 尖塔

steer [stiər] [動] 操る

stem [stem] [名] 茎, 語幹 [動] 由来する

step [step] [動] 歩く [名] 歩み, 歩幅, 段階

stern [stə:rn] [形] 厳格な [名] 船尾

stew [styu:] [名] シチュー (料理) [動] 蒸す

steward [styu:ə:rd] [名] スチュワード (飛行機), 事務長

stewardess [styu:ərdəs] [名] 女性乗務員 (飛行機)

stick [stik] [名] 棒, こん棒 [動] 刺す

sticky [stiki] [形] べたつく

stiff [stif] [形] 固い, 硬直した [副] 固く

stiffly [stifli] [副] 堅く, カチカチに

still [stil] [形] 静かな [動] 鎮静させる

stillness [stilnəs] [名] 静けさ, 静寂

stimulate [stimyəleit] [動] 刺激する

sting [stiŋ] [名] 刺すこと [動] 刺す

stir [stə:r] [名] かき混ぜ [動] かき混ぜる

stitch [stitʃ] [名] 一針 [動] 縫う

stock [stak] [名] 在庫, 蓄積, 株式 [動] 仕入れる

stocking [stakiŋ] [名] 長い靴下, ストッキング

stole [stoul] [動] steal (盗む) の過去形

stolen [stoulən] [形] 盗まれた [動] steal (盗む) の過去分詞形

stomach [stʌmək] [名] 胃

stone [stoun] [名] 石, 宝石 [動] 石を投げる

stony [stouni] [形] 石の多い, 堅い

stood [stud] [動] stand (立ち上がる) の過去・過去分詞形

stool [stu:l] [名] 腰掛け

stoop [stu:p] [名] 屈むこと [動] 屈める

stop [stap] [動] 止める [名] 止めること, 停止

storage [stɔ:ridʒ] [名] 倉庫

store [stɔ:r] [名] 店, 備蓄 [動] 蓄える

storm [stɔ:rm] [名] 嵐 [動] 嵐が吹く

stormy [stɔ:rmi] [形] 嵐の

story [stɔ:ri] [名] 話, ストーリー, 層

stout [staut] [形] 太った, 剛健な

stove [stouv] [名] 暖炉, ストーブ, 調理用オーブン

straight [streit] [形] まっすぐな, 率直な [副] まっすぐに

straighten [streitn] [動] まっすぐにする, 整とんする

straightway [streitwei] [副] 直ちに

strain [strein] [名] 引張り, 緊張

strait [streit] [名] 海峡, 難局

strange [streindʒ] [形] 奇妙な, 見知らぬ

strangely [streindʒli] [副] 奇妙に

stranger [streindʒər] [名] 見知らぬ人, 門外漢

strap [stræp] [名] 革帯, つりひも

straw [strɔ:] [名] わら, 麦わら

strawberry [strɔ:beri] [名] イチゴ (果物)

straw-hat [strɔ: hæt] [名] 麦わら帽子

stray [strei] [動] 道に迷う [名] 放浪者

streak [stri:k] [名] 縞 [動] 縞柄を入れる

stream [stri:m] [名] 小川, 流れ [動] 流れる

street [stri:t] [名] 街路, 通り, 車道

streetcar [stri:tka:r] [名] 市内電車

strength [streŋθ] [名] 力, 能力, 勢力

strengthen [streŋθən] [動] 強化する, 増強する

stress [stres] [名] 強調 [動] 強調する

stretch [stretʃ] [動] 広げる [名] 伸張, 期間

stricken [strikən] [形] 当たった
strict [strikt] [形] 厳格な, 厳密な
strictly [striktli] [副] 厳格に, 厳密に
stridden [stridn] [動] stride (大股に歩く) の過去分詞形
stride [straid] [動] 大股に歩く
strife [straif] [名] 紛争
strike [straik] [動] 打つ [名] 打撃, 同盟ストライキ
strike-out [straik aut] [名] 三振 (野球)
striking [straikiŋ] [形] 打撃の, 目立つ
string [striŋ] [名] ひも, 弦楽器 [動] ひもをつける
strip [strip] [動] むく, 略奪する
stripe [straip] [名] 縞柄 [動] 縞柄を入れる
striped [straipt] [形] 縞模様のある
strive [straiv] [動] 努力する, 奮闘する
striven [strivən] [動] strive (努力する) の過去分詞形
strode [stroud] [動] stride (大股に歩く) の過去形
stroke [strouk] [名] 打つこと, 脳卒中
stroll [stroul] [名] 散歩 [動] 散歩する
stroller [stroulər] [名] 散歩する人, 乳母車
strong [strɔ:ŋ] [形] 強い, 健康な, 丈夫な
strongly [strɔ:ŋli] [副] 強く, 丈夫に, 猛烈に
strove [strouv] [動] strive (努力する) の過去形
struck [strʌk] [形] 罷業中の
struck [strʌk] [動] strike (打つ) の過去·過去分詞形
structure [strʌktʃər] [名] 構造, 構造物
struggle [strʌgəl] [名] 闘争, 身もだえ [動] 争う
strung [strʌŋ] [動] string (ひもをつける) の過去·過去分詞形
stubborn [stʌbə:rn] [形] 頑固な
stuck [stʌk] [動] stick (刺す) の過去·過去分詞形
student [styu:dnt] [名] 学生
studied [stʌdid] [形] 意図的な, 熟考された 研究された
studio [styu:diou] [名] 作業室, 画室, 写真撮影所
study [stʌdi] [動] 勉強する [名] 勉強, 書斎
stuff [stʌf] [名] 材料, 物 [動] 詰める
stumble [stʌmbəl] [動] よろめく, 口ごもる
stump [stʌmp] [名] 切り株
stung [stʌŋ] [動] sting (刺す) の過去·過去分詞形
stupid [styu:pəd] [名] 間抜け, 馬鹿 [形] 愚かな
stupidly [styu:pədli] [副] 愚かにも
sturdy [stə:rdi] [形] 丈夫な, 堅固な
style [stail] [名] 特定の種類, 方式, 様式
subdue [səbdyu:] [動] 征服する, 鎮圧する
subject [sʌbdʒikt] [名] 主題, 家来 [形] 服従する
subjunctive [səbdʒʌŋktiv] [名] 仮定法 (文法)
sublime [səblaim] [名] 崇高な物 [形] 崇高な
submarine [sʌbmərin] [名] 潜水艦 [形] 海中の
submerge [səbmə:rdʒ] [動] 潜る
submit [səbmit] [動] 服従させる, 提出する
subordinate [səbɔ:rdənət] [名] 部下 [形] 下位の, 服従する
subscribe [səbskraib] [動] 寄付する, 購読する, 署名する
subscription [səbskripʃən] [名] 寄付, 予約購読
subsequent [sʌbsikwənt] [形] 後の, 直後の
subsequently [sʌbsikwəntli] [副] 後, その結果として
substance [sʌbstəns] [名] 物質, 要旨
substantial [səbstæntʃəl] [形] かなりの, 現実的な 丈夫な
substantially [səbstæntʃəli] [副] 十分に, 実際に
substitute [sʌbstətu:t] [名] 代理人, 代用品 [動] 代用する
subtle [sʌtl] [形] 巧みな
subtraction [səbtrækʃən] [名] 引くこと, 控除, 引き算
suburb [sʌbə:rb] [名] 郊外, 近郊
subway [sʌbwei] [名] 地下鉄
succeed [səksi:d] [動] 成功する, 繁栄する, 受け継ぐ
success [səkses] [名] 成功
successful [səksesfl] [形] 成功した
successfully [səksesfəli] [副] 成功的に
succession [səkseʃən] [名] 連続, 継承
successive [səkseʃiv] [形] 連続する
successor [səksesər] [名] 後継者
such [sʌtʃ] [形] そうした, このような
suck [sʌk] [動] なめる
Sudan [su:dæn] [地] スーダン (北アフリカ諸国)
sudden [sʌdn] [形] 突然の [名] 不時, 突然
suddenly [sʌdnli] [副] 突然
suffer [sʌfər] [動] 苦痛を受ける, 苦しむ
suffering [sʌfəriŋ] [名] 労苦, 受難 [形] 苦しんでいる
suffice [səfais] [動] 満足させる, 十分である

sufficient [səfiʃənt] [形] 十分な

sufficiently [səfiʃəntli] [副] 十分に

suffix [sʌfiks] [名] 接尾辞, 付加物

sugar [ʃugər] [名] 砂糖 [動] 砂糖を入れる

suggest [sədʒest] [動] 暗示(示唆, 提議)する

suggestion [sədʒestʃən] [名] 暗示, 示唆, 提議

suicide [su:əsaid] [名] 自殺 [動] 自殺する

suit [su:t] [名] スーツ (衣服) [動] 適応させる

suitable [su:təbl] [形] 適当な, 適格の

suitcase [su:tkeis] [名] スーツケース

sulfur [sʌlfər] [名] 硫黄 [形] 硫黄の

sullen [sʌlən] [形] 不きげんな, 陰気な

sum [sʌm] [名] 合計, 要約 [動] 合計する

summary [sʌməri] [名] 要約 [形] 要約された

summer [sʌmər] [名] 夏 [動] 夏を過ごす

summit [sʌmət] [名] 頂上, 頂点

summon [sʌmən] [動] 召喚する, 出頭させる

sun [sʌn] [名] 太陽 [動] 日に当たる

sunbeam [sʌnbi:m] [名] 太陽の光

Sunday [sʌndei] [名] 日曜日

sung [sʌŋ] [動] sing (歌う) の過去分詞形

sunk [sʌŋk] [形] 苦しい

sunken [sʌŋkən] [形] 沈没した

sunlight [sʌnlait] [名] 日光

sunny [sʌni] [形] 日当りのよい, 太陽の

sunrise [sʌnraiz] [名] 日の出

sunset [sʌnset] [名] 日没

sunshine [sʌnʃain] [名] 日光, 日差し

super [su:pər] [形] 特等品の [名] 監督, 特等品

superficial [su:pə:rfiʃəl] [形] 表面的な, 表面上の

superficially [su:pə:rfiʃəli] [副] 外面的に

superintendent [su:pərintendənt] [名] 監督, 管理者 [形] 監督する

superior [supiəriər] [名] 上官 [形] ~より優れた

superlative [supə:rlətiv] [形] 最上の [名] 最上級 (文法)

supermarket [su:pərma:rkət] [名] スーパーマーケット

superstition [su:pərstiʃən] [名] 迷信

supervision [su:pərviʒən] [名] 監督, 管理, 指揮

supper [sʌpər] [名] 夕食

supplement [sʌpləmənt] [名] 追加物, 補充物

supplement [sʌpləment] [動] 補う

supply [səplai] [名] 供給 [動] 供給する

support [səpɔ:rt] [動] 支持する [名] 支持, 扶養

supporter [səpɔ:rtər] [名] 支持者, 後援者

suppose [səpouz] [動] 仮定する

supposed [səpouzd] [形] 仮定の, 推定上の

suppress [səpres] [動] 抑圧 (鎮圧, 禁止) する

supreme [səpri:m] [形] 最高の, 最上の

sure [ʃuər] [形] 確実な [副] 確かに

surely [ʃuərli] [副] 確実に, 確かに

surface [sə:rfəs] [名] 表面, 外観

surge [sə:rdʒ] [動] 電圧が急に高くなる

surgeon [sə:rdʒən] [名] 外科医

surmise [sərmaiz] [名] 推測, 推量 [動] 推し測る

surpass [sərpæs] [動] 凌ぐ

surplus [sə:rpləs] [名] 余剰物, 剰余金

surprise [sərpraiz] [動] 驚かす [名] 意外のこと

surprising [sərpraiziŋ] [形] 驚くべき

surprisingly [sərpraiziŋli] [副] 意外に

surrender [sərendər] [名] 降伏 [動] 降伏する

surround [səraund] [動] 取り囲む

surroundings [səraundiŋz] [名] 周りの状況

survey [sə:rvei] [名] 外観, 展望

survey [sərvei] [動] 概観する, 展望する

survive [sərvaiv] [動] ~より長く生きる, 生存する

suspect [səspekt] [動] 疑う

suspect [sʌspekt] [名] 容疑者 [形] 怪しい

suspend [səspend] [動] つるす, 保留する

suspicion [səspiʃən] [名] 疑い, 疑惑

suspicious [səspiʃəs] [形] 疑い深い, 疑わしい

sustain [səstein] [動] 支える, 耐える

swallow [swalou] [名] 飲み込み, ツバメ (鳥) [動] 飲み込む

swam [swæm] [動] swim (泳ぐ) の過去形

swamp [swamp] [名] 沼

swan [swan] [名] 白鳥 (鳥)

swarm [swɔ:rm] [名] 蜂の群れ, 群衆 [動] 群がる

sway [swei] [名] 動揺 [動] 揺れる

swear [sweər] [動] 誓う, 誓約する

sweat [swet] [名] 汗 [動] 汗をかく

Sweden [swi:dn] [地] スウェーデン (北ヨーロッパ諸国)

sweep [swi:p] [名] 掃除 [動] はたく, 掃除する

sweeping [swi:piŋ] [名] 掃除, 一掃 [形] 一掃する

sweet [swi:t] [形] 甘い [名] 甘い物, キャンデー

sweetheart [swi:tha:rt] [名] 恋人 [動] 恋愛する

sweetly [swi:tli] [副] 楽しく, 甘く

sweetness [swi:tnəs] [名] 甘味, 甘さ

swell [swel] [名] 膨張, 腫れ上がること [動] 膨張する

swept [swept] [動] sweep (はたく) の過去・過去分詞形

swift [swift] [形] 素早い [副] 素早く

swiftly [swiftli] [副] いち早く

swim [swim] [動] 泳ぐ [名] 水泳

swimmer [swimər] [名] スイマー

swimming [swimiŋ] [名] 泳ぎ, 水泳 [形] 水泳用の

swimming pool [swimiŋ pu:l] [名] 水泳場, プール

swing [swiŋ] [名] 振動, 動揺, ブランコ [動] 振る

Swiss [swis] [名] スイス人 [形] スイスの

switch [switʃ] [名] 切り替え, スイッチ [動] 転換する

Switzerland [switsərlənd] [地] スイス (西ヨーロッパ諸国)

swollen [swoulən] [形] 腫れ上がった

swoop [swu:p] [名] 急降下, 急襲 [動] 急降下する

sword [swɔ:rd] [名] 剣, 刀, 武力

swore [swɔ:r] [動] swear (誓う) の過去形

sworn [swɔ:rn] [形] 誓った, 宣誓した

sworn [swɔ:rn] [動] swear (誓う) の過去分詞形

swum [swʌm] [動] swim (泳ぐ) の過去分詞形

swung [swʌŋ] [動] swing (振る) の過去・過去分詞形

syllable [siləbəl] [名] 音節

symbol [simbəl] [名] 象徴, 記号

symmetry [simətri] [名] 対称, 調和

sympathetic [simpəθetik] [形] 同情的な

sympathize [simpəθaiz] [動] 同情する

sympathy [simpəθi] [名] 同情

symphony [simfəni] [名] 交響曲, シンフォニー, 交響楽団

symptom [simptəm] [名] 兆候, 症状

syntax [sintæks] [名] 構文論, 文章論

Syria [siriə] [地] シリア (中東諸国)

system [sistəm] [名] システム, 制度, 体系

systematic [sistəmætik] [形] 体系的な

T

table [**tei**bəl] [名] テーブル, 食卓

tablespoon [**tei**bəlspuːn] [名] テーブルスプーン

tablet [**tæ**blət] [名] 銘板, タブレット, ノートパッド

tackle [**tæ**kəl] [名] タックル [動] 飛び掛かる

tail [teil] [名] しっぽ [動] ～に尾をつける, 尾行する

tailor [**tei**lər] [名] 洋服店 [動] 洋服を縫う

Taiwan [**taiwa**ːn] [地] 台湾 (東アジア諸国)

take [teik] [動] 握る, つかむ

taken [**tei**kən] [動] take (握る) の過去分詞形

tale [teil] [名] 話

talent [**tæ**lənt] [名] 才能, 芸能人

talented [**tæ**ləntəd] [形] 才能のある

talk [tɔːk] [動] 話す [名] 話, 会談

talkie [**tɔː**ki] [名] 発声映画

talking [**tɔː**kiŋ] [名] 会話, 雑談 [形] 物を言う

tall [tɔːl] [形] 背が高い

tame [teim] [形] 飼いならされた [動] 飼いならす

tan [tæn] [動] 日焼けする

tank [tæŋk] [名] タンク, 貯水池

Tanzania [tænzəniːə] [地] タンザニア (東アフリカ諸国)

tap [tæp] [動] 軽くたたく

tape [teip] [名] テープ [動] 録音する

taper [**tei**pər] [動] 次第に細くなる, 次第に減る

tape recorder [**teip** rikɔːrdər] [名] 録音機, テープレコーダー

tar [taːr] [名] タール [動] タールを塗る

target [**ta**ːrgət] [名] 標的, 到達目標

tariff [**tæ**rəf] [名] 関税 [動] 関税を課する

task [tæsk] [名] 課業 [動] 仕事を課する

taste [teist] [動] 味を見る [名] 味覚, 趣味

taught [tɔːt] [動] teach (教える) の過去・過去分詞形

tavern [**tæ**vərn] [名] 居酒屋

tax [tæks] [名] 税金 [動] 課税する

taxation [tæk**sei**ʃən] [名] 課税

taxi [**tæk**si] [名] タクシー [動] タクシーで行く

tea [tiː] [名] お茶 [動] お茶を飲む

teach [tiːtʃ] [動] 教える

teacher [**tiː**tʃər] [名] 先生, 教師

teaching [**tiː**tʃiŋ] [名] 教育, 教職

team [tiːm] [名] チーム

tear [tiər] [名] 涙 [動] 涙を流す

tear [teər] [動] 破る [名] 破ること

tease [tiːz] [名] いじめ [動] 苦しめる, からかう

teaspoon [**tiː**spuːn] [名] ティースプーン

technical [**tek**nikəl] [形] 技術的な, 技術上の

technically [**tek**nikəli] [副] 技術的に, 専門的に

technique [tek**niː**k] [名] 技術, テクニック

tedious [**tiː**diəs] [名] 退屈な

teenager [**tiː**neidʒər] [名] 十代の人

teens [tiːnz] [名] 十代

teeth [tiːθ] [名] tooth (歯) の複数形

telegram [**te**ləgræm] [名] 電報, 電信

telegraph [**te**ləgræf] [名] 電報, 電信

telephone [**te**ləfoun] [名] 電話 [動] 電話をかける

telescope [**te**ləskoup] [名] 望遠鏡

television [**te**ləviʒən] [名] テレビ

tell [tel] [動] 話す, 知らせる

temper [**tem**pər] [名] 性質, 気分 [動] 軽減する

temperament [**tem**pərəmənt] [名] 性質

temperance [**tem**pərəns] [名] 自制, 節制

temperate [**tem**pərət] [形] 節度ある, 節酒の, 穏やかな

temperature [**tem**pərətʃər] [形] 温度, 体温

tempest [**tem**pəst] [名] 嵐, 大騒ぎ

temple [**tem**pəl] [名] 神殿, 教会堂, 寺

temporarily [**tem**pərerəli] [副] 一時的に

temporary [**tem**pəreri] [形] 臨時の [名] その場逃れ

tempt [tempt] [動] 誘う, 誘惑する

temptation [temp**tei**ʃən] [名] 誘惑

ten [ten] [名] 十 [形] 十の

tenant [**te**nənt] [名] 土地の借り手, テナント

tend [tend] [動] ～の傾向がある, 世話する

tendency [**ten**dənsi] [名] 傾向, 性向

tender [**ten**dər] [形] 柔らかい [動] 提出する

tender-hearted [**ten**dər **ha**ːrtəd] [形] 気立ての優しい

tenderly [**ten**dərli] [副] 柔らかく, 優しく

tenderness [**ten**dərnəs] [名] 柔らかさ, 優しさ

tennis [tenəs] [名] テニス, 庭球
tense [tens] [形] 張り詰めた, 緊張した [名] 時制 (文法)
tension [tenʃən] [名] 緊張, 不安
tent [tent] [名] テント [動] テントを張る
tenth [tenθ] [名] 十番目 [形] 十番目の
term [tə:rm] [名] 用語, 期間, 学期
terminate [tə:rməneit] [形] 有限の [動] 終える
terms [tə:rmz] [名] 言葉遣い, 条件
terrace [teərəs] [名] テラス, 階段状の庭
terrible [teərəbl] [形] 恐ろしい, 巨大な, 途方も無い
terribly [teərəbli] [副] 恐ろしく, 非常に
terrific [tərifik] [形] 大変な, すごい, 素晴らしい
terrify [teərəfai] [動] 怖がらせる, 驚かす
territorial [terətɔ:riəl] [形] 領土の, 土地の, 準州の
territory [teərətɔ:ri] [名] 領土, 領域, 準州
terror [teərər] [名] 恐怖
terrorist [teərərist] [名] 暴力主義者, テロリスト
test [test] [名] 試験, テスト [動] 試す
testament [testəmənt] [名] 聖書, 遺言, 遺書
testify [testəfai] [動] 証言する, 証明する
testimony [testəmouni] [名] 証言, 証明, 証拠
Texas [teksəs] [地] テキサス (米国の州)
text [tekst] [名] 原稿, 本文
textbook [tekstbuk] [名] 教科書, テキスト
textile [tekstail] [名] 織物, 繊維 [形] 紡績された, 織物の
Thailand [tailænd] [地] タイ (東南アジア諸国)
Thames [temz] [地] テムズ川 (イギリスの川)
than [ðæn] [接] ~より
thank [θæŋk] [動] 感謝する
thankful [θæŋkfl] [形] 感謝している
thanks [θæŋks] [名] 感謝, 謝意
thanksgiving [θæŋksgiviŋ] [名] 感謝, 謝恩, 感謝祭
that [ðæt] [代] あれ, それ
that's [ðæts] [短] that is の短縮形
thaw [θɔ:] [動] 溶ける, 緩和する [名] 雪解け
the [ðʌ] [冠] この, あの, その
theater [θi:ətər] [名] 劇場, 舞台
thee [ði:] [代] 君を, 君に (古語)
theft [θeft] [名] 盗み
their [ðeər] [代] 彼らの, 彼女達の, それらの
theirs [ðeərz] [代] 彼らの物, 彼女達の物
them [ðem] [代] それらを, 彼女達を, それらを
theme [θi:m] [名] 主題, 論題, 作文, 論文
themselves [ðemselvz] [代] 彼ら自身, 彼女達自身
then [ðen] [副] その時, その頃
thence [ðens] [副] そこで, その後
theoretic [θi:əretik] [形] 理論上の, 理論の
theory [θiəri] [名] 理論, 学説
there [ðeər] [副] そこに, あそこに
thereafter [ðeəræftər] [副] その後
thereby [ðeərbai] [副] それによって
therefore [ðeərfɔ:r] [副] その結果, 従って
there'll [ðeərl] [短] there will の短縮形
thereof [ðeərʌv] [副] それについて, そのような理由から
there's [ðeərz] [短] there is の短縮形
thereupon [ðeərəpan] [副] すると, すぐに, その結果
therewith [ðeərwiθ] [副] それとともに, さらに
thermometer [θə:rmamətər] [名] 温度計
these [ði:z] [代] これら [形] これらの
thesis [θi:səs] [名] 学位(卒業) 論文
they [ðei] [代] 彼ら, 彼女ら, それら
they'd [ðeid] [短] they would (had) の短縮形
they'll [ðeil] [短] they will (shall) の短縮形
they're [ðeər] [短] they are の短縮形
they've [ðeiv] [短] they have の短縮形
thick [θik] [形] 厚い, 太い
thicket [θikət] [名] 茂み, 雑木林
thickly [θikli] [副] 厚く, 濃く, はっきりしないように
thickness [θiknəs] [名] 厚い(太い)こと, 厚さ, 濃度
thief [θi:f] [名] 泥棒
thigh [θai] [名] もも, 大腿
thin [θin] [形] 薄い, 細い, 乾いた
thine [ðain] [代] 君の物 (古語)
thing [θiŋ] [名] 物体, 物
things [θiŋz] [名] 風物, 文物, 事情, 状況
think [θiŋk] [動] 考える
thinking [θiŋkiŋ] [名] 思索 [形] 考える, 理性的な
third [θə:rd] [名] 三番目 [形] 三番目の

thirdly [θəːrdli] [副] 三番目に

third-rate [θəːrd reit] [形] 三等の, 非常に劣った

thirst [θəːrst] [名] 渇き, 渇望 [動] のどが渇く

thirsty [θəːrsti] [形] のどの渇いた, 渇望する

thirteen [θəːrtiːn] [名] 13 [形] 13 の

thirteenth [θəːrtiːnθ] [名] 第 13 [形] 第 13 の

thirtieth [θəːrtiəθ] [名] 第 30 [形] 第 30 の

thirty [θəːrti] [名] 30 [形] 30 の

this [ðis] [代] これ, 今 [形] ここにある

thither [θiðər] [形] 向こうの [副] 向こうに (古語)

thorn [θɔːrn] [名] 植物のとげ

thorny [θɔːrni] [形] とげの多い, 苦しい

thorough [θəːrou] [形] 完全な, 徹底した

thoroughly [θəːrouli] [副] 完全に, 徹底的に

those [ðouz] [代] それら [形] それらの

thou [ðau] [代] 君, 貴方 (古語)

though [ðou] [接] ～にもかかわらず, ～だが

thought [θɔːt] [名] 考え, 見解, 意図, 思想

thought [θɔːt] [動] think (考える) の過去・過去分詞形

thoughtful [θɔːtfl] [形] 思慮深い, 思いやりのある

thoughtfully [θɔːtfəli] [副] 考え深く, 思慮深く

thousand [θauzənd] [名] 千 [形] 千の

thousandth [θauzənθ] [名] 千番目 [形] 千番目の

thread [θred] [名] 糸, 脈絡 [動] 糸を通す

threat [θret] [名] 威嚇, 脅迫

threaten [θretn] [動] 脅かす, 脅迫する

three [θriː] [名] 三 [形] 三の

threshold [θreʃhould] [名] 敷居, 出発点

threw [θruː] [動] throw (投げる) の過去形

thrice [θrais] [副] 三度, 三回 (古語)

thrill [θril] [名] ぞっとする感じ, スリル

thrive [θraiv] [動] 繁盛する, 繁栄する

throat [θrout] [名] のど

throne [θroun] [名] 王座, 王位

throng [θrɔːŋ] [名] 群衆, 人波

through [θruː] [前] ～を通して, ～を過ぎて

throughout [θruːaut] [前] いたる所に [副] 全部

throw [θrou] [動] 投げる [名] 投げ

thrown [θroun] [動] throw (投げる) の過去分詞形

thrust [θrʌst] [名] 刺し [動] 刺す

thumb [θʌm] [名] 親指

thump [θʌmp] [名] 強い打撃 [動] 殴る

thunder [θʌndər] [名] 雷 [動] 雷が鳴る

thunderous [θʌndərəs] [形] 雷の, 雷のような

Thursday [θəːrzdei] [名] 木曜日

thus [ðʌs] [副] このように, それで

thy [ðai] [代] 貴方の, 君の

thyself [ðaiself] [代] 君自身

Tibet [tibet] [地] チベット (中国の自治区)

tick [tik] [名] カチカチ音

ticket [tikət] [名] 切符, 入場券, 乗車券

tickle [tikəl] [動] くすぐる

tide [taid] [名] 潮, 潮流

tidings [taidiŋz] [名] 便り, 消息

tidy [taidi] [形] 整頓された [動] 整える

tie [tai] [動] 結ぶ [名] 結び目, ネクタイ

tiger [taigər] [名] (雄の) 虎

tight [tait] [形] 堅い, ぴったり合った, ぎっしり詰まった

tighten [taitn] [動] しっかり締める

tightly [taitli] [副] しっかり, 正確に, きちんと

tile [tail] [名] タイル [動] タイルを張る

till [til] [前] ～まで [動] 耕す, 耕作する

tilt [tilt] [名] 傾斜 [動] 傾ける

timber [timbər] [名] 材木, 森林

time [taim] [名] 時, 時間, 期間

timely [taimli] [形] 時宜を得た, 適時の [副] ちょうどよく

timid [timəd] [形] 臆病な, 小心な

tin [tin] [名] 錫, 錫器

tint [tint] [名] 色合い, 色彩 [動] 色合いをつける

tiny [taini] [形] ささやかな, 非常に小さい

tip [tip] [名] 端, 頂上 [動] 傾ける

tiptoe [tiptou] [名] つま先 [動] つま先で歩く

tire [taiər] [動] 疲れさせる, 疲れる

tired [taiərd] [形] 疲れた, うんざりした

tiresome [taiərsəm] [形] 退屈な, うんざりさせる, 面倒な

tissue [tiʃuː] [名] 組織, 薄い織物

title [taitl] [名] 表題, 肩書き, 権利

to [tuː] [前] ～へ, ～に, ～まで

toad [toud] [名] ヒキガエル

toast [toust] [名] トースト, 乾杯

to**ba**cco [təbækou] [名] タバコ

to**day** [tədei] [名] 今日, 現在 [副] 今日, 現在

toe [tou] [名] 足の指

to**ge**ther [təgeðər] [副] 一緒に, 一緒にして

toil [tɔil] [名] 苦労 [動] 尽くす

toilet [tɔilət] [名] 便器, トイレ

token [toukən] [名] 象徴, 記念品, 乗車用コイン

Tokyo [toukiou] [地] 東京 (日本の首都)

told [tould] [動] tell (話す) の過去・過去分詞形

toll [toul] [名] 鐘の音, 通行料金 [動] 打つ

to**ma**to [təmeitou] [名] トマト

tomb [tu:m] [名] 墓

to**mor**row [təma:rou] [名] 明日, 未来

ton [tʌn] [名] トン (重量), 多量, 多数

tone [toun] [名] 音, 音質, 語調, 抑揚

tongue [tʌŋ] [名] 舌, 言語

to**night** [tənait] [名] 今夜 [副] 今夜に

too [tu:] [副] しかも, また, あまりにも~

took [tuk] [動] take (握る) の過去形

tool [tu:l] [名] 道具

tooth [tu:θ] [名] 歯

toothache [tu:θeik] [名] 歯痛

toothbrush [tu:θbrəʃ] [名] 歯ブラシ

top [tap] [名] 頂上 [形] 最高の

to**pic** [tapik] [名] 主題, 話題

torch [tɔ:rtʃ] [名] 松明, 携帯用石油灯

tore [tɔ:r] [動] tear (破る) の過去形

torment [tɔ:rmənt] [名] 苦痛, 拷問 [動] 拷問する

torn [tɔ:rn] [動] tear (破る) の過去分詞形

To**ron**to [tərantou] [地] トロント (カナダの都市)

tor**pe**do [tɔ:rpi:dou] [名] 魚雷 [動] 魚雷で破壊する

torrent [tɔ:rənt] [名] 急流, にわか雨

tortoise [tɔ:rtəs] [名] 亀 (淡水, 陸地の)

torture [tɔ:rtʃər] [名] 拷問, 苦痛 [動] 拷問する

toss [tɔ:s] [名] 投げ上げること [動] 投げ上げる

to**tal** [toutl] [名] 総計, 総額 [形] 全体の

to**tally** [toutəli] [副] すべて, 全部, 完全に

touch [tʌtʃ] [動] 触る [名] 接触, 触感

touching [tʌtʃiŋ] [形] 感動的な

touchingly [tʌtʃiŋli] [副] かわいそうに

tough [tʌf] [形] 頑丈な, 強靭な, たくましい, 強情な

tour [tuər] [名] 旅行 [動] 旅行する

tourist [tuərist] [名] 観光客

tournament [tuərnəmənt] [名] 試合, トーナメント

toward [tɔ:rd] [前] ~の方に, ~に向かって

towel [tauəl] [名] タオル, 手ぬぐい

tower [tauər] [名] 塔

town [taun] [名] 町

toy [tɔi] [名] おもちゃ [動] いたずらする

trace [treis] [名] 跡, 痕跡 [動] 追跡する

track [træk] [名] 鉄道線路, 軌道 [動] 追跡する

tract [trækt] [名] 広い地面

tractor [træktər] [名] トラクター, 牽引車

trade [treid] [名] 商業, 貿易, 取引, 交換, 職業

tra**di**tion [trədiʃən] [名] 伝統

traffic [træfik] [名] 交通, 交通量

tragedy [trædʒədi] [名] 悲劇, 悲劇的な事件

tragic [trædʒik] [形] 悲劇の, 悲劇的な

trail [treil] [名] 跡, 小道 [動] 追跡する

train [trein] [名] 列車, 行列 [動] 訓練する

trainer [treinər] [名] 訓練者, 練習用具

training [treiniŋ] [名] 訓練, 練習

traitor [treitər] [名] 裏切り者, 反逆者

tram [træm] [名] 路面電車

tramcar [træmka:r] [名] 路面電車

tramp [træmp] [名] 足音, 徒歩旅行

trample [træmpəl] [動] 踏みにじる

tranquil [træŋkwəl] [形] 静かな, 穏やかな

trans**fer** [trænsfə:r] [名] 移動, 振替 [動] 移す

trans**form** [trænsfɔ:rm] [動] 変える, 変換する

tran**sis**tor [trænzistər] [名] トランジスタ

transitive [trænzətiv] [名] 他動詞 (文法)

trans**late** [trænsleit] [動] 翻訳する, 解釈する

trans**la**tion [trænsleiʃən] [名] 翻訳, 解釈

trans**par**ent [trænspeərənt] [形] 透明な

trans**port** [trænspɔ:rt] [名] 輸送 [動] 輸送する

transpor**ta**tion [trænspɔ:rteiʃən] [名] 輸送, 交通手段

trap [træp] [名] 罠 [動] 罠にかかるようにする

travel [trævəl] [名] 旅行 [動] 旅行する, 移動する

traveler [trævələr] [名] 旅行者

traveling [trævəliŋ] [名] 旅行 [形] 旅行の

traverse [trævərs] [名] 横断 [動] 横切る

tray [trei] [名] 盆, 書類整理箱

treacherous [tretʃərəs] [形] 裏切る, 反逆する

treachery [tretʃəri] [名] 裏切り, 反逆

tread [tred] [名] 踏むこと, 歩き [動] 踏む

treason [tri:zn] [名] 反逆, 反逆罪

treasure [treʒər] [名] 宝 [動] 大切にする

treasurer [treʒərər] [名] 会計(出納)担当者

treasury [treʒəri] [名] 国庫, 財務省

treat [tri:t] [名] もてなし [動] 扱う

treatment [tri:tmənt] [名] 処遇, 処置, 治療

treaty [tri:ti] [名] 条約

tree [tri:] [名] 木

tremble [trembəl] [名] 震え, 戦慄 [動] 震える

tre**men**dous [trimendəs] [形] 莫大な, 巨大な

trench [trentʃ] [名] 塹壕

trend [trend] [名] 傾向, 趨勢, 流行

trial [traiəl] [名] 裁判, 試験, 試練

tribe [traib] [名] 種族, 部族

tributary [tribyəteri] [名] (川の) 支流 [形] 支流の

tribute [tribyu:t] [名] 贈り物, 贈呈物, 賛辞

trick [trik] [名] 計策, 術策

tricycle [traisikəl] [名] 三輪車

tried [traid] [形] 試験を経た, 確実な

trifle [traifəl] [名] 些細なこと, 小銭

trifling [traifliŋ] [形] つまらない, 役に立たない

trim [trim] [名] 整頓, 整備 [動] 整える

trip [trip] [名] 小旅行, 踏み外し

triple [tripəl] [名] 三倍数 [形] 三重の, 三倍の

triumph [traiəmf] [名] 勝利, 大成功

tri**um**phant [traiʌmfənt] [形] 勝利を得た, 意気揚々の

tri**um**phantly [traiʌmfəntli] [副] 意気揚々と

trivial [triviəl] [形] つまらない, 些細な

troops [tru:ps] [名] 軍隊

trophy [troufi] [名] 競技入賞トロフィー, 戦利品

tropical [trapikəl] [形] 熱帯地方の

tropics [trapiks] [名] 熱帯地方

trot [trat] [名] 馬の速歩

trouble [trʌbəl] [名] 心配の種 [動] 苦しめる

troublesome [trʌbəlsəm] [形] 頭の痛い, 面倒な

trousers [trauzərz] [名] 洋服のズボン

trout [traut] [名] マス (魚)

truck [trʌk] [名] トラック, 貨物自動車

true [tru:] [形] 真の, 真実の [名] 真実

truly [tru:li] [副] 真に, まじめに

trump [trʌmp] [名] (トランプの) 切り札

trumpet [trʌmpət] [名] ラッパ, トランペット

trunk [trʌŋk] [名] 木の幹, 車のトランク

trunks [trʌŋks] [名] 男性用水泳パンツ

trust [trʌst] [名] 信用, 信頼 [動] 信頼する

truth [tru:θ] [名] 真実, 真理

try [trai] [動] 試みる [名] 試み, 努力

trying [traiiŋ] [形] 耐えがたい, 面倒な

tub [tʌb] [名] 桶, 水桶, 浴槽

tuck [tʌk] [名] 縫揚げ [動] 詰め込む

Tuesday [tyu:zdei] [名] 火曜日

tug [tʌg] [動] 強く引き寄せる

tulip [tyu:ləp] [名] チューリップ (花)

tumble [tʌmbəl] [名] 転倒, とんぼ返り [動] 寝転ぶ

tumult [tyu:məlt] [名] 大騒動, 暴動

tune [tyu:n] [名] 曲, 曲調 [動] 楽器を調律する

Tu**ni**sia [tyu:ni:ʒə] [地] チュニジア (北アフリカ諸国)

tunnel [tʌnl] [名] トンネル

turf [tə:rf] [名] 芝生 [動] 芝生を植える

Turkey [tə:rki] [地] トルコ (西アジア諸国)

turkey [tə:rki] [名] 七面鳥 (鳥)

Turkish [tə:rkiʃ] [名] トルコ語 [形] トルコの, トルコ人の

turn [tə:rn] [動] 回転させる [名] 回転, 転換

turning [tə:rniŋ] [名] 回転, 変化, 角, 岐路

turtle [tə:rtl] [名] 海亀

tutor [tyu:tər] [名] 家庭教師 [動] 個人指導する

twelfth [twelfθ] [名] 第 12 [形] 第 12 の

twelve [twelv] [名] 12 [形] 12 の

twentieth [**twen**tiəθ] [名] 第 20 [形] 第 20 の

twenty [**twen**ti] [名] 20 [形] 20 の

twice [twais] [副] 二回, 二倍に

twig [twig] [名] 小枝

twilight [**twai**lait] [名] 夕暮れ [動] かすかに照らす

twin [twin] [名] 双子

twine [twain] [名] ひも [動] よる, 絡み合う

twinkle [**twiŋ**kəl] [名] きらめき, 閃光 [動] きらめく

twinkling [**twiŋ**kliŋ] [名] きらめき [形] 輝く

twist [twist] [名] ひとより, 回転 [動] よる, よじる

two [tu:] [名] 二 [形] 二の

tying [**tai**iŋ] [名] 結ぶこと, 縛ること [形] 結ぶ

type [taip] [名] 型, タイプ, 典型

typewriter [**taip**raitər] [名] タイプライター

ty**phoon** [tai**fu:n**] [名] 台風

typical [**ti**pikəl] [形] 典型的な

typically [**ti**pikəli] [副] 典型的に

typist [**tai**pist] [名] タイピスト

tyranny [**ti**rəni] [名] 暴政, 暴悪

tyrant [**tai**rənt] [名] 暴君

U

uganda [u:gændə] [地] ウガンダ (中央アフリカ諸国)
ugly [ʌgli] [形] 醜い, 不細工な, 邪悪な
ukraine [yu:krein] [地] ウクライナ (東ヨーロッパ諸国)
ultimate [ʌltəmət] [形] 最後の, 究極的な, 根本的な
ultimately [ʌltəmətli] [副] 最後に, 究極的に
umbrella [əmbrelə] [名] 傘
umpire [ʌmpaiər] [名] 審判
unable [əneibl] [形] ~することができない
unaccountable [ənəkauntəbl] [形] 説明できない, 責任がない
unanimous [yu:nænəməs] [形] 一致した, 満場一致の
unanimously [yu:nænəməsli] [副] 満場一致で
unaware [ənəweər] [形] 分からない, 気づいていない
uncertain [ənsə:rtn] [形] 不確実な
uncertainty [ənsə:rtnti] [名] 不安定, 不確実性, 疑い
unchanged [əntʃeindʒd] [形] 不変の
uncle [ʌŋkəl] [名] おじさん
uncomfortable [ənkʌmfərtəbl] [形] 気持ち悪い, 不快な
uncommon [ənkamən] [形] 珍しい, 奇妙な
unconscious [ənkantʃəs] [形] 感じない, 意識不明の
uncover [ənkʌvər] [動] 暴露する, 蓋を開ける
under [ʌndər] [前] ~の下に, ~より劣る
undergo [əndərgou] [動] 耐える, 経験する
undergone [əndərgɔ:n] [動] undergo (耐える) の過去分詞形
underground [ʌndərgraund] [名] 地下, 地下組織 [形] 地下の
underline [əndərlain] [動] 下線を引く, 強調する
underneath [əndərni:θ] [名] 下 [前] ~の下に [副] 下に
understand [əndərstænd] [動] 理解する
understanding [əndərstændiŋ] [名] 理解, 理解力, 知性
understood [əndərstud] [形] 了承された
understood [əndərstud] [動] understand(理解する)の過去·過去分詞形
undertake [əndərteik] [動] 引き受ける, 保証する
undertaken [əndərteikən] [動] undertake (引き受ける)の過去分詞形
undertaker [əndərteikər] [名] 葬儀屋, 引き受け人
undertaking [əndərteikiŋ] [名] 事業, 引き受け, 約束
undertook [əndərtuk] [動] undertake (引き受ける) の過去形
underwear [ʌndərweər] [名] 下着, 下着類
undid [əndid] [動] undo (原状に戻す) の過去形
undo [əndu:] [動] 原状に戻す
undoubted [əndautəd] [形] 疑う余地がない
undoubtedly [əndautədli] [副] 疑いもなく, 間違いなく
uneasily [əni:zəli] [副] 不安に, ぎこちなく
uneasiness [əni:zinəs] [名] 不安, 心配
uneasy [əni:zi] [形] 不安な, 気にかかる
unemployment [ənimplɔimənt] [名] 失業
unequal [əni:kwəl] [形] 不公平な, 等しくない
unexpected [ənikspektəd] [形] 予期しない, 突然の
unexpectedly [ənikspektədli] [副] 意外に, 突然
unfold [ənfould] [動] 広げる, 現わす
unfortunate [ənfɔ:rtʃənət] [形] 不運な, 悔しい
unfortunately [ənfɔ:rtʃənətli] [副] 不運なことに
ungrateful [əngreitfl] [形] 恩知らずの
unhappily [ənhæpəli] [副] 不幸にも, あいにく
unhappy [ənhæpi] [形] 不幸な
uniform [yu:nəfɔ:rm] [形] 一様の [名] 制服
union [yu:nyən] [名] 結合, 合同, 労働組合
unique [yuni:k] [形] 唯一の [名] 唯一の物
unit [yu:nət] [名] 単位, 一人
unite [yunait] [動] 一つにする, 協同する
united [yunaitəd] [形] 連合した, 連携した, 協力した
United Kingdom [yunaitəd kiŋdəm] [地] イギリス (西ヨーロッパ諸国)
United Nations [yunaitəd neiʃənz] [名] 国連, 国際連合
United States [yunaitəd steits] [地] アメリカ合衆国
unity [yu:nəti] [名] 単一性, 統一
universal [yu:nəvə:rsəl] [形] 普遍的な, 宇宙の
universally [yu:nəvə:rsəli] [副] 普遍的に, 一般的に
universe [yu:nəvə:rs] [名] 宇宙, 全世界
university [yu:nəvə:rsəti] [名] 総合大学
unjust [əndʒʌst] [形] 正しくない, 不当な
unkind [ənkaind] [形] 不親切な, 冷酷な
unkindly [ənkaindli] [副] 不親切に
unknown [ənnoun] [形] 知られていない, 未知の
unlawful [ənlɔ:fl] [形] 不法の, 違法の

unless [ənles] [接] もし~でなければ

unlike [ənlaik] [形] 似ていない, 他の

unlikely [ənlaikli] [形] ありそうもない

unlimited [ənlimətəd] [形] 無制限の

unlock [ənlak] [動] 錠を開ける, 開ける

unlucky [ənlʌki] [形] 不運な

unnatural [ənnætʃurəl] [形] 不自然な, 不思議な

unnecessarily [ənnesəserəli] [副] 不要に, 無駄に

unnecessary [ənnesəseri] [形] 不要な

unnoticed [ənnoutist] [形] 注意を引かない

unpleasant [ənpleznt] [形] 不快な

unreasonable [ənri:znəbl] [形] 不合理な, 非理性的な

unselfish [ənselfiʃ] [形] 利己的でない, 利他的な

until [əntil] [接] ~するまで, まで

unto [ʌntu] [前] ~に, ~へ, ~まで

unusual [ənyu:ʒuəl] [形] 正常でない, 異例の

unusually [ənyu:ʒuəli] [副] 常になく, 格別に

unwelcome [ənwelkəm] [形] 歓迎されない

unwilling [ənwiliŋ] [形] 気が進まない

unworthy [ənwə:rði] [形] 価値のない

up [ʌp] [副] 上へ [前] ~の上に [名] 上昇

uphold [əphould] [動] 持ち上げる~, 支持する

upon [əpɔ:n] [前] on

upper [ʌpər] [形] より上にある, 上位の

upright [ʌprait] [形] 垂直の, 正直な, 正しい

upset [əpset] [名] 転覆 [動] 覆す

upside [ʌpsaid] [名] 上部, 上側

upstairs [ʌpsteərz] [名] 二階 [副] 二階に

up-to-date [ʌp tə deit] [形] 最新の

upward [ʌpwə:rd] [形] 上を向けた [副] 上向きに

urge [ə:rdʒ] [名] 衝動 [動] 催促する, 強要する

urgent [ə:rdʒənt] [形] 緊急の

Uruguay [uərəgwai] [地] ウルグアイ (南米諸国)

us [ʌs] [代] 私達を, 私達に

U.S. [yu: es] [地] United States (アメリカ合衆国)

usage [yu:sidʒ] [名] 習慣, 慣用語, 用語

use [yu:z] [動] 使う, 使用する, 利用する

use [yu:s] [名] 使用, 使用法, 使用目的

used [yu:zd] [形] ~に慣れて, 使用された, 中古の

useful [yu:sfl] [形] 有益な, 便利な

useless [yu:sləs] [形] 無益な

user [yu:zər] [名] 使用者, ユーザー

usual [yu:ʒuəl] [形] 普段の [名] いつもの事

usually [yu:ʒuəli] [副] 普通は, 普段は

utensil [yu:tensəl] [名] 台所道具

utility [yu:tiləti] [名] 利便性, 実用性, 公益事業

utilize [yu:təlaiz] [動] 利用する

utmost [ʌtmoust] [名] 最大限, 最善 [形] 極度の

utopia [yutoupiə] [名] ユートピア, 理想郷

utopian [yutoupiən] [形] ユートピアの, 理想郷の

utter [ʌtər] [動] 話す [形] 全的な

utterance [ʌtərəns] [名] 発言, 発声, 言葉遣い, 表現力

utterly [ʌtərli] [副] 全的に

Uzbekistan [uzbekistæn] [地] ウズベキスタン (中央アジア諸国)

V

vacant [veikənt] [形] 空虚な, 空の, 空席の

vacation [veikeiʃən] [名] 休暇, 休み

vacuum [vækyu:m] [名] 真空

vague [veig] [形] あいまいな, はっきりしない

vaguely [veigli] [副] 漠然と, あいまいに

vain [vein] [形] 空虚な, 役に立たない, むなしい

vainly [veinli] [副] 無駄に, 効果なく

vale [veil] [名] 谷間, 谷, 現世

valiant [vælyənt] [形] 勇敢な

valley [væli] [名] 谷, 谷間

valor [vælər] [名] 勇気, 勇敢

valuable [vælyəbl] [形] 貴重な, 価値のある

value [vælyu] [名] 価値, 価格 [動] 評価する

valueless [vælyuləs] [形] 無価値な, つまらない

valve [vælv] [名] バルブ

van [væn] [名] 小型トラック, バン

vanish [væniʃ] [動] 消える

vanity [vænəti] [名] 虚栄心, 虚飾, 虚無

vapor [veipər] [名] 蒸気 [動] 蒸発する

variation [verieiʃən] [名] 変形, 変化

varied [veərid] [形] 色とりどりの, 変化した

variety [vəraiəti] [名] 多様性, 変化, 多種多様な物

various [veəriəs] [形] いろいろの

vary [veəri] [動] 変える, 多様にする

vase [veis] [名] 瓶, 甕

vast [væst] [形] 広大な, 莫大な

vault [vɔ:lt] [名] 丸い天井, 地下倉庫

vegetable [vedʒətəbl] [名] 野菜 [形] 野菜の

vegetation [vedʒəteiʃən] [名] 植物の生長

vehicle [vi:əkəl] [名] 車, 乗物, 媒介物

veil [veil] [名] ベール, おおい

vein [vein] [名] 静脈

velvet [velvət] [名] ベルベット

Venezuela [venəzweilə] [地] ベネズエラ (南米諸国)

vengeance [vendʒəns] [名] 復讐

ventilate [ventəleit] [動] 換気する

ventilation [ventəleiʃən] [名] 換気, 通風

ventilator [ventəleitər] [名] 換気装置

venture [ventʃər] [名] 冒険, 投機

veranda [vərændə] [名] ベランダ

verb [və:rb] [名] 動詞 (文法)

verse [və:rs] [名] 詩, 詩の一行

versed [və:rst] [形] 精通した, 熟知した

version [və:rʒən] [名] 訳書, 変形, ~版

vertical [və:rtikəl] [形] 垂直の, 縦の

very [veəri] [副] とても, すごく

vessel [vesəl] [名] 船舶, 容器, 血管

vest [vest] [名] チョッキ [動] 与える

veteran [vetərən] [名] 老練な, 退役軍人

vex [veks] [動] いらいらさせる

via [vi:ə] [前] ~を経て, ~を経由して

vibrate [vaibreit] [動] 揺れる, 振動する

vice [vais] [名] 悪徳, 悪行, 欠点

vicinity [vəsinəti] [名] 近く, 付近

vicious [viʃəs] [形] 不道徳な, 悪意のある

victim [viktəm] [名] 犠牲者, 被害者

victor [viktər] [名] 勝利者

victorious [viktɔ:riəs] [形] 勝利を得た, 勝った

victory [viktəri] [名] 勝利

Vietnam [vietnam] [地] ベトナム (東南アジア諸国)

view [vyu:] [名] 見ること, 展望, 視界

viewpoint [vyu:pɔint] [名] 見地, 観点, 見解

vigor [vigər] [名] 力, 活力

vigorous [vigərəs] [形] 活気に満ちた, 強力な

vile [vail] [形] すごく悪い, 堕落した, 卑劣な

village [vilidʒ] [名] 町

villager [vilidʒər] [名] 村人

vine [vain] [名] ブドウの木, つる植物

vinegar [vinigər] [名] 酢

violate [vaiəleit] [動] 破る, 違反する

violence [vaiələns] [名] 暴力, 暴行

violent [vaiələnt] [形] 乱暴な, 暴力的な

violently [vaiələntli] [副] 乱暴に, 猛烈に

violet [vaiələt] [形] すみれ色の [名] すみれ (花)

violin [vaiəlin] [名] バイオリン (楽器)

virgin [və:rdʒən] [名] 処女, お嬢さん

virtue [və:rtʃu:] [名] 徳, 美徳, 長所

virtuous [və:rtʃuəs] [形] 徳のある, 公平な, 静寂な

visible [vizəbl] [形] 目に見える, 明らかな

vision [viʒən] [名] 視力, 洞察力, ビジョン

visit [vizət] [動] 訪問する [名] 訪問

visitor [vizətər] [名] 訪問客

vital [vaitl] [形] 生命の, 活気のある, 不可欠な

vitamin [vaitəmən] [名] ビタミン

vivid [vivəd] [形] 新鮮な, きびきびした, 鮮やかな

vocabulary [voukæbyəleri] [名] 語彙, 単語集

vocal [voukəl] [形] 声の, 声楽の

voice [vɔis] [名] 音声 [動] 言葉で表現する

void [vɔid] [名] 空間, 空虚 [形] 空虚な

volcano [valkeinou] [名] 火山

volleyball [valibɔ:l] [名] バレーボール

volume [valyəm] [名] 本, 分量, 音量

voluntarily [valənterəli] [副] 自発的に

voluntary [valənteri] [形] 自発的な, 支援された, 志願した

volunteer [valəntiər] [名] 志願者 [動] 志願する

vote [vout] [動] 投票する [名] 投票, 投票権

voter [voutər] [名] 有権者

vow [vau] [名] 誓約 [動] 誓う

vowel [vauəl] [名] 母音

voyage [vɔiidʒ] [名] 航海 [動] 航海する, 旅行する

vulgar [vʌlgər] [形] 卑しい, 下品な

W

wade [weid] [動] (川を) 歩いて渡る

wafer [weifər] [名] ウエハ (お菓子)

wag [wæg] [動] (しっぽを) 振る

wage [weidʒ] [動] 闘争をする

wages [weidʒiz] [名] 賃金, 給料

wagon [wægən] [名] ワゴン (車), 屋台

wail [weil] [名] 悲嘆 [動] 悲嘆する

waist [weist] [名] 腰

wait [weit] [動] 待つ, 世話をする

waiter [weitər] [名] ウェイター, 給仕

waiting [weitiŋ] [名] 待つこと

waitress [weitrəs] [名] ウェイトレス, 女給仕

wake [weik] [動] 目覚める [名] 徹夜

waken [weikən] [動] 目を覚ませる

Wales [weilz] [地] ウェールズ (イギリス)

walk [wɔ:k] [動] 歩く [名] 歩行, 歩道

wall [wɔ:l] [名] 壁

wallet [walət] [名] 財布

walnut [wɔ:lnət] [名] クルミの実, クルミ (植物)

wand [wand] [名] 魔法の杖

wander [wandər] [動] さまよう, さすらう, うねる

wandering [wandəriŋ] [形] 迷う, 曲がりくねった

want [wɔ:nt] [動] 願う [名] 必要, 不足

wanting [wɔ:ntiŋ] [形] ~がない, ~が不足している

war [wɔ:r] [名] 戦争, 戦い

ward [wɔ:rd] [名] 病棟, 被後見人, 保護

ware [weər] [形] 注意深い [動] 気をつける

warehouse [weərhaus] [名] 倉庫, 問屋

warfare [wɔ:rfeər] [名] 戦争, 交戦

warm [wɔ:rm] [形] 温かい [動] 温める

warmly [wɔ:rmli] [副] 温かく

warmth [wɔ:rmθ] [名] 温かさ, 温情

warn [wɔ:rn] [動] 警告する, 戒める, 忠告する

warning [wɔ:rniŋ] [名] 警告, 忠告

warp [wɔ:rp] [名] ゆがみ, ひがみ [動] 曲げる

warrant [wɔ:rənt] [名] 権限, 保証 [動] 保証する

warrior [wɔ:riər] [名] 軍人, 勇士, 闘士

warship [wɔ:rʃip] [名] 軍艦

was [waz] [動] be 動詞一・三人称単数直説法過去

wash [wɔ:ʃ] [動] 洗う, 洗濯する

washing [wɔ:ʃiŋ] [名] 洗濯, 洗濯物

Washington [wɔ:ʃiŋtən] [地] ワシントン (米国の州)

wasn't [waznt] [短] was not の短縮形

waste [weist] [動] 浪費する [名] 浪費

wasted [weistəd] [形] 荒廃した, むなしい

watch [watʃ] [名] 腕時計, 警戒 [動] 警戒する

water [wɔ:tər] [名] 水, 飲料水 [動] 水を飲ませる

waterfall [wɔ:tərfɔ:l] [名] 滝

wave [weiv] [名] 波

waver [weivər] [名] 動揺 [動] 揺れる, 動揺する

wax [wæks] [名] ワックス [動] ワックスを塗る

way [wei] [名] 道, 方向, 方法

we [wi:] [代] 私達, 我ら

weak [wi:k] [形] 弱い, 衰退した, 愚かな

weaken [wi:kən] [動] 弱化させる, 弱くなる

weakness [wi:knəs] [名] 弱さ, 欠点

wealth [welθ] [名] 富, 財産

wealthy [welθi] [形] 豊富な, 裕福な

weapon [wepən] [名] 武器

wear [weər] [動] 着ている [名] 衣服, 着用

wearily [wiərəli] [副] 疲れて, 飽きて

weary [wiəri] [形] 疲れきった, くたびれた

weather [weðər] [名] 天気

weave [wi:v] [動] 編む

web [web] [名] 織物, クモの巣

website [websait] [名] ウェブサイト

we'd [wi:d] [短] we had (would) の短縮形

wedding [wediŋ] [名] 結婚式

wedge [wedʒ] [名] くさび [動] くさびで割る

Wednesday [wenzdei] [名] 水曜日

weed [wi:d] [名] 雑草 [動] 除草する

week [wi:k] [名] 週, 一週間

weekday [wi:kdei] [名] 平日

weekend [wi:kend] [名] 週末

weekly [wi:kli] [形] 毎週の [副] 毎週 [名] 週刊誌

weep [wi:p] [動] 泣く, 嘆く

weigh [wei] [動] 秤にかける, 熟考する
weight [weit] [名] 重さ, 重量
welcome [welkəm] [動] 歓迎する [名] 歓迎 [形]歓迎される
welfare [welfeər] [名] 福祉, 福利, 生活保護
we'll [wi:l] [短] we will (shall) の短縮形
well [wel] [名] 井戸 [副] よく, 満足のいく
well-known [wel noun] [形] 有名な, よく知られている
went [went] [動] go (行く) の過去形
wept [wept] [動] weep (泣く) の過去·過去分詞形
we're [wiər] [短] we are の短縮形
were [wə:r] [動] be 動詞直説法複数の過去形
weren't [wə:rnt] [短] were not の短縮形
west [west] [名] 西, 西方, 西部
western [westə:rn] [形] 西方の, 西向きの
westward [westwə:rd] [副] 西に [名] 西部 [形] 西向きの
wet [wet] [形] ぬれた, 雨が降る [名] 湿気, 水分
we've [wi:v] [短] we have の短縮形
whale [weil] [名] 鯨 (動物)
wharf [wɔ:rf] [名] 波止場, 埠頭
what [wat] [代] 何, 何事 [形] 何の
whatever [watevər] [代] ~は何でも [形] 何でも
what's [wats] [短] what is (has) の短縮形
wheat [wi:t] [名] 小麦
wheel [wi:l] [名] 車, 車輪 [動] 回転させる
when [wen] [代] いつ [接] ~するとき [副] いつ
whence [wens] [名] 由来 [代] どこ [副] どこで
whenever [wenevər] [接] ~するときはいつも
where [weər] [代] どこ [副] どこに [名] 場所
whereabouts [weərəbauts] [名] 所在, 行方, 場所
whereas [weəræz] [接] ~に反して, ~であるため
whereby [weərbai] [副] 何で, どのようにして
wherefore [weərfɔ:r] [副] 何のために, どんな理由で
wherein [weərin] [副] どこに, どのような点で
where's [weərz] [短] where is (has) の短縮形
wherever [weərevər] [接] どこでも [副] どこにでも
whether [weðər] [接] ~あるかどうか, ~かどうかは
which [witʃ] [代] どちらの人(物) [形] ある
whichever [witʃevər] [代] いずれも
while [wail] [接] ~する間に [名] ちょっとの間

whip [wip] [名] むち, むち打ち [動] むち打つ
whirl [wə:rl] [名] 回転, 旋回 [動] 旋回する
whiskey [wiski] [名] ウイスキー
whisper [wispər] [名] ささやき [動] ささやく
whistle [wisəl] [名] 口笛 [動] 口笛を吹く
white [wait] [形] 白, 青白い, 白人 [名] 白色
whither [wiðər] [副] どこに, どの方向に (古語)
who [hu:] [代] 誰, 誰ら
who'd [hud] [短] who had (would) の短縮形
whoever [hu:evər] [代] 誰でも
whole [houl] [形] 全部の, すべての
wholesome [houlsəm] [形] 健全な, 健康に良い
who'll [hu:l] [短] who will (shall) の短縮形
wholly [houli] [副] 全然, 完全に, 全体的に
whom [hu:m] [代] 誰に, 誰を
who's [hu:z] [短] who is (has) の短縮形
whose [hu:z] [代] 誰の, 誰の物
why [wai] [副] なぜ, どうして
wicked [wikəd] [形] 悪い, 不道徳な, 意地の悪い
wide [waid] [形] 幅が広い, 広大な
widely [waidli] [副] 広く, 遠く
widen [waidn] [動] 広げる, 広がる
wide-open [waid oupən] [形] 完全に開いた
widespread [waidspred] [形] 広まった
widow [widou] [名] やもめ, 未亡人
width [widθ] [名] 幅, 幅広さ
wife [waif] [名] 妻, 奥さん
wild [waild] [形] 野性の, 険しい, 野蛮の
wilderness [wildərnəs] [名] 荒野, 荒蕪地
wildly [waildli] [副] 野生で, 乱暴に
will [wil] [助] ~するつもりだ [名] 意志, 意思
willing [wiliŋ] [形] 喜んで~する, 自発的な
willingly [wiliŋli] [副] 喜んで, 快く
willow [wilou] [名] 柳 (植物)
wilt [wilt] [名] (植物の) 青枯れ病 [動] しおれる
win [win] [動] 勝つ, 獲得する [名] 勝利
wind [wind] [名] 風 [動] 風に当てる
wind [waind] [動] うねる, 絡み付く
windmill [windmil] [名] 風車 [動] 風車のように回る

window [windou] [名] 窓, 窓口
windy [windi] [形] 風が強い
wine [wain] [名] 葡萄酒, ワイン
wing [wiŋ] [名] 翼 [動] 翼をつける
wink [wiŋk] [名] ウインク [動] 目配せする
winner [winər] [名] 勝者
winning [winiŋ] [名] 勝利, 成功 [形] 決勝の
winter [wintər] [名] 冬 [動] 冬を過ごす
wipe [waip] [動] 洗う, ふく
wire [waiər] [名] 針金, 電線, 電話線
wireless [waiərləs] [形] 無線の [名] 無線電信
wisdom [wizdəm] [名] 知恵, 賢明さ
wise [waiz] [形] 賢い, 聡明な, 賢明な
wisely [waizli] [副] 賢明に
wish [wiʃ] [動] 願う [名] 願い
wit [wit] [名] 機知, 機転, 臨機応変
witch [witʃ] [名] 魔女 [動] 魔法をかける
with [wiθ] [前] ~と一緒に, ~と
withdraw [wiðdrɔ:] [動] すくめる, 撤収させせる
wither [wiðər] [動] しおれる
within [wiðin] [副] 内部で [名] 内部
without [wiðaut] [前] ~がなく, ~がない
withstand [wiθstænd] [動] 抗拒する
withstood [wiθstud] [動] withstand (抗拒する) の過去·過去分詞形
witness [witnəs] [名] 目撃者, 証人
wives [waivz] [名] wife (妻) の複数形
woe [wou] [名] 悲哀, 苦悩
woke [wouk] [動] wake (目覚める) の過去形
woken [woukən] [動] wake (目覚める) の過去分詞形
wolf [wulf] [名] オオカミ (動物)
wolves [wulvz] [名] wolf (オオカミ) の複数形
woman [wumən] [名] 女子, 女性
women [wimən] [名] woman (女子) の複数形
won [wʌn] [動] win (勝つ) の過去·過去分詞形
wonder [wʌndər] [動] 疑う [名] 驚き, 奇跡
wonderful [wʌndərfl] [形] 驚くべき, 素晴らしい
wondrous [wʌndrəs] [形] 驚くべき, 不思議な
won't [wount] [短] will not の短縮形
wont [wɔ:nt] [名] 習慣 [形] ~に慣れている
woo [wu:] [動] 得ようとする, 求婚する
wood [wud] [名] 木材
wooden [wudn] [形] 木製の
woodland [wudlænd] [名] 森林地帯
wool [wul] [名] 羊毛, 毛織物
woolen [wulən] [形] 毛織物の [名] 毛糸, 毛織物
word [wə:rd] [名] 単語
wordless [wə:rdləs] [形] 言い表せない
wore [wɔ:r] [動] wear (着ている) の過去形
work [wə:rk] [動] 働く [名] 仕事, 行為
worker [wə:rkər] [名] 労働者
working [wə:rkiŋ] [名] 仕事, 作用, 操作, 活動
workman [wə:rkmən] [名] 工員, 労働者
world [wə:rld] [名] 世界, 世の中, 分野
worldly [wə:rldli] [形] 世俗的な [副] 世俗的に
world-wide [wə:rld waid] [形] 世界的な
worm [wə:rm] [名] 虫
worn [wɔ:rn] [形] 古い, 疲れた
worn [wɔ:rn] [動] wear (着ている) の過去分詞形
worn-out [wɔ:rn aut] [形] 擦り切れた, 疲れた
worry [wə:ri] [動] 心配する [名] 心配, 悩み
worse [wə:rs] [形] 一層悪い, 悪化した
worship [wə:rʃəp] [動] 崇拝する [名] 崇拝, 礼拝
worst [wə:rst] [形] 最悪の [名] 最悪
worth [wə:rθ] [形] ~する価値がある [名] 価値
worthless [wə:rθləs] [形] 価値のない, つまらない
worthy [wə:rði] [形] 価値のある, 素晴らしい
would [wud] [助] ~したりした
wouldn't [wudnt] [短] would not の短縮形
would've [wudəv] [短] would have の短縮形
wound [wu:nd] [名] 傷 [動] 傷つける
wound [waund] [動] wind (うねる) の過去·過去分詞形
wounded [wu:ndəd] [形] 負傷した
wove [wouv] [動] weave (編む) の過去形
wrap [ræp] [動] 包む, 包装する
wrath [ræθ] [名] 怒り, 激怒
wreath [ri:θ] [名] 花輪, 花冠
wreck [rek] [名] 残骸, 難破船
wretched [retʃid] [形] 哀れな, 気の毒な, 下品な

wring [riŋ] [動] 織る, ひねる

wrinkle [**riŋ**kəl] [名] 肌のしわ [動] しわを寄せる

wrist [rist] [名] 手首

write [rait] [動] 文章を書く, 手紙を書く

writer [**rai**tər] [名] 作家, 著者

writing [**rai**tiŋ] [名] 執筆, 筆跡, 書類, 著作活動

written [**ri**tn] [形] 書かれた

written [**ri**tn] [動] write (文章を書く) の過去分詞形

wrong [rɔ:ŋ] [形] 悪い, 間違った [名] 不正, 悪

wrote [rout] [動] write (文章を書く) の過去形

wrought [rɔ:t] [形] 努めて作られた, 細工した

X

X-ray [eks rei] [名] エックス線

Y

yacht [yat] [名] ヨット [動] ヨットに乗る

Yankee [yæŋki] [名] アメリカ人

yard [ya:rd] [名] ヤード (91.4cm), 庭

yarn [ya:rn] [名] 糸, 紡績糸, 冒険談

yawn [yɔ:n] [名] あくび [動] あくびをする

ye [yi:] [代] お前達, 貴方達 (古語)

yea [yei] [副] はい, そうだ [名] 賛成

year [yiər] [名] 年, 年度

yearly [yiərli] [形] 年間の, 毎年の [副] 毎年

yearn [yə:rn] [動] 憧れる, 懐かしく思う

yell [yel] [名] 叫び [動] 叫ぶ

yellow [yelou] [形] 黄色の, 肌の色が黄色い

yes [yes] [副] はい, そうです。

yesterday [yestərdei] [副] 昨日

yet [yet] [副] まだ～ない

yield [yi:ld] [名] 収穫 [動] 産む, 譲る

yoke [youk] [名] 首かせ [動] 首かせをかける

yonder [yandər] [形] より遠い, あちらの [副] あちらに

you [yu:] [代] 貴方, 貴方達

you'd [yu:d] [短] you had (would) の短縮形

you'll [yu:l] [短] you will (shall) の短縮形

young [yʌŋ] [形] 若い, 幼い, 未熟な

youngster [yʌŋstər] [名] 若者, 子供

your [yuər] [代] 貴方の, 貴方達の

you're [yuər] [短] you are の短縮形

yours [yuərz] [代] 貴方の物, 貴方達の物

yourself [yuərself] [代] 貴方自身, 君自身

yourselves [yuərselvz] [代] yourself の複数形

youth [yu:θ] [名] 若さ, 青春時代, 若者

youthful [yu:θfl] [形] 若い, 青年の, 若者の

you've [yu:v] [短] you have の短縮形

Yugoslavia [yu:gouslaviə] [地] ユーゴスラビア (東ヨーロッパ諸国)

Z

Za**ire** [zaiər] [地] ザイール (中央アフリカ諸国)

Zambia [**zæm**biə] [地] ザンビア (中央アフリカ諸国)

zeal [zi:l] [名] 熱意, 熱心

zealous [**ze**ləs] [形] 熱心な, 熱狂的な

zero [**zi**:rou] [名] ゼロ, 0, 最低点

Zim**ba**bwe [zim**bei**bwei] [地] ジンバブエ(南アフリカ諸国)

zinc [ziŋk] [名] 亜鉛

zip [zip] [名] 元気, ジッパー

zone [zoun] [名] 地帯, 地域 [動] 仕切る

zoo [zu:] [名] 動物園

zoo**lo**gical [zouə**la**dʒikəl] [形] 動物学の, 動物に関する